U0446156

AN ARMY AT DAWN

破晓的军队

从挺进突尼斯到解放北非
1942～1943

"二战"解放三部曲（I）

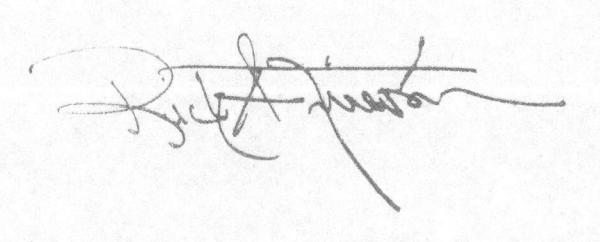

下

三度普利策奖获得者
〔美〕里克·阿特金森（Rick Atkinson） ◎著
王国平 ◎译
徐 进 ◎审校

重庆出版集团 重庆出版社

1943年1月,美军第14战斗机大队技术中士,来自加利福尼亚的厄尔·冯·德利尔在阿尔及利亚雷班集的掩体内。

1943年5月,保罗·罗比内特上校(坐者)在前往北爱尔兰途中。身为第13装甲团团长,以及之后的第1装甲师第2团团长,罗比内特准将身高5英尺4英寸,有着令人印象深刻的战术技巧,但也因挑剔和骑兵般的自负而"人见人厌"。

第1装甲师师长奥兰多·沃德准将,赴非洲前在北爱尔兰短暂待过一段时间。他曾因一头红发,而被称为"平基"。沃德骁勇善战、志向远大、敏感,且从不信任英国人。(该照片由沃德的家属提供)

1943年2月初,突尼斯南部的舍涅德车站之战后留下的德军尸体。

1943年2月14日,轴心国反攻凯塞林隘口最初几个小时内,美军反坦克炮炮手严阵以待西吉·布·吉特附近的德军坦克。

2月14日，德军两面包抄西吉·布·吉特前几个小时，一辆美军坦克横渡该镇郊外的一条旱河。

西吉·布·吉特附近的一架P-38残骸。远处若隐若现的是勒西达山，约翰·沃特斯在此被俘，罗伯特·穆尔则带着部分麾下将士生还。

在西吉·布·吉特附近身陷德军阵地3天后，3名疲惫的士兵返回美军阵地。

1943年2月26日，隆美尔撤兵后，第16步兵团第2营（特里·艾伦麾下第1师的一部）士兵向东穿越凯塞林隘口。

凯塞林隘口惨败期间被艾森豪威尔派往突尼斯的欧内斯特·N.哈蒙少将6周后归来，担任第1装甲师师长。直率、身材结实的他，人称"无缚的眼镜蛇"。

轴心国北非驻军司令汉斯·于尔根·冯·阿尼姆将军。摄于1943年5月15日，阿尼姆被俘3天后，他即将被英国监狱收押。他身后是德国非洲军团司令汉斯·克莱默将军。

法国第19军军长路易斯·玛丽·柯埃尔兹将军（左）授予特里·艾伦（中）和特德·罗斯福(右)十字军功章，以表彰他们在突尼斯战役中的英勇表现。

被俘的赫尔曼·戈林师的德军士兵在被转移到美英前，于摩洛哥临时战俘营填写表格。

1943年5月10日，攻克突尼斯后不久，法国平民以胜利的手势欢迎盟军将士。

摄于1943年5月10日的比塞大鸟瞰图。遭受7个月的轰炸后，这座城市没有一座建筑可以住人。厄尼·派尔报道："轰炸毁了比塞大，其他城市的惨状根本无法与之相提并论。"

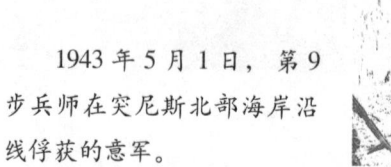

1943年5月1日，第9步兵师在突尼斯北部海岸沿线俘获的意军。

1943年5月7日，攻克比塞大港当天，第9步兵师第60团的士兵在山野中行进。

1943年4月解放苏塞后，伯纳德·L.蒙哥马利向这个港市欢呼的人群敬礼。被萧伯纳称为"一盘压实了的钢筋"的蒙哥马利，却令艾森豪威尔头痛不已："我能与任何人愉快共处，除了蒙哥马利这个浑球儿。"

1943年初，埃尔温·隆美尔元帅和手下参谋。"隆美尔、隆美尔、隆美尔！"丘吉尔喊道，"除了打败他，我根本不关心其他任何事！"（该照片来自被缴获的德军底片）

奥马尔·N.布拉德利少将出征非洲前留影，他最终接替巴顿，任职第2军军长。这位不苟言笑的密苏里人是"战场上继扎卡里·泰勒后打扮最不像样的美军司令"，他将铲除突尼斯山中的轴心国部队比作"猎捕野山羊"。

1943年4月23日,在爱尔圭塔附近进攻的第10装甲师的德军坦克遭到美军炮弹袭击。几个小时的激烈战斗后,特德·罗斯福说敌人"迟疑一阵,而后掉头撤退,身边的人顿时欢呼雀跃"。

第34步兵师眼中的609高地西侧。山坡上金色的麦浪随风翻滚,远远望去,仿佛是这座山在翩翩起舞。

1943年3月24日,英国第八集团军将士开赴突尼斯南部的马雷特防线。

1943年3月23日，德军第10装甲师破坏性进攻期间，一个美军反坦克装甲营在爱尔圭塔附近侦察。

1943年4月25日，在战斗中阵亡的美军人员尸体被骡子从突尼斯北部的山上运下。

1943年3月，沃尔特·B."比特尔"·史密斯少将在自己的办公室。史密斯是艾森豪威尔的参谋长，他才华横溢，却也性情暴躁。

1943年4月22日，美军地面部队司令莱斯利·J.麦克奈尔中将（中）在突尼斯前线。他当天被一枚德军炮弹炸成重伤。

在突尼斯的一次训练中,英军士兵冲进一处阵地。

1943年3月17日,第十八集团军群新任司令哈罗德·亚历山大元帅(左)于一次全体会议后在菲利亚纳与艾森豪威尔(中)、巴顿会晤,美军当天开始攻打加夫萨和爱尔圭塔。

1943年3月16日,美军第2军攻打加夫萨前夜,艾森豪威尔将第三颗星别在兴高采烈的巴顿肩上,将他升为中将。一位军官说,第2军新任军长"头顶将星、端着枪,发表了一通马尔西式的演讲,给大家带来了一首仇恨的歌"。

1943年2月26日，美军工兵在凯塞林火车站排雷。隆美尔手下的溃兵埋下了4.3万枚地雷，逼得美军"像寻找高尔夫球的球童和高尔夫球手一样趴在地上排雷"。

胶树路对面是奥尔巴塔山。1943年3月20～21日，达尔比带领手下的游骑兵越过爱尔圭塔以东的山峦，从后包抄意军。（该照片由作者收藏）

1943年5月8日,于523高地上被俘的第168步兵团第1营营长查尔斯·J.德诺姆中校。不知情的盟军飞机进攻突尼斯湾,幸运地解救了他。照片中的他才重获自由仅仅数小时。

1943年5月9日,身处比塞大的第9步兵师师长曼顿·S.埃迪少将(左)和副师长丹尼尔·A.斯特鲁准将。

攻克比塞大后不久,滨海公路沿途的美军。该市断水3个月,斑疹伤寒和霍乱肆虐。

1943年5月20日,美军第34步兵师的将士在胜利阅兵式上列队穿过突尼斯。巴顿抱怨美军"在检阅时表现欠佳",数千名观众却不认同,他们在人行道和露台上高喊"美国万岁"。

突尼斯郊外的迦太基美军公墓。27英亩的墓碑下埋葬着一个时代的英雄故事。(作者收藏照片)

第 7 章
战争是条分界线

盟军首领齐聚卡萨布兰卡规划行动方案。丘吉尔深知统制地中海等于统制西方,也决定英帝国在埃及、中东和印度的命运;罗斯福则认为地中海是个无底洞,扩大战线只会耽搁登陆法国。关键问题是:如何将盟军作战资源分配到太平洋和大西洋两个战场?下一仗从何处下手?针对欧洲轴心国的战争是否会沦为和德国小跟班意大利的持久战?他们都已意识到,卡萨布兰卡会议是美国的关键时刻,也是世界史掀开新一页的转折点。

CASABLANCA

The Ice-Cream Front
★★★

盟军智囊团齐聚卡萨布兰卡

1943年1月9日星期六晚上10点半，总统座驾驶出白宫大门，掉头向南驶过晶莹剔透的爱丽普斯公园和华盛顿纪念馆。驶离四个街区后，车掉头驶上十四大街东侧一道重兵把守的坡路，消失在雕版及印刷局楼下。

总统新专列"斐迪南·麦哲伦"号停在两个月前新建的一条秘密支线上，这条支线用于运输印刷局新印制的纸钞。特工拉开车门，将总统抬上几步外的列车，轻手轻脚地扶他坐上一副无扶手的轮椅。罗斯福被华盛顿另一场冬季战争折磨得苍老憔悴，然而当他将一支烟插进烟嘴时，他还是咧着嘴笑了。一场大冒险拉开了帷幕。

包括防毒面具和一挺M-1卡宾枪在内的最后几件行李被抬上列车。为防可疑行李带进白宫，特工在30名总统随员各自的家中替他们整理了行李箱。总统专列上的服务人员都换成白宫游艇上的菲律宾管事。"麦哲伦"号由普尔曼公司制造，是一座豪华的移动堡垒，车窗玻璃达3英寸，装甲后门重达一吨。主车厢有四间包厢、一座观景台、一间可容纳12

人的餐厅和一间厨房（存储了符合总统口味的食品，如野鸭、龟鳖和美酒）。机头后的行李车改装成一座通信中心，配备了一台密码机和四台发射机，还有两台1万瓦、可供一座小镇照明的发电机。

一声汽笛，列车蹒跚前进，驶过海军造船厂。出发半小时后，司机才略知此行的目的地：先是佯作北上马里兰，去往罗斯福位于纽约海德公园的家，然后在米德堡一条支线掉头南下。罗斯福此行属于绝密，行程单上只列了一行"登记号1"。新闻发言人星期一早上走进总统空无一人的卧室，才知道他离开了华盛顿。

罗斯福对地图一往情深，早就在地图上安排了5天的行程：乘27个小时的车去迈阿密（服务员要焚香遮盖洗衣房浑浊的气味），然后乘一架从泛美租来的水上飞机转道特立尼达，再乘机飞往巴西，第三程是飞渡2 000英里的大西洋，去往非洲西岸的赞比亚。为防飞机失事，水路沿途还安排了海军舰只。这是自1932年以来，罗斯福首次乘飞机出行，也是美国总统战时首次出国。

但某些成员仍不清楚此行目的地。虽然保密工作做到了家，但罗斯福还是露出了破绽。新年前夜，白宫照例宴请亲朋，举杯祝"合众国胜利"前，他给来宾看了麦可·寇蒂斯执导的一部新片。这部电影由亨弗莱·鲍嘉和英格丽·褒曼主演，讲述了1941年，一位美国侨民在良知和同情维希北非之间挣扎的故事。

雷诺：你怎么到卡萨布兰卡来了？
里克：为了我的身体。我来卡萨布兰卡找水。
雷诺：水？什么水？这里是茫茫大漠。
里克：我听信了谣言。

世人只知道《卡萨布兰卡》是部电影。
卡萨布兰卡没有里克，美洲咖啡馆也不见伊尔莎、纳粹党徒或叮

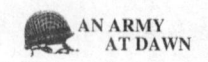

咚的钢琴声。但阴谋错综复杂，好莱坞恐怕也构思不出戒备森严的安法近郊的勾当。一块方圆一英里的土地围了一圈蛇腹式铁丝网，铁丝上挂着内装石子的罐头盒，这块地中间正在建一座罗马式军营。营地中央是一座白色的四层宾馆，仿佛一艘搁浅在椰枣林中的船。11月8日前，这里曾是德国停战委员会成员的驻地，在那之后，听装烤猪肉和踏着雪橇搔首弄姿的丰满女郎照片就被清空了。陆军通信部队在这里安装了三台交换台、设置了一个文件收发中心，铺设了41英里的电话线。

这片秋海棠和含羞草飘香的如茵草地，顺山势而下，一直延伸到大海，波涛怒吼着扑向黑黝黝的暗礁。安法附近散落着18座别墅，都是最近才从一个法国富商手上没收而来。特工将几座别墅的监听装置悉数拆除，但留下了几卷配有精美春宫木刻插画的薄伽丘著作。达雷斯萨阿达是最豪华的一座别墅，其起居室摆放着斑马皮沙发，天花板跨度达28英尺；高大的窗户护以铁栅。工兵拿"让·巴特"号上拆下的钢板，将游泳池改建成一座防空洞。军中的木匠奉命打造一条从台阶通向大门的木扶手。至于作何用处，他们也不得而知。

物资和人员涌进这座营盘，包括宾馆前台一样黑着脸的军官。美军士兵拿探雷器和盖革计数器把这块地方搜了个遍。医生监测过食品和瓶装水后，才送到戒备森严的储藏室。

此外，伦敦远道送来一箱上好的白兰地，艾森豪威尔又应要求从阿尔及尔送来3箱杜松子酒、3箱苏格兰威士忌，外加从陆军妇女辅助队挑选的5名年轻军官。礼宾主任绞尽脑汁，旁敲侧击，想从第2装甲师找一支会演奏《向总统致敬》的军乐队。直到最后才教美军士兵礼仪：在营舍的宣传画上，骑在马背上的乔治·华盛顿忠告他们不得说粗话。

负责这个狂热机构的是美国驻摩洛哥总督乔治·巴顿。"火炬行动"结束后的两个月内，巴顿俨然将卡萨布兰卡改建成一座大型补给站，同时也是一座登陆港,每周有数千名官兵从那儿涌入非洲。"四轮马车每隔一辆就载着两三个美国兵招摇过市,去和法国女郎喝咖啡、骑自行车、开吉普兜风、打垒球。"大兵端着冲锋枪在镇外的软木林中追逐小姑娘,军官则拿着摩洛哥砍刀去打野猪。法国政府官员让美国将领放心,摩洛哥妓院的性病率"绝对稳定"——100%。卡萨布兰卡生活安逸,再加上法式果仁糕点和殷勤的肉贩,俨然成了一个"安乐窝"。

巴顿的日子却不好过。无论是开着他那辆大派卡德兜风,还是从壳牌石油大厦顶楼办公室眺望大海,他无时无刻不想着盟军被搁置在这一汪死水中。在突尼斯短暂的一次视察,他一路招摇过市,喊着:"德国人呢?来打我呀!"他事后写道:"我要出风头,只有战争才能满足我的愿望。"赞美他的新闻剪报满足了他的虚荣心,11月8日以来,比阿特丽斯收集了不下1 000份提到丈夫的文章。这种言过其词的荣誉却让他渴望真正的荣誉。他在一封家信中写道:"就我个人而言,我希望上阵杀敌。"

巴顿把心中的不快多半发泄到了自己的顶头上司身上。听闻上级提拔克拉克为中将,给了他三颗将星,只给了自己两颗,巴顿伤心不已。巴顿当着众人说,克拉克"太他妈能说会道,听得我起鸡皮疙瘩"。他还骂艾森豪威尔明目张胆地讨好英国人,把"lunch"(午餐)和"gas"(汽油)说成"tiffin"和"petrol"。"我看他和克拉克是一对糊涂蛋,不知道下一步该怎么办。"巴顿看出他俩起了嫌隙,很开心地对双方卖一个耳朵,加深两人的矛盾,以至于克拉克不止一次声称恨不得"要宰了艾克"。巴顿在1月10日的日记中写道:"我觉得艾克投靠了英国。"而艾森豪威尔则担心克拉克两面三刀。"他与克拉克不和。"巴顿背地里写道。

最高司令部的战略还要再等。参加代号为"信条"(SYMBOL)会议的百位首批贵宾陆续抵达卡萨布兰卡。巴顿是东道主,他要不遗余力地讨客人的欢心。

★★★

从华盛顿、伦敦、直布罗陀和阿尔及尔来的与会者一到内陆10英里内的一座机场,就被匆匆塞进守候在这里的轿车。驱车去安法的途中,为掩人耳目,车窗上都抹了泥巴。一位外交官说,跑道附近的士兵"小心翼翼地捧一捧泥巴,幸灾乐祸地掷向锃亮的轿车"。

美军参谋长分乘2架运输机,带了6箱小装饰品和派克大衣、雪地鞋、防寒服,为防万一在西伯利亚草原失事,以便与当地人交易。他们于1月9日从华盛顿启程。飞机还没过西半球,一行人就为海军参谋长欧内斯特·J.金上将所乘的飞机是否取道波多黎各发生了分歧,最后照例是乔治·马歇尔先降落。转道赞比亚途中,军需总长危言耸听,说非洲蚊虫肆虐,机上的乘客个个都做足了预防疟疾的措施。飞机在赞比亚海港巴瑟斯特(Bathurst,班珠尔的旧称。——译者注)跑道上缓缓停下后,马歇尔第一个走下飞机,像养蜂人一样穿着防蚊靴,戴着手套和飘逸的纱帽,谁知迎上来的却是一身短裤短袖衬衫、一脸困惑神色的英方官员。

现在,他们终于到了卡萨布兰卡。

丘吉尔一行来到牛津附近一座机场,乘一架没有供暖设备的轰炸机,历经10个小时的航程才抵达这里。按首相长途飞机旅行的习惯,只穿了件丝绸马甲。机上的乘客人手一顶降落伞,还有沿途可能坠毁的国家货币和一套收集露水的设备,一位乘客写道,"如果我们会用的话",或许可以保住小命。丘吉尔对乔装出行的癖好并不亚于罗斯福,他出行时常常戴一副假胡子;这次出行,他穿了套皇家空军制服。一下飞机,他避开要赶他上车的安保人员,走上柏油路抽了支烟,和众人一一握手,等20个手提箱卸下飞机。一位英国将军拿他打趣:"傻子才会以为他是个扮作首相的空军准将。"一名粉丝认为他像"一只会握手的大斗犬"。

第 7 章　战争是条分界线

他是犬，更是狐狸。卡萨布兰卡会议借回顾北非战果，规划盟军之后的行动方针，可惜斯大林缺席：斯大林格勒保卫战期间，他不肯离开苏联。罗斯福早给手下的副官提了个醒："会上英国人会拿出一套方案，绝不会妥协。"

千真万确。丘吉尔对横渡英吉利海峡发动正面进攻并不热衷，与 6 个月前"火炬行动"讨论会上的态度并无二致。11 月 9 日，正当登陆非洲进展得如火如荼之际，他还在鼓吹"果断出击意大利，最好是出击法国南部"。为给英方的地中海持久战提案造势，他命指挥船"布洛洛"号开赴卡萨布兰卡。"布洛洛"号象征着英帝国的官僚作风，船内战情室堆满了红皮文件夹，内装计划研究报告。

抵达安法营当晚，丘吉尔在米拉多别墅召集手下的军方首脑。罗斯福要下榻的达雷斯萨阿达别墅距他一掷之遥，论气派稍胜他的下榻处一筹。首相深知，美国军方认为地中海是个"无底洞"，"扩大战线"只会耽搁扼住纳粹咽喉的法国登陆。与此同时，美方认为英方不同情他们为抗击日本而在太平洋上疲于奔命。但在丘吉尔看来，用他的医生莫兰勋爵的话说，"统制地中海等于……统制西方"。地中海决定英帝国在埃及、中东和印度的命运。此外，丘吉尔认为这是轴心国的命门。

首相简要概括了英国卡萨布兰卡之行的计划：他要说服罗斯福；英方各总长要说服美国同仁，所有议题都要进行彻底、全面的讨论，但不得提时间或日程。丘吉尔给手下打气，就像"滴水穿石"，只要坚持不懈，终将成功。

这项任务恰恰没顾及未来的文明社会。在哈罗德·麦克米伦看来，丘吉尔和罗斯福分别是东西方的两位盟主。前者有一个方案，的确，他绝不会妥协。"信条"会议开展之前，后者这位西方盟主要认真考虑的是如何赢得这场战争。

Speedy Valley
★★★

撒出诱饵第2军

盟军智囊团齐聚卡萨布兰卡共商作战大计，突尼斯的战事却渐渐偃旗息鼓。恶劣的天气和一根筋的德国人挫败了盟军挺进突尼斯的锐气。艾森豪威尔预计其部下至少在两个月内进退不得，于是将目光转向南部，在突尼斯的冬天发动自迦太基战争后最大的一次军事行动。

"撒坦行动"（Operation SATIN）的计划是迅速突破突尼斯南部，冲向突尼斯以南260英里的海滨小镇加贝斯。一支部队殿后，沿途埋设地雷，阻止隆美尔从利比亚反攻突尼斯，主力部队沿海岸推进80英里，拿下目前由2 700名轴心国官兵和15辆坦克把守的小港斯法克斯。此轮进攻有望阻止隆美尔和阿尼姆会合，同时把突尼斯的守军引出洞，再给安德森手下进退不得的第一集团军一次出击的机会。"撒坦行动"将是美方的战果，由美国第2军执行，该部目前有第1装甲师和特里·艾伦的步兵团等各部。

"撒坦行动"相当大胆，但也十分冒险，是临时改变的战略。盟军的直接目标不再是攻占突尼斯和比塞大，而是要靠蒙哥马利这把榔头捣毁"撒坦行动"这个铁砧上的隆美尔。虽然自11月8日以来,近43.7万名官兵和4.2万辆战车登陆北非,但突尼斯境内的英美联军势单力薄、物资短缺。拉长突尼斯战线等于延长轴心国部队和盟军战线,前者仍以一天1 000人的速度源源不断地涌入桥头堡。联合参谋部1月初直言不讳地说:"盟军目前的战线广而分散,却没有纵深。这种情况势如累卵。"深入海滨的"撒坦行动"先锋可能钳断隆美尔和阿尼姆的会合,也可能被这两片德国磨刀石所击溃。"第2军犹如一个诱饵,一只绑在柱子上的绵羊。"一位美军参谋在1月初写道。

艾森豪威尔和手下的参谋炮制了"撒坦行动",由于卡萨布兰卡会议迫在眉睫,外加其他事所扰,又对它不管不顾。1月头两周,这支拟议中的"撒坦"大军从2万人激增至3.8万人,等于每天要筹措800吨伙食,而非450吨,着实令盟军薄弱的军需部门勉为其难。军需部门一名高官说,这项计划"在后勤上已经告终"。关于此次行动的最终目标,以及是否南下加贝斯是否行得通,英美双方一直争论不休。但艾森豪威尔一意孤行,认为"不能无所事事"。进攻定在1月第四个星期。

艾森豪威尔采取了几项措施,意在严加管理这条新开辟的战线。然而这条战线难遂人愿,最终损失惨重。他将前线指挥部设在君士坦丁一家前孤儿院,为的是"亲临战场",但他和每个战场都相距200英里之遥。当其代表在君士坦丁,艾森豪威尔自己则远在后方的阿尔及尔,他常常召见卢西恩·特拉斯科特(利奥特港的征服者)和新晋升的少将。鉴于特拉斯科特不够总司令的资格和气魄,他在英国、法国甚至美军分遣队的影响仅限于盟军联合司令部的传声筒。

马克·克拉克倒是指挥突尼斯南部美军的一个人选,但用艾森豪威尔一句尖酸刻薄的话说,克拉克在1月初补了一个"他垂涎已久"的缺:新成立的美国第五集团军,属下多是摩洛哥和阿尔及利亚的杂牌军。乔治·马歇尔还在为西班牙这个子虚乌有的威胁所扰,硬是留下新组建的部队以防止西班牙背信弃义,将突尼斯一战交给别人。哈

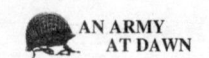

里·布彻在日记中写道:"艾克认为克拉克并没有大失所望,反而如释重负,因为他不想要(突尼斯一战)。"还有人认为克拉克不愿真枪实弹地赌自己的名声,看不惯他的英国人倒是乐得见他离开盟军联合司令部。艾伦·布鲁克背地里说他"野心勃勃、不择手段"。

接掌第五集团军后不久(艾森豪威尔说那是"他的垃圾堆"),克拉克就开始为前途发愁,担心自己还没来得及施展才华,地中海一战就要结束。与此同时,他一贯的自我扩张又让上司寝食难安。这年冬天,艾森豪威尔背地里两次提醒这位老朋友防范野心的危害,马歇尔先知似的皱着眉头让他不要自我标榜。布彻在日记中写道:"克拉克自认志向或许过于远大,但他会兢兢业业地完成交付他的使命。"

但找谁来指挥第2军?艾森豪威尔只有一个人选,但是此人将成祸害。

★★★

"你推荐的弗雷登多尔正合我意,我很乐意承认此前对他的怀疑毫无根据。"艾森豪威尔11月致电马歇尔。一番阿谀奉承后,疑心很快死灰复燃,继而是悔恨交加。但眼下劳埃德·R. 弗雷登多尔少将还有个好名声,尤其是看在他是"马歇尔的人"分上,美军在满世界的军官中就选他领导起家的军团和第三帝国作战。

他现年59岁,生着一双海螺蓝的眼睛和灰头发,年纪在美军"二战"期间委任的34名军长中排行第二。弗雷登多尔五短身材,固执己见,战前以训练得力、领导有方著称。记者喜欢他平易近人和冷静沉稳的作风。每天凌晨2点,他喜欢盘腿坐在地板上玩单人象棋,就像格兰特在维尔德内斯期间挥刀杀敌。他父亲是开拓怀俄明州的元老,曾官至拉勒米的治安官,遭遇偷牛灾后投身军营,参加过美西战争。青年弗雷登多尔于1901年进入西点,谁料数学挂科,6个月后退学。经怀俄明一名参议员力荐,他才撑了一个学期。"非常勇敢的小伙子,只可

第7章 战争是条分界线

惜对数学一窍不通。"室友这样评论他。他出人意料地从麻省理工学院得了一纸文凭，后于1907年在陆军中谋了一个职位。

35年后的"火炬行动"，他标新立异地戴着一顶大檐帽来到奥兰。无论战前军衔和正式军衔，他的等级都比艾森豪威尔和克拉克高出一等，他坚信两人都不愿让他到非洲。身为奥兰真正意义上的军政首脑，弗雷登多尔对维希政府的行径格外开恩。一个有名的法国法西斯分子虽宣称反对"犹太人、黑人和英国人"，但他还是拿到了美国重建机场的一纸合同。一名美国外交官不服，弗雷登多尔大发雷霆："不要跟我说那一套！你懂个屁！"并扬言要逮捕他。他从奥兰大饭店的司令部下发的命令，抬头"第2军——战场"引来住在帐篷和战壕内的官兵一片嘘声。

不孚众望、毫无负担的弗雷登多尔反而愈发桀骜不驯。特拉斯科特说他"直言不讳，上下一视同仁"。他在电话上用的是拗口的密码，但是通话往往半途而废，要么是他自己说着说着就糊涂了，要么就是对方完全摸不着头脑。1月中旬与特拉斯科特一次对话中（分机上有速记员监听），弗雷登多尔说：

> 我饭菜不足……有关乌瑟提亚的兵力，犹如从一个烟灰缸转到下一个烟灰缸……食品店的多层三明治不是撤柜，就是售罄。我匀不出一点东西。

翻译过来就是：我步兵不足……法军指挥官的部下现在调到另一个法国人的手下。毕盛以北的部队溃败。我抽不出一个人马。

弗雷登多尔还有一种美国高官中普遍存在的仇英心理。第2军简直就是反英情绪的温床，士兵们怪腔怪调地学英国腔，无休无止地污蔑"艾克是英国最优秀的司令"。当第2军拔营开赴前线（真正的前线）时，上下都传唱一首小调：

当英国遇到麻烦，

要坐下来喝杯茶，

他们就招呼跟屁虫，

到突尼斯来帮忙。

劳埃德·弗雷登多尔打算在阿尔及利亚东部边界的古镇泰贝萨展开"撒坦行动"，泰贝萨过去是所罗门的禁城和罗马第三军团的大本营。第2军在泰贝萨东南9英里一道山谷安营扎寨，仅有一条羊肠小道可通向山谷，且终日不见阳光。他们准备挥师北上，将轴心国大军一斩为二。不久，弗雷登多尔带68名参谋进驻这道山谷，官方称作"斯皮迪谷"，但通称"劳埃德最后的安乐窝"和"世外桃源"。第2军的参谋都是初出茅庐的黄毛小子，因此参谋部被戏称为"劳埃德的幼儿园"。劳埃德佯装惊恐地举手喊道："上帝，我要带一帮孩子上阵！"斯皮迪谷附近的冷杉林驻扎了3 000名通信兵、高炮兵和工兵等辅助单位。一名中尉写道："看气势就像马恩河战役，树林里到处是兵，尽管方圆数英里内不见一个敌人。"作战单位则远在东面，往布齐布卡和凯塞林方向。

一名军官说，泰贝萨高原"冰凉如蛇"。几天后他又补充道，"个个都快冻僵了"。由于终日不见阳光，再加上连连暴雪，斯皮迪谷显得格外荒凉。一名军官说，军官们把所有衣服都穿上身，又戴上烟囱帽，吃住工作都在"爱斯基摩小屋"（碎石铺地的冰冷帐篷），搞得这里跟"伐木场"似的。弗雷登多尔头戴一顶大绒线帽，缩在大肚炉旁边的一把帆布椅上，或研究地图，或下单人象棋，或像淳朴的乡下小店售货员般和来来往往的记者唠几句。他参照艾森豪威尔的座驾，定做了一辆防弹凯迪拉克，时不时地打电话到奥兰，问为什么还没送到。

在斯皮迪谷中，风钻和气锤的喧嚣昼夜不息。弗雷登多尔成心为难人，命第19工兵团在山谷中开筑一条复式地道，用以隐蔽司令部。

弗雷登多尔一名副官说,这项工程如同"挤纽约地铁"。工兵拿着标明"第2军隧道工程"的蓝图,开始着手开掘相隔50码的两条隧道。隧道各有一眼高6英尺宽5英尺的平行通风井,每隔4英尺一道厚达10英寸的木支架。墙壁和天花衬以木板,鱼鳞般重叠交错。隧道呈U形,深达山腹160英尺,在末端一个宽敞的回廊(用作办公室和弹药库)与另一条平行的隧道相交。弗雷登多尔亲自督阵,这道阴暗的山谷不久就呈现出一派皇家的格调。这项工程动用了一个工兵连,耗时两周。

有人认为此隧道是出于谨慎,预防敌人空袭,但认为此举荒唐的也不在少数,他们指出,斯皮迪谷离前线有70英里之遥,地势隐秘,外加一个高射炮营警戒。另有人怀疑弗雷登多尔是个胆小鬼。一听见头顶的飞机声,他会撇下来访的记者,向上翻翻眼睛,嘟哝一句:"但愿是我方的。"事后提起,弗雷登多尔手下的工兵主任威廉·A.卡特中校说:"我们炸药不足,缺乏开凿隧道的经验……再说那非常耗时,可惜我怎么说他都不听。"

"为了让他们反感开凿工作并搁置这项工程,我本以为晚上爆破能扰得他们不得安生,"卡特说,"可惜无济于事。"

★★★

突尼斯战线从北拉到南,从地中海到撒哈拉,绵延200英里,盟军和轴心国两支军队在这条交火带上争起了地盘。拉夫上校手下的特遣队在南缘夺回撒哈拉的门户——绿洲小镇加夫萨。突尼斯通敌和抢劫嫌疑人(有时候可凭偷来藏在长袍里的灯具支架甄别),不是被绞死在粉墙农舍外,就是被押回法国军营。

"要枪毙的39名阿拉伯人,只有一人幸免一死,"拉夫说,"有一个没有当场身亡,一名行刑人员拔出手枪,对准他的脑袋连开四枪……然后放在突尼斯的阳光下示众。"

在满地泥泞的北方,由于艾森豪威尔零敲碎打地增援麦吉尔达河

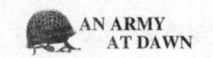

谷下游势单力薄的法军阵线，盟军各部队的成员混杂，结果乱成一锅粥。调离第1师临时协助法军的特德·罗斯福，当初是受到拜伦式古迹的蛊惑。1月16日，他写信给埃莉诺："要是太平盛世，你我可以再次共度良宵。"可惜这种浪漫情调很快就一扫而空。短短一个月内，第1师的第26步兵团收留了33个单位，该团第3营的日志中写道："除了日本和德国，我们谁都效命。"罗斯福写道：

> 各单位是个大杂烩——法国人、英国人，还有美国人。这一来，指挥和配合成了一大难题。按军法论处，打散军队是首罪一桩……我已经在职责范围内尽了力。一个人应该有所担当，尽其所能。

前沿阵地中，有5个阵地归特别行动处指挥，特别行动处由美国战略情报局协助英国组建，目的是培养本土抵抗组织。为协助安德森的第一集团军和弗雷登多尔的第2军，每个阵地由一名英国军官指挥，负责从维希政府的集中营等不满情绪温床中招募人员。由于绝大多数"匪徒"戴眼镜，人称"瞎眼部队"。

此次行动中，卡尔顿·S.库恩是位体态臃肿的哈佛人类学者，这位上了年纪的美国人曾在"火炬行动"前往摩洛哥运过枪，发明过"骡粪炸弹"，将精心伪装的塑料炸弹随意放在路上，用以炸毁德军的汽车轮胎。库恩操一口流利的法语和阿拉伯语，在艾因泰耶给法国非正规军上爆破课，最后他的门生邦尼·德·拉夏贝尔展示了非凡的课外动手能力，刺杀了达尔朗上将；虽说库恩与暗杀并无瓜葛，但他还是被遣返，等阿尔及尔风头已过才露面。事已至此，他穿着英军制服和台球桌绿毛毡裁的假肩章，化名雷帝奈迪斯上尉，出现在比塞大以西40英里、远在特别行动处开普赛雷特最北端的指挥部。一名同党说："瞧，这个部队连无赖和凶手都齐了。"

第 7 章　战争是条分界线

库恩带领 50 名亡命之徒,炸毁了一座铁路桥,骚扰当地的意大利军医,成框成框地撒骡粪蛋。他手下的一帮海盗很快练就了绑票这套本事,绑的通常是有忠于轴心国嫌疑村子的族长少爷。他们将孩子扣押在开普赛雷特灯塔,要他们父亲提供敌军阵地的确切消息。库恩说:"除了自己侦察,绑票是我们获取情报的主要来源。"但诡雷却不尽如人意,按这位教授的说法,诡雷只造成了两起伤亡:"一名阿拉伯人和一头奶牛。"

从开普赛雷特到加夫萨和沿线的各个地方,突尼斯的冬天冷得出乎盟军官兵的意料。罗斯福写道:"天寒地冻,由于我军一贯迟钝,没料到这种情况,以为非洲属于热带,我们准备不足。"特德以"我 12 天不曾换过内衣"开头,一一列出了身上的衣服:"毛连衫裤,外面是毛裤和毛衫,再加一件毛衣,带内衬的夹克,再套一件带内衬的作训服,然后围一条围巾,最后罩一件厚短大衣。"衣衫不整的他,仍旧冷得打战。

其他数万名官兵同样如此,欧尼·派尔称他们为"泥水风霜兵"。补给车远远跟不上大军涌入突尼斯的速度,第 2 军缺望远镜、机枪、卡车部件,尤其缺热饭菜。一名听天由命的士兵在家信中写道:"要是三天不吃饭,听装军粮都美味如鸡肉。"还有一名士兵临时想出一个麦片粥配方:碎小麦、炼乳加两卷救生圈(一种糖果。——译者注)放一起煮开。他说:"我们始终想不明白,难道美国的猪和牛都做成了罐头?"偷牛猎獭;士兵们断定烤牛排实际是"突尼斯鹿"或"德国鸡"。

痢疾、寄生虫、脚气和蛀牙折磨着风餐露宿的官兵。纳粹空军战斗机自不必说。官兵们苦中作乐,把斯图卡式俯冲轰炸机出现的整个白天戏称为"斯图卡时光",把友军飞机每天的半个来小时露面称为"喷火时光"。由于敌机频繁来袭,战壕越挖越深,最后成了地洞。胆小的士兵常常将南飞的"鹳群"当作来袭的敌机。一个星期内,敌机在迈杰兹巴卜外沿途 6 英里造成 250 名盟军官兵伤亡,之后伊夫利将空袭中摧毁的车辆移到看不见的地方,免得影响士气。但士气还是一蹶不振。

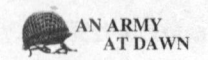

"不出炮火掩护的范围，每周能收到信，顿顿热汤热水……老头都能活成 20 岁。"一名二等兵写道。A.J. 列伯林如是评论：一日苦似一日，部队上阵打仗，就"好比是一个生了冻疮的老人跨进热澡盆"。他们渐渐进入老兵习以为常的状态，认为谁都不比自己强。他们心头仍无恨意。但每次为阵亡兄弟打包没开封的邮件发回后方时，他们开始热血沸腾。一位军官注意到，盟军掩护炮火如今能引来一片沙哑的叫好声。士兵们吼着："打！打那些狗杂种！"但"少年早亡"这句辛酸话不绝于耳。以下是从一名阵亡飞行员墨镜盒内找到的遗言：

妈妈，请别伤心，其实我很开心。请你安度余生，不留遗憾，因为你是一位了不起的妈妈，爱你。吉姆。

这段话足以挑起大兵们的杀气。

★★★

"撒坦行动"一日日逼近，要带领铁甲军杀向海边的军人总算踏上了突尼斯战场。"老铁甲军"师长奥兰多·沃德少将先是在英国，继而到奥兰苦等一声会合令。沃德的苦恼并不亚于属下遭瓜分的特里·艾伦。B 战斗群登陆北非，挺进东线，他却窝在英国，他认为这是马克·克拉克一手造成的。11 月中旬，他在日记中写道："我应该请战，而不是依言从命。"保罗·罗比内特一向致力于防止上司犯糊涂，他说的一句"要么让我上战场，要么你就解了我的职"，犹如给沃德火上浇油。但忠于职守的沃德，终于等到了机会。

沃德性格随和、温文尔雅，圆脸上生着一双敏锐的大眼睛。有人说，与其说他是位坦克司令，倒不如说他是位校长。家人称呼他"丹"，其他人叫他"平基"（Pinky，指他的头发带红色。——译者注），尽管他曾经长满红发的头上如今只剩下几缕灰发。一年前他曾感慨道："我 50

岁了,不时觉得力不从心。"早在20世纪30年代末,一丝不苟的乔治·马歇尔看不惯他一头乱发,忍不住说:"沃德,去把头发梳梳。"

沃德生在密苏里,长在丹佛,比艾森豪威尔更早毕业于西点,1916年随第7骑兵团出征墨西哥,在法国打过五仗。他眷念着新婚妻子伊迪丝,自认为是块务农的料。他在日记中写道:"儿女情长抹杀了我军人的气质。"转到野战炮兵,他才暂时把务农搁置一旁(他虽不是园艺师,但20世纪20年代在怀俄明边防哨所任指挥官期间,他种了2.5万棵树)。20世纪30年代,在锡尔堡,他把枪炮的革新传得神乎其神,其中一项是将集中12个营的榴弹炮从数小时缩短至16分钟(他耸耸肩说"小菜一碟")。战前任职陆军参谋部部长的沃德给迟钝的马歇尔留下了深刻的印象,因此马歇尔保举他连升两级。从上校到少将,他的一头乱发都在惹祸。

沃德性情耿直、胸怀大志、多愁善感。他的女儿罗宾回忆道:"要是教堂里的布道打动了他,那么整条板凳都会抖起来。"他兴许并不虔诚,张口闭口都是《爱丽丝梦游仙境》中的一句话:"先行刑,再判决!"他最近对一帮军官坦承:"将军们多半不了解自己独特的秉性。"在华盛顿供职期间,他经常到国家动物园看猴子,因为它们的一举一动能说明陆军部那帮灵长目的做派。他心头有一个挥之不去的伤痛:刚满18岁的女儿凯瑟琳于1938年圣诞节死于癌症,沃德陷入了"一个一辈子走不出的麻木期"。

沃德的韬略离不了两个秉性。首先是眼光狭隘的仇英心理。他把美军比作"叭儿狗,只要见一个留着红胡子、拿着手杖、操一口英国腔的人,我们立刻匍匐在地,摇尾乞怜"。11月8日登陆这天,他在日记中写道:"他们去教堂为帝国和国王祈祷,而不是盟国。"英方领导的"预备役行动"使他手下的装甲步兵营在奥兰港遭受重创,这件事愈发加深了他的成见。他写道:"我不愿屈就英国人之下,他们把我的部下整得够惨的了。"

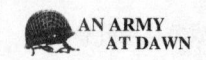

另一个秉性是随口顶撞上司弗雷登多尔将军。沃德在日记中写道，1月15日一到君士坦丁，"我就去司令部见弗雷登多尔。等了个把小时，没见到一桩称心事……军内事事都不如我所想"。沃德力劝集中"老铁甲军"兵力，一举取胜，但他的建议却被束之高阁，反而倾向于"哩哩啦啦地投入战斗"。弗雷登多尔"听不进劝告，偏爱按图索骥"，不侦察地形，不看看地图是否与实地吻合，就匆促下令。沃德很快得出结论，弗雷登多尔和第2军参谋连地图都没看清楚，就动笔起草部署令。

美国领导人在卡萨布兰卡求同存异，美军司令与其装甲兵司令副官却在突尼斯迅速产生了隔阂。对这一只能用"私人纠纷"和"愚蠢"解释的不利关系，参谋们先是意外，继而是不解，最后是恐慌。

"The Touch of the World"
★★★

英美战略分歧白热化

　　1943年1月14日星期三下午6点20分,"西方盟主"罗斯福莅临卡萨布兰卡。虽历经5天舟车劳顿,但他仍兴致勃勃。他脸色苍白,但眼睛炯炯有神,匆匆上了一辆糊了泥巴的轿车,迂回去了安法营。入住达雷斯萨阿达别墅后,这位美国总统招待了丘吉尔十餐,他们在卡萨布兰卡花了43个小时共商大计。午夜后一场空袭警报,他们结束了秉烛夜谈,罗斯福凌晨3点才上床就寝。临睡前,他又抽了一支烟,思忖道:"维尼(丘吉尔昵称)在这种形势下运筹帷幄,看他模样,他甚至喜欢这种形势。"

　　保持战前状况,尤其是维护陛下的帝国是英方的重头戏。为配合自己的方案,丘吉尔首相对罗斯福软硬兼施,而他手下的军方副手却向美国参谋长联席会议主动请缨。1月15日下午2点半,12名英美联盟的高级将领饭毕,返回安法饭店主廊尽头宽敞的半圆形宴会厅。厅内洒满阳光、鲜花飘香,中间摆着一张长方形大会议桌。宴会厅门口挂了一张简洁的牌子,上书"参谋长联席会议",有哨兵把守。这是在

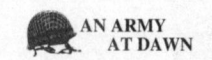

卡萨布兰卡开的第三次联席会议，他们今天下午要先听取艾森豪威尔将军关于突尼斯战役和"撒坦行动"的方案，再讨论全球战略这个主要问题。

可怜的艾森豪威尔，这次又是满座比他战功赫赫、胸前挂满勋章的将军。由于高血压、紫红的下眼袋和感冒迁延不愈（烟不离手又加重了病情），圣诞节后他一连四天卧床不起，形容憔悴。罗斯福事后说："艾克紧张坏了。"今早从阿尔及尔启程，可谓一路不顺。艾森豪威尔的空中堡垒的两台引擎失灵，航程的最后50英里，乘客们背着降落伞站在机舱门口，随时准备跳伞。他走上桌首，一帮英国人的眼睛一路跟着他，想不通为何这个出身卑微的人竟然能手握重权。

他没带讲稿，滔滔不绝地说了起来。的确，突尼斯惨遭溃败，盟军又迟迟不决。天气恶劣，道路泥泞不堪。一条简易跑道要2 000吨螺纹钢铺垫才能防止地基下沉，但运输钢材要动用北非铁路至少一天的运力。英美士兵总结了宝贵的作战经验。说到法军（艾森豪威尔在此为直布罗陀地道内的忍气吞声报了一仇），他们时运不济，由吉罗将军领导，吉罗"或许是一名优秀的师长，但他不懂政治和管理"。最后，艾森豪威尔说对付已故的达尔朗是小事一桩。

计划一周内发动的"撒坦行动"十拿九稳。艾森豪威尔说："首先，右路最初是佯攻，但目前来看，很可能直取斯法克斯，留步兵把守，第1装甲师后撤留作机动。"如果成功，"撒坦行动"将把敌人拦腰斩断。

耷拉着眼皮看着这一出的是陆军上将艾伦·布鲁克爵士，他是大英帝国的总参谋长，同时也是一位伟大的军人。布鲁克文静、刻板，能操一口流利的法语，出身军人世家，祖上是北爱尔兰准男爵。他一头黑发，削肩长腿，还有一个令人不安的习惯，即一位仰慕者所说，"蜥蜴似的快速伸出舌头舔舔嘴唇"。"一战"期间，他被提名表扬过6次；但1925年4月，上帝突然弃他而去，他的宾利车在路上打滑，摔断了自己的腿和妻子的脊椎，妻子几天后不治身亡。

第7章 战争是条分界线

布鲁克写道："我恨不得随她而去。"他从此深居简出、沉默寡言，渐渐变得弯腰驼背、愁眉不展。再婚虽重新给他带来了欢乐（给第二任妻子写情意绵绵的信时，数十年来落款都是"你一往情深的老艾伦"），却没能矫正他的驼背和沉默，也没能舒展他的愁眉。这位"榴霰弹上校"的签字通常是一行直白的"我坚决不同意"，最后一笔往往因用力过猛而折断。1943年1月，他年满59岁。他最大的爱好是养鸟，把《杜鹃探秘》奉若《圣经》。就在今天早上，布鲁克带着望远镜悄悄走上海滩，欢欣雀跃地发现了一只金翅雀、一只黑喉石鵖（bī）、一群三趾滨鹬和一只金眶鸻，他都一一记录在日记上。

这幕奇观并没令他分神放下手头的大事。身为负责1940年敦刻尔克大撤退的总指挥，布鲁克不想小看德国人的凶猛，断然不同意艾森豪威尔的"荒唐方案"。至于布鲁克对这位总司令的看法，他在1942年12月28日的日记中毫不客气地写道："艾森豪威尔不是个可造的将才！他一门心思钻营政治，玩忽职守，这恐怕是因为他不懂军事。"

他犹如一只老鹰扑向一只鸽子，对艾森豪威尔连连发问：安德森手下的第一集团军在北部，蒙哥马利的第八集团军远在利比亚，第2军如何向海边推进？如果安德森被牵制两个月，阿尼姆的大军难道不会将我军分解，把斯法克斯的部队各个击破？蒙哥马利和的黎波里远隔一个星期的路程，在遭到重创的港口开放前，第八集团军"寸步难行"。只要危及斯法克斯这条后勤命脉，隆美尔定当"以迅雷不及掩耳之势反戈一击"。这位"沙漠之狐"手下的德意两军总数预计不下8万人，阿尼姆有6.5万人。难道在无望获得安德森或蒙哥马利援助的情况下，第2军还甘冒阿尼姆和隆美尔两面夹击之险？实际上，"超级机密"今天截获的一封电报显示，隆美尔手下的第21装甲师已经挥师北上突尼斯。

面对连连诘问，艾森豪威尔想变更部署，但哈普·阿诺德、欧内斯特·金和马歇尔等几位美国高参却作壁上观。马歇尔饱餐一顿后显然已昏昏欲睡，迄今还没开过口。按艾森豪威尔的说法，"弗雷登多尔的方案"指望沃德的第1装甲师反戈一击，打败隆美尔。艾森豪威尔面临"一个两难的境地，要么让部队在泥泞中按兵不动，丧失斗志，要么出兵突尼斯，蒙受损失"。他深信，后者是"两害相权取其轻"。即便如此，他希望深入讨论这个问题，并"对方案作出必要的调整"。

艾森豪威尔敬了个礼，表情严峻，一副铩羽而归的模样走出宴会厅。

★★★

自从1942年1月第一轮战略会议以来，英美参谋长或各自的代表会晤了56次，但从卡萨布兰卡会议可见他们各说各话。安法会议上，有几件事双方一拍即合，比如支援斯大林的红军集中力量空袭德国本土，除掉1942年数量翻番的潜艇。但关键问题是，如何将盟军作战资源分配到太平洋和大西洋两个战场？下一仗从何处下手？对这些关键问题，双方各执一词。指挥官想在会议上出风头，多半虚张声势。"信条"会议的最初几天，他们不仅毫无建树，而且威风扫地。

艾森豪威尔一走出会议室，布鲁克就施展起丘吉尔要求的滴水穿石的本领。他认为"1943年末，欧洲战场能取得最后的胜利"。先前会议上反复提到的一个论点是，日本的锋芒已挫，只要德国投降，日本必败无疑。但要是放任德国打败苏联，第三帝国将变得坚不可摧。因此，盟军的战略不应仅仅关注先战胜德国，按罗斯福和丘吉尔一年前达成的协议，而且要将盟军主要资源投向欧洲战场。

但下一仗打哪里？美方的想法是"直捣敌人的老巢"：横渡英吉利海峡，突袭法国北部沿海，直捣柏林。"布洛洛"号的红皮文件夹又摊上桌面，上面详细准确地标示了德军在法国和低地国家有46个师，外加德国国内随时可以调动的11个师。此外，德军可以在两个星期内，凭借北欧横贯东西的铁路线从俄国前线调集大批兵力。截至1943年9

月这一保守预计的法国登陆日，盟军顶多可以从英国出动 25 个师，远非一支常胜大军。此外，船舶和登陆艇匮乏，意味着第一波进攻大西洋壁垒仅限于 6 个师，尽管艾森豪威尔在伦敦的亲信最近提出至少要 12 个师。

他们争论的开端是从西西里发动的地中海行动。这个岛的岸线绵延 500 英里，多半没有部署重兵。正如丘吉尔对斯大林说的话："你何苦要把脑袋伸进布雷斯特（Brest，法国港市。——译者注）这个虎口，而不去地中海直击他的软肋？"由于意大利铁路线薄弱，不堪盟军一击，德军两周内仅能调集一个师南下增援。英方估计，盟军若将意大利打出战局，将牵制德军 54 个师和两千余架飞机。重启地中海和苏伊士运河，盟军可节约 225 艘船只的运力，布鲁克总结道，在这场世界大战中，船只往往比兵力宝贵，因此这是一笔不菲的收获。他啪的一声合上红文件夹。

布鲁克听艾森豪威尔讲话时强耐着性子，此时金上将也以同一种心情倾听布鲁克。在三位美国参谋长中，数金上将的脾气最火爆。他一只胳膊上文着一具锚，另一只则是把匕首。一位仰慕者说，他是"一只令人生畏的甲壳动物"。金好酒色，一副雾号般响亮的嗓子能传遍甲板，用马歇尔的话说，他"敢下海斩恶龙"。在这间芙蓉和发油飘香的会议室，这位上将显得桀骜不驯。太平洋是他的战场，他绝不会让步。一位英国海军上将说："金只关注太平洋，那是他的东方政策；偶尔往背后扔块石头，那是他的西方政策。"

金扔了块石头。他不反对登陆西西里，但他认为英方怕是"拿不出一套全盘作战计划"。退出太平洋是倒行逆施。他断定，日本人正加紧从被占领土搜刮原材料，意欲巩固东印度和菲律宾的内部防御圈。瓜达尔卡纳尔岛的苦战还要持续一个月，巴布亚新几内亚刚刚结束类似的苦战，美澳联军伤亡不下 8 000 人。再往北，一小股美军刚刚登陆安奇卡岛，准备收复阿留申群岛，此战要持续到夏天。

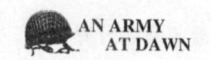

和布鲁克一样，金的观点在会议早期一提再提。金上将认为"盟国不能给日本人喘息及巩固战果的机会"。美军参战的九条前线，五条在太平洋。英方难道不清楚，盟军投到太平洋的人力物力只有15%？金认为，这一比例应该翻番。

就算他不是在撒谎，15%这个数字也并非事实。美军不下一半海外兵力和三分之一空军部署在抗日前线；美国驻海外的海军实际上都在太平洋，目前是4个师，而且还在持续增加。运输和维持茫茫太平洋上的部队，所需的舰只至少应是大西洋的3倍。

但金认为不要紧，"必须先发制人，不要等日本反咬一口"。至于布鲁克的反驳（盟军实力不足，开展不了抵抗日本和欧洲轴心国的全面战争），金不屑置评。哈普·阿诺德和马歇尔一言不发。会议于下午5点解散。

战线已经在收缩。陆军部智囊阿尔伯特·C.魏德迈准将信不过英国人，和一帮激烈反对插足地中海的手下偷录了各次会议。魏德迈会后提醒几位美军参谋长："如果赞成英方的观点，我们会将我军分散在一个无关紧要的地区。"但英方看来铁了心，要在1943年横跨英吉利海峡，登陆西欧。

布鲁克当晚对这一天的事件做了总结。他在这篇看不出手足之情的日记中写道："我们与美国人的关系太近，合作起来绝不容易。"

★★★

卡萨布兰卡远离战场1 000英里，但伤亡人数却扶摇直上。"撒坦行动"遭到重挫，艾森豪威尔丢尽了颜面。"缺乏经验，能力有限"，这是布鲁克在日记中下的结论。取消攻打突尼斯的消息很快传开。克拉克对巴顿说，英方把美军排除在最后一战外，不过是想最后在突尼斯把荣誉纳入自己囊中。"倘若如此，"巴顿在日记中写道，"真是无耻至极。"

第 7 章 战争是条分界线

在宾馆会议室出了丑后,艾森豪威尔慢慢穿过椰树林回到雷斯萨阿达别墅。总统下午 4 点要见他。艾森豪威尔不知如何是好,特别是如何部署第 2 军,和他的前途一样未卜。"他心知肚明,自己陷入了绝境。"两天后布彻写道。虽然马歇尔多方努力,要给艾森豪威尔一个相当于英国上将的军衔,但罗斯福对授予他四星却犹豫再三。哈里·霍普金斯在安法记录了如下一番密谈:

> 总统对马歇尔说,如果没有充分的理由,他不会提拔艾森豪威尔。他要将提拔建功立业者作为一条原则。艾森豪威尔是干得不错,但他没将德国人赶出突尼斯。

此时,马歇尔也恨艾森豪威尔在参谋长联合会议上不争气。

罗斯福坐在客厅斑马皮沙发上,思考着法国恐难重振战前的雄风。自言自语道:"战后我该如何处置突尼斯?"然后,他就这场战役对艾森豪威尔连连发问。

"你说说,你怎么看?你认为结果如何?"

"什么?"

"要多久才能结束?"

艾森豪威尔吞吞吐吐。看来总统对突尼斯冬天一战太过乐观。

"只要天放晴,先生,到来年春末,我们不是将他们包围,就是将他们赶下大海。"

"你说的春末是什么时候?6 月?"

艾森豪威尔点了点头。"最早 5 月中旬,最迟 6 月。"

他立下军令状,5 月中旬决胜非洲。

艾森豪威尔当晚在巴顿的别墅内诉苦诉到凌晨 1 点半。巴顿在日记中写道:"他认为自己命悬一线,我说'你只能上前线'。他说顾及政治,他不能为之。"

★★★

  布鲁克的副手少将约翰·肯尼迪爵士如是评价丘吉尔："诸事不顺他犯难，没有结果他更犯难，诸事顺利他还是会犯难。"虽然军事委员会出现了不少摩擦，但是"信条"会议却和首相预料的一样顺风顺水；就算他没有犯难，凡事他也要插一脚。1月16日，他偷得一分闲，出了安法营地，揣着一口袋贝壳，在汉克灯塔附近的海滩上徜徉。还有一次海滩行，他偶遇几名背着吉他的美军士兵，在他的要求下，他们为他演奏了一曲《你是我的阳光》(You Are My Sunshine)。有一天凌晨3点丘吉尔吃完夜宵返回驻地米拉多别墅，在门口遭到一名来自北卡罗莱纳的小哨兵盘问，哨兵吼道："班长！这儿有个家伙自称是英国首相，我看他是个大骗子。"

  每天早上，他不是穿着粉红色睡衣四处闲逛，就是啜口红酒当早餐，研究一路收集来的军事地图。最后他套着"拉链连衫裤"，玩了不知多少局比齐克纸牌游戏，或者看元帅们垒沙堡，在水上漂石子。"过来看看我的地图，"他催道，"要不要来杯威士忌？"午夜过了许久，他还在和幕僚商量大小事宜，见他们哈欠连天，他斥道："好吧，你们要是不在乎胜负，去睡觉好了。"一位英国将军说，他常常对"别人的意见嗤之以鼻"，一旦有人提出异议，他当即大发雷霆："你现在居功自傲，愧对自己的祖国。你只想领俸受禄，吃饭睡觉。"他还受不得过分的客套。他厉声说："我们领俸禄，不是为了相互奉承。"总而言之，他要尽兴。

  罗斯福也发现安法是个好地方。他在花园用餐，喝陈年美酒，看通俗剧《猜猜谁来赴晚宴》(The Man Who Came to Dinner)。他两个从军的儿子陪他住在达雷斯萨阿达别墅，他取笑儿子们凌晨2点逛卡萨布兰卡露天市场和红灯区。该红灯区是一座小城堡，客人一边喝甜薄荷茶，一边看肤色黝黑的妓女扭着屁股，撩起裙子，仿佛伯顿作品《阿拉伯之夜》(Arabian Nights)中的色情表演。

招待摩洛哥苏丹和大臣的国宴办得很成功,只是丘吉尔颇为不满,为了尊重穆斯林的教规,宴会没上酒。首相硬是要设个宴后免费酒吧,好让他解解酒瘾。1月17日中午,罗斯福接见了诺盖斯将军,后者仍不肯放弃摩洛哥总督这个位置。诺盖斯叫屈,说摩洛哥和阿尔及利亚的犹太人要求恢复选举权,罗斯福开心地答道:"这个问题非常简单,这里不存在选举,所以犹太人不必为选举权烦恼。"总统还提出,鉴于犹太人在"整个北非人口中"所占的比例,应限制他们从事法律、医药等职业。他告诉诺盖斯,此举可"消除德国对德国犹太人霸占某种职业这一明确、情有可原的指控"。尽管他对奠定盟军基业的广义上的"自由"有不同见解,但说到谁能成为"时势造就的伟人",罗斯福决不逊于丘吉尔。

★★★

参谋长们谈了一轮又一轮。争论不休变成犹豫不决,继而又认真讨论,但仍毫无结果。1月16日星期六,就在布鲁克教训艾森豪威尔的那天早上,马歇尔以一通尖锐但合情合理的连珠炮似的问题开场。他说,美方参谋长想问,英方认为怎样才能打败德国?西西里仅仅是通向结局的一条途径,还是结局?美方战略家相信,一旦墨索里尼政府示弱,希特勒会派国防军增援这个不难保护的意大利新兵。下一步怎么办?盟军要拿出什么样的"大方案"来打赢这场战争?"大方案之外的佯攻或枝节问题都可看作真空泵。"马歇尔补充道。

布鲁克发现了一只杓鹬、一只黄鹡鸰和五只小猫头鹰。如今他听惯了美军的论点。他翻开红皮文件夹,以一种随时都可能动怒的语气说:"德军在法国部署了44个师,足以把我们团团围住,一举歼灭……既然要等到德国势弱我们才能向欧洲大陆出兵,何不尽量分散德军的兵力?"

言之有理,仅此而已。美方代表团中仅有的一名军需官拼命地翻

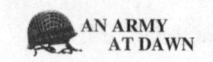

着三本活页笔记,参看评论和概要。英方的陈述理由充分、数据确凿。美方拿出了一个意向,英方则拿出了一套方案。美方几位参谋长拿不出一套可行的方案以取代丘吉尔的"软肋":来卡萨布兰卡前,罗斯福和军事智囊团只开过一次策划会,如果总统对作战时间表和战略路线有一个强硬的观点,那么只有他一个人清楚。

当天晚上,马歇尔告诉罗斯福,美方参谋长有意赞同英方代号为"爱斯基摩人行动"(HUSKY)的西西里登陆方案。马歇尔无私、内敛,是一个扑克牌高手,知道何时应冷眼旁观。以下情况统统于他有利:英方提出新要求,登陆北欧要12个师而非原来打算的6个;加强两栖作战训练的需求,在"火炬行动"期间显得更加重要;削减登陆艇产量,以应护航舰短缺之急;最基本的要求是盟国之间团结一致。此外,英方无意"占领意大利",马歇尔告诉总统,"这会增加我方的负担,却得不到相应的回报"。罗斯福点头赞同。

陆军参谋长深知一手好牌的意义,两天中他始终不露声色。随后他开始反击,翻来覆去地争论不休,尤其是围绕太平洋这个问题。1月18日星期一上午,布鲁克据理力争:"我们不可能同时打败日本和德国。鉴于路途遥远,我方参谋长认为,不可能先打日本,如果坚持这样做我们就会输掉这场战争。"马歇尔仅重申了"地中海行动没有期限"这一立场。

你来我往,激烈地争论了两个小时后,会议于下午1点结束。布鲁克的失望之情溢于言表。他对派驻华盛顿的约翰·迪尔元帅说:"这毫无益处,我们决不会和他们达成协议。"迪尔要他早点解决问题。他说:"你总不能将悬而未决的问题提交首相和总统吧?你我都清楚他们会出什么乱子!"

僵局不久被打破。英方提出了一个折中方案,盟军继续出击日本,但不放过"1943年决战德国的机会"。马歇尔、金和阿诺德逐项研究了这套方案,又做了几项小改动,才表示满意。下午5点半,罗斯福和丘吉尔共庆这项协定后各自散去。金上将指出，这份文件"确立了我方赢得这场战争的策略"。

这套方案实际是将对德作战放在首位。它包含一个地中海战略，同时坚定了美国毫不留情地惩罚日本的决心。方案还证明，无论智力和武力，英方都胜过其盟友一筹。这是场考验。阿尔伯特·魏德迈告诉陆军部："他们像蝗虫一样扑向我们。"

"我们输了个精光，"魏德迈还说，"我们带个耳朵来，谁料却俯首称臣。"

★★★

总统若要表露这种感情，也只会一个人偷着乐，兴许是他看出美国必将实现霸业。老牌帝国的秩序因世界大战分崩离析，英联邦的红皮文件夹不会永保现状。

再说总统有要事在身。1月21日上午9点20分，他头戴一顶礼帽，身穿灰色西服，乘一辆橄榄色戴姆勒轿车，由一对摩托车、侦察车和两辆站满特工的吉普开道，顶着呼呼的寒风，驱车88英里北上拉巴特。"一路上随处可见长袍飘逸的阿拉伯人、摩尔人、蒙面妇女、法国兵，以及骑着小毛驴的大胡子土著……还有不计其数的骑自行车者。"车队中的一名上尉说。为转移路人对戴姆勒轿车的注意，特工从吉普车站起身，手指天空，或装作跌下车的模样。到了拉巴特郊外，特工竖起一道隔板，把罗斯福从轿车抬上吉普前座。

身穿马裤、戴着手套的巴顿以一个标准的军礼咧着嘴迎接罗斯福。虽然他极力隐藏，但"信条"安保的压力显然已让他精疲力竭。有一天凌晨3点，巴顿一头闯进安法的特勤局指挥部。他告诫他们："德国佬知道总统在这儿，要来暗杀他！"特工们要他尽管放心，把他打发走了。巴顿怒气冲冲地说："一帮成天酒气熏天的下流侦探！"总统要来视察更是给他火上浇油。首先，克拉克命他找些"参加过登陆的黑人"，

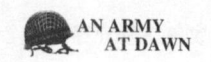

在偏袒黑人的总统跟前露个脸儿。接着是特勤局坚持参加检阅的部队不得带武器，并且远离路边 300 英尺；士兵可以带步枪，但不得上子弹。总统车队浩浩荡荡地驶过第 2 装甲师，十数名特工端着冲锋枪对准手无寸铁的部队，负责警戒。巴顿火了。关于罗斯福来到非洲的传言引来一番嘲弄，没有人相信。"凡事皆有可能，"第 2 装甲师随军牧师说，"这则传言简直是痴人说梦。"而后，随着一声"向右看齐"，坐在吉普车内的他来了：狮子头，阔肩膀，牙齿咬着翘得高高的烟斗。全师上下发自肺腑地惊叹："天啊！"总统挥手致意，一列车队往第 3 步兵师方向绝尘而去。

总统一行来到一个野战炊事班，在一支乐队演奏的《查特怒加酷酷》(*Chattanooga Choo-Choo*) 乐曲声中，吃了顿煮火腿和甜薯。车队取道利奥泰港奔梅地亚前，又视察了第 9 步兵师，克拉克在显眼的位置安排了一队黑人士兵，吸引罗斯福的注意。一排排美军和法军沿着城堡下翠绿的塞布河列队。几位副官踏着号手吹起的"号角"，将两个花圈放在纪念"1942 年 11 月 8～11 日梅地亚之战"的纪念碑上。罗斯福脱帽鞠躬，久久地默哀阵亡官兵。

返回卡萨布兰卡的路上，凄风苦雨将吉普车上的特工淋成了落汤鸡。这一幕大快巴顿的心，他陪着总统乘坐着戴姆勒轿车。巴顿当晚在日记中写道，罗斯福说"将印度输给了"英帝国，此外，"一定要灭了德国和日本"。反过来，罗斯福事后指出，巴顿"说过不下五次希望战死沙场"。回到住处，罗斯福草草吃了顿晚餐，9 点半就早早就寝。对"西方盟主"来说，这是漫长的一天，但收获颇丰。他看到了未来：民主大军汹涌而至，勇士们将解放一片大陆。

★★★

远处波涛的轰鸣仿佛隐隐的炮声袭过安法如茵的草地。营地上空万里无云，只有海上吹来的缕缕微风约束正午的骄阳。1 月 24 日星期

第7章 战争是条分界线

天12点15分，27名记者和相当数量的摄影师穿过两道铁丝网，拥向达雷斯萨阿达别墅。他们在一座临时充作储藏室的空平房待了一个上午，互相拿法国版的《十日谈》打着趣，猜测着自己被招到卡萨布兰卡的原因。

记者盘腿坐在湿漉漉的狗牙草地上，鄙夷地瞧着新闻官跑前跑后，打着官腔要他们"不许提问，不许提问"。一条紫叶子花绕柱的凉廊从别墅后门一直通向台阶，台阶上的麦克风前放着两把皮椅。一名青年军官刚喊了一声："四把才够！"当即又添了两把。十数位上将和将军鱼贯走出灌木丛，或靠在橙子树上，记者们很快发出了一声尖叫，那不是马歇尔吗？布鲁克干什么来了？一见身穿咔叽制服的吉罗和戴高乐将军陪首相和总统走出别墅，他们顿时鸦雀无声。

盟国费尽周折才说合这两个法国对手。吉罗认为"小戴高乐"是个"自私自利、徒有虚名的将军"。尽管自由法国笑纳了英国7 000万英镑经费，但是戴高乐认为吉罗是英美的傀儡。罗斯福召见吉罗，要他到卡萨布兰卡公开展示法国结盟，他屁颠屁颠地跑来，不料却发现自从艾森豪威尔在直布罗陀求他出手相助使他飘飘然后，他的那点老底现已荡然无存。罗斯福在安法见过他一次，就斥他为"窝囊废"和"靠不住的墙头草"。一位军需官单独和吉罗见了一面，就对翻译说："你给我告诉这个法国佬，山姆大叔不是圣诞老人。"

戴高乐本人并不想离开伦敦，远赴卡萨布兰卡，最后迫于丘吉尔威胁要断他的经费才赶来。首相说得很刻薄："我们叫他圣女贞德，恨不得有哪位主教一把火烧死他。"罗斯福一直认为戴高乐是位心高气傲的霸主，两人在达雷斯萨阿达别墅客厅会见后，罗斯福更确定了自己的看法。为防法国人背信弃义，特工队全体出动(十几个人揣着冲锋枪)，悄悄地埋伏在别墅窗帘背后和门口。

两个人高马大的法国人一脸怒色，出现在达雷斯萨阿达别墅的台阶上。两名特工从轮椅上抬起罗斯福，摆花瓶似的将他轻轻地放上一

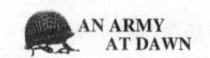

把皮椅。11天的阳光褪去了他眼下的黑袋。他从嘴上拿下烟斗，招呼几位熟识的记者；其他人等，他则报以一笑。丘吉尔一身灰条纹西服，手持一根手杖，在另一把椅子上落座，一支黑雪茄在他脸上转来转去。摄影师踏上鹤望兰苗圃，拼命地按着快门。

"在我们完成使命之前，你恐怕已弹尽粮绝。"首相丑话说在了前头。他本来不同意中午举办记者招待会，因为他远未准备好，但答应为此"撑个门面"。他拉低帽檐，板着脸对着太阳。一名记者认为他像"叼着烟的彼得·潘"，另一位记者则认为他看上去"凶神恶煞"。罗斯福请他摘下帽子面对镜头。

"我戴帽子防阳光刺眼，"丘吉尔答道，"你也不妨戴一顶。"

"我生来不戴帽子，"总统咻咻一笑，"现在也没理由要戴。"

两位将军一一落座，吉罗腰杆挺得像截木头，戴高乐拇指和食指夹着香烟，一副无精打采的模样，罗斯福简要概述了刚刚结束的会议，细节必须保密，但此次会议"史无前例，参谋长们亲密无间，下榻同一座宾馆，会后彼此结下了深厚的友谊"。

几位参谋长从树叶间冷冷地看着这一幕。

总统又说道，吉罗和戴高乐将军也同样亲密无间。其实，用一位外交官的话说，他们短暂的交谈仅限于"很高兴为你效劳"。罗斯福抓住两人的胳膊，几乎要将他们从座位上拉起，然后用蹩脚的法语要他们许诺解放法国。两人起身、握手、落座，动作太快了，摄影师们发出抗议，他们这才僵着笑脸，重摆了这套姿势。总统宣布，"这是历史性的一刻"。两位将军随后起身进了香蕉林，留下幕僚发布一则官方套话般的联合声明："我和他们单独见面深谈过。"罗斯福对他们的背影挥手致意："再见！"

"这一幕非常尴尬，"记者艾伦·穆尔黑德事后回忆，"如同初次排练一出业余戏剧。"

总统现在还要抛出另一个论点。

第 7 章 战争是条分界线

他说:"我们都有过这个念头和想法,但首相和我都不曾将其写下来:只有彻底消灭德国和日本的作战能力,世界才有和平。"也许连英国记者都熟悉美国格兰特的故事。1865 年 4 月,格兰特在阿波托马克斯(Appomattox,美国弗吉尼亚州中部旧村庄,在林奇堡附近,1865 年 4 月 9 日南军李在此向北军格兰特投降,从而结束美国南北战争。现为国立博物馆。——译者注)要罗伯特·E. 李无条件投降。

罗斯福说,类似的条款适用于这场战争。"摧毁德国、日本和意大利的作战能力就是让德国、日本和意大利无条件投降。"他继续说道,"这并不是要消灭德国人、日本人和意大利人,而是要摧毁这几个国家征服奴役他人的世界观。"

他说,记者们甚至得把这次会议称为"无条件投降会"。丘吉尔点点头,说道:"总统所言,我深表认同。"盟国坚决要求"陷世界于水深火热的罪恶势力无条件投降"。

丘吉尔揣摩罗斯福的声明是要让自己无话可说,可是没人深究他的心思。丘吉尔战后拐弯抹角地说,无条件投降这一要求出乎他的意料,简直是阴险狡诈。这个论调是罗斯福 1 月 18 日晚抛出的,丘吉尔这时候还提出一个联合声明,"说什么盟国决心要战斗到底"。他随后致电伦敦征求战时内阁的意见,战时内阁不像首相,一致赞成这个观点,还赞成投降要求涵盖意大利。丘吉尔没想到罗斯福在此时此地草率地宣布这一公告。

总统本人事后说,这个概念"不过是灵光一现",是个荒唐的要求:他在记者会上的讲稿中,"无条件投降"一词出现了三次。深思熟虑 6 个月后,罗斯福 1 月 7 日在白宫和陆军参谋长们提出了这个概念,无人反对,尤为罕见的是,马歇尔等高参都认为向参谋机构介绍这项要求并非是要将战争强加于人。美方高参在安法私下简要讨论了这个观点,对魏德迈将军说的"无条件投降势必会逼德国人团结一致,决一死战",未置可否。

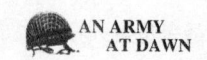

生米已煮成熟饭。在接下来的几个月里，他们都会对此争论不休；而对这仓促采取的大手笔产生的后果，将引发更长久的讨论。罗斯福显然是要避免重蹈 1918 年的覆辙：当时签订的停战协定语焉不详，事后让纳粹认为德国"一战"中战败不怪战场上吃了败仗，要怪只怪政治背叛。不过，总统的内战类比也存在漏洞：格兰特提出这项著名的条款，是在 1862 年围困田纳西的道纳尔逊要塞，而不是在 3 年后的弗吉尼亚。无条件投降也不是英国战争的特色：16 世纪末以来的 15 场战争都不是这个结局。第三次布匿战争兴许有得一比，当时罗马要迦太基交出"全部领土和城池，俯首称臣"，迦太基人拒不从命；公元前 146 年，罗马人荡平他们的城池，战争才结束。

生米的确已煮成熟饭。记者自有评说。他们很快就会赶到参谋长开会的同一间雅致的会议室，总共编出了 10 万字的稿子，审查官逐页仔细审查后，才交给通信部队的电报员发送。但两位领导人首先邀请记者上前握手。丘吉尔逐一伸出手，从帽檐下眯着眼睛问："你是哪家报社的，嗯？你是哪家报社的？"紧挨他的罗斯福偏着脑袋，仿佛拉票的随从满脸堆笑地说："幸会，幸会。"

和一名美国同仁信步走回旅馆的路上，一名苏格兰记者冲总统竖起大拇指。"啊，"这个苏格兰人说，"他有种风范，世界的风范，你说呢？"

The Sinners' Concourse
★★★

美国佬失了一着

当记者们还在敲着键盘写稿时，罗斯福和丘吉尔则乘坐那辆橄榄色的戴姆勒，早早出了安法。车队沿9号公路往南开了4个小时，中途仅在路边打个尖，吃些柳条篮盛着的煮鸡蛋、甜馅饼和苏格兰威士忌。150英里的路程，每隔几百码就有一名巴顿的哨兵负责警戒，外加美军战斗机在上空巡逻。车队抵达马拉喀什时，已是夕阳西下。尘土、行李和气势逼人的特工顿时乱成一片。

丘吉尔一路上拿一些老掉牙的故事逗总统开心，比如"撒哈拉的巴黎"、沙漠游民的红墙大车店、耍蛇人和"非洲大陆最大最规范的妓院"。马歇尔将军要罗斯福"一概拒绝首相请他参观这个疑为轴心国特工老巢的地方"，也被总统抛到了脑后。总统和首相（各自的代号为A-1和B-1）要远离战争，暂时放松放松。

两人的世外桃源是萨阿迪亚庄园，由一位美国富孀慷慨出借。赤褐色的别墅（有15间卧室）饰以精美的穆尔雕刻、低浴缸，以及金黄和品蓝色的壁画。5名园丁侍弄繁花似锦的庭院，管理祖母绿的大游泳池。和在安法一样，工兵连夜赶造了轮椅坡道，安装了防窃听电话和变压器，又将别墅的法国管家换成美国兵。他们接受了速成培训，端着大托盘，与其他扮作总统、首相和随员的士兵练习餐厅礼仪。负责这项工作的美军中尉不堪重负，精神衰弱，喝了一瓶波旁威士忌后，被锁在一间卧室休息。

一座带螺旋楼梯的六层瞭望塔高耸萨阿迪亚。经丘吉尔一再坚持，两名副官手扣手把罗斯福抬上60级台阶，放在露台上的一把柳条椅上。首相的私人医生莫兰勋爵事后回忆，总统"麻痹的双腿像口技表演者手中的木偶一样，四肢吊着"。10英里外的阿特拉斯山高耸入云，粉红和紫罗兰色的景致随落日渐浓，令人心醉。"这是世上最美的地方。"丘吉尔喃喃地说。他派人下楼取来总统的大衣，亲手轻轻地披在总统的肩上。

两人肃然地坐着。阿拉伯人骑着一摇一摆的骆驼穿过名叫"巴布·哈米斯"的城门。马拉喀什的红城墙渐渐蒙上了一抹血红。大露天市场和广场四周灯火闪烁，这里号称"罪人广场"，曾拍卖戴着镣铐的中非奴隶，也是苏丹大批处决犯人以儆效尤的地方。夜色渐浓，马拉喀什每座清真寺尖塔的广播都在提醒信徒做晚礼拜，晚风和着忍冬和橙色玫瑰的花香，拂过小小的露台。

夜色渐浓，他们这才意识到腹中饥饿。总统恋恋不舍地最后看了一眼靛蓝色的山峦，这才搂住服务员的脖子。丘吉尔跟在后面，轻轻地哼着自己编的一首不着调的小调："噢，战争不再，战争不再。"

★★★

在这个狼烟四起的世界，卡萨布兰卡的交易将有助于规划世界的走向，直到两年零八个月后，柏林和东京沦为废墟。参谋长联席会议举行的18场会议的战略成果是推迟一年登陆法国，这一延迟很可能让盟国免遭大劫。卡萨布兰卡无非证实了一点，那就是重兵集结北非和去年夏天"火炬行动"会议得出的结论，导致地中海战略势在必行。

但西西里之后的战局尚不明朗，英方和美方都没有一个打赢这场战争的总体规划。美方参谋长一再发问："下一个目标是哪里？"这让英方大为光火。地中海战略本身的一个变数就是，针对欧洲轴心国的战争沦为和德国小跟班意大利的持久战。用马歇尔一句不吉利的话说，"软肋"兴许是"不锈钢护壁板"。此外和金上将在安法说的一样，至少在未来一年中，"我们要指望苏联"。这句话是自讨没趣，苏联还在斯大林格勒苦战，分身不暇。丘吉尔坦承："除了今年春天之前盟军投入法国50～60个师，斯大林恐怕一概不予接受。"

安法达成的妥协本身就模棱两可，接下来的几个月证明，参谋长们的方案不是根据不足、无法实施，就是因故受挫。出兵缅甸和突袭日本的拉包尔（Rabaul，巴布亚新几内亚的新不列颠岛东北部港市。——译者注）海军基地的计划胎死腹中。用布鲁克的话说，船只短缺是"所有作战行动的一大瓶颈"，其中的辛酸，局外人无法理解。虽然罗斯福曾满口答应吉罗，要重新装备11个法国师，但是那需要325艘舰只，美方根本抽不出来。

英美轰炸机打击德国目标同样遥遥无期。1月初，丘吉尔说："我看美国人没成功往德国丢下一发炮弹。"这句话有失公允：美军驻英国第8空军师的600余架飞机被用于非洲，机组人员和保障单位几乎也被抽调一空；按英方的意愿，留在联合王国的一支微不足道的美军轰炸机和战斗机队伍轰炸了德军在法国的潜艇基地。过了好几个月，空军司令才执行参谋长们1月21日下达的命令："摧毁德国的军事、工业设施、经济机关，打击德国民众的士气，直到他们放弃反抗。"

数月之后，无条件投降一说才开始合乎合理。这一条款"如同吊在英美脖子上发臭的毒瘤"，没有必要久拖不决，要将其转变成一场大决战。对于J.F.C.富勒的这个说法，许多战略家深表认同。罗斯福知道，这也带来了一定的利益。这项语义不清的要求反映了盟国的民意，是

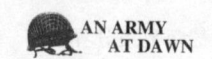

一根精神支柱，似乎也是全面战争的必然结果。德国瓦解后，英国还要粉碎日本。关键是苏联人不必担心西方盟友和达尔朗上将单独签订一份合约。这项声明并没有改变这场战争的军事路线，倒是可能吓住了轴心国中几个不堪一击的可怜虫。英国史学家迈克尔·霍华德说过，就算欠考虑，这项要求也可看作"两位旅人在一个前方山高路险的转折点互相支持和勉励"。

他们在卡萨布兰卡不朽的传统中见证了友谊。诚然，美国人在会议桌上失了风头。英国人的狡诈和帝国的实力在许多问题上占了上风，罗伯特·墨菲叹道："我们迫不得已，成了英国骗子的跟屁虫。""二战"期间，罗斯福和丘吉尔两人始终谨小慎微。英方指挥官依然一副傲慢的架势。"美国人虽难以打交道，但不失可爱之处，"布鲁克在日记中写道，"马歇尔两手空空地跑到这儿来。"美国人的愤恨在一份英方的打印例会记录中可见一斑：文件发到华盛顿前，他们都要用铅笔将"aerodromes、defence、honour"改作"airdrome、defense、honor"（分别是"机场、防御、荣誉"的英式和美式拼法。——译者注）。

但罗斯福一句"彼此结下了深厚的友谊"，将真正的关系一言以蔽之。虽然手足间免不了嫌隙和妒忌，但双方建立了比亲戚更近的关系。

副总统亨利·华莱士说过，富兰克林·罗斯福是位了不起的水手，纵横前进时，始终盯着一个方向。总统和丘吉尔同舟共济，但他看的是别处。罗斯福发现首相"仍旧是19世纪的殖民主义者"，用外交官埃夫里尔·哈里曼的话说，"旧秩序不会长久"。战争是条分界线。美国的实力，连排列在通往马拉喀什150英里沿线的无聊的士兵都看得清清楚楚。不错，美国佬是失了一着，作为战略策划者的不足只有他们自己清楚。但英国再也不能轻易将自己的意志强加于人。和整场非洲战役一样，卡萨布兰卡是美国的关键时刻，是世界史掀开新一页的转折点。

第7章　战争是条分界线

★★★

萨阿迪亚星期天的晚宴相当丰盛,只是少了扮作管家的士兵。总统和首相晚上8点在沙龙共举鸡尾酒。做东的是美国驻马拉喀什高级外交官肯尼斯·彭道尔,即"火炬行动"之初在阿尔及尔和墨菲一起遭短暂扣押的"十二使徒"之一。罗斯福摊开手脚,躺在沙发上打趣彭道尔:"我是帕夏(大官)。你可以吻我的手。"吃完菲列牛排和龙虾后,上了一道穆尔塔形状的果仁糖,塔中烛影摇曳,果盘边上的棉花糖仿佛远方的群山。

为国王、国家、总统、"无条件投降"干了不知多少杯,唱了不知多少支曲子。午夜时分,罗斯福和丘吉尔到隔壁一间客厅,伏案给斯大林和领导中国抗日的蒋介石起草公告。

彭道尔事后回忆,总统和首相凌晨3点半写好特别公告,两人都有一种感染别人的乐观。他写道:"首相似乎沉浸在当下,兴奋之情溢于言表;总统则时不时提笔出神地望着远处,那晚他并不伤感,却露出一副领悟悲伤的神色。"

4个小时后,罗斯福被推到萨阿迪亚门口和抬上戴姆勒,接着他们驱车去不远处的机场。现在该回国了。丘吉尔打算在马拉喀什再逗留两天,但他坚持要为总统送行。他对莫兰医生说:"我喜欢美国人,他们非常慷慨。"睡眼惺忪的首相趿着一双绣花黑丝绒拖鞋,套一件绣着红龙的厚睡衣和一顶遮不住一头乱发的空军上将帽,出现在机场。他拿雪茄指着跑道上的摄影师,嘟哝着:"你可不能拍我。"

相互道别后,罗斯福入座踏上漫长的归国旅程。他在机上给彭道尔写了封感谢信,这封信之后从白宫发出:"马拉喀什似乎远离战争和传言。"美军在机场四周拉起了一道警戒线。缕缕晨雾飘过柏油路。东南方向,旭日下的群山仿佛天使的宝座熠熠生辉。丘吉尔钻进小轿车。"别告诉我他们什么时候起飞。这让我紧张,"首相攥着彭道尔的胳膊，说道，"他要是有个不测，我可受不了。他是一位忠实的朋友，目光远大，是我此生见过的最伟大的人。"

第 8 章
前线"无"战事

"撒坦行动"中途夭折,盟军策划者又另起炉灶。东多塞尔是盟军在麦吉尔达河南岸的第一道防线,交给了法军。面对来势汹汹的轴心国部队,法军是否靠得住?本以为马克纳西大捷可以弥补法伊德溃败之过,不料却在舍涅德车站苦战了一天。美军的进攻成了强弩之末。指挥官之间的信任轰然崩塌,安德森和法国人怀疑美国人,艾森豪威尔怀疑弗雷登多尔……东多塞尔对面新鲜猎物(美国人)的味道,将成为"老狐狸"隆美尔的一剂良药。

A BITS AND PIECES WAR

"Goats Set Out to Lure a Tiger"

★★★

法军成了送去诱老虎的羊

突尼斯中部的杏仁树早早地开了花,白花熏香了1月的空气,很快又像为一场婚礼撒花般铺满了大地。阿拉伯人骑着呼哧呼哧的毛驴,驮着成捆的柴火或一筐筐堆得高高的大葱,匆匆去赶集。蒙着面纱的妇女躲在门口铁栅栏后,偷眼瞧路上匆匆走过的士兵。战争和传言从东多塞尔一路传来,但多半是一阵哄乱,犹如道具师搭一座舞台,大幕一旦拉开,上面就要上演一场大战。交火、雷区和空难导致不少士兵伤亡。在马科他临时美军公墓,从当地修道院买来的一堆十字架用完后,殡葬师只好拿食品包装箱的木板凑合。伤亡数目仍然较小,阵亡者还比较引人注目,比如一名美军军官在乌瑟提亚谷外遭狙击手伏击,吉普被拖回美军战线时,刹车卡死,吉普车着火,前线数英里的士兵都看见那幅景象,仿佛一具尸体骑着一颗彗星穿过突尼斯盆地。

东多塞尔是盟军在麦吉尔达河南岸的第一道防线,英美联军将这道防线交给了法国人。朱安将军手下的3.5万名官兵呈一条散状哨兵线,辐射200英里外的撒哈拉绿洲托泽尔。英法之间的紧张关系比起英国佬和美国佬之间的龃龉有过之而无不及。朱安致信吉罗："英方高级军官还是老样子，我们以为他们愚蠢或脑子不好使，那是因为他们迟钝或缺乏想象力。"一名英国上校说突尼斯的法国同仁如同"一出喜歌剧中的士兵，在外籍军团服役45年，制服上用两根棉线挂满了勋章……我们的关系形同两只斗鸡"。

法国人几乎没有任何反坦克武器，但美军计划人员认为东多塞尔多是山区，德军不会派装甲部队。此外，法国人几乎什么都缺：军火、大炮、制服、靴子。马拉卡车，人推马车。炮兵和拿破仑军团的前辈一样，炮阵与炮阵之间靠旗语联系。士气低落；不少法军士兵恳求要一些美国头盔，以此蒙骗德国人，让他们以为遇到了装备精良的美军。A. L. 列伯林写道，分散在荒凉的山脊线上的法军各单位，犹如"送出去诱老虎的羊"。一位美方联络官向艾森豪威尔汇报，法国人"意志消沉"，因为"这似乎是逃跑还是挨打的问题"。

从卡萨布兰卡返回阿尔及尔，艾森豪威尔在日记中承认："刚刚过去的一周又是令人倍感失意，我写下这些事，不过是为了忘却。"放弃"撒坦行动"就是失意之一，此外他也提到了法国"全线溃败的迹象"。其他失意却没有一一列出。艾森豪威尔郁郁不得志，在卡萨布兰卡，无论是罗斯福还是丘吉尔都没对他表示赞赏。布彻1月17日写道："没人承认他的辛苦付出和领导能力，总统或首相不置一句明确的感谢之词，说明他们善于见风使舵。" 在卡萨布兰卡，哈里·霍普金斯对布彻说，攻克突尼斯能够证明艾森豪威尔是"世上最伟大的将军"；倘若失败，他前途堪忧。布彻沉思："这就是将军的人生。"有英国记者估计这位总司令要遭解职，国内的评论家也对他表示不满。一家俄克拉荷马报纸认为："烂泥不过是盟军迟迟不打决胜一仗的愚蠢借口罢了。"艾森豪威尔在给一位西点同窗的信中写道："连连失意时，澄清也无济于事。"

"撒坦行动"中途夭折，盟军计划人员又重起炉灶。眼下并没有向地中海进军的计划，至少不会在蒙哥马利的第八集团军赶到突尼斯援

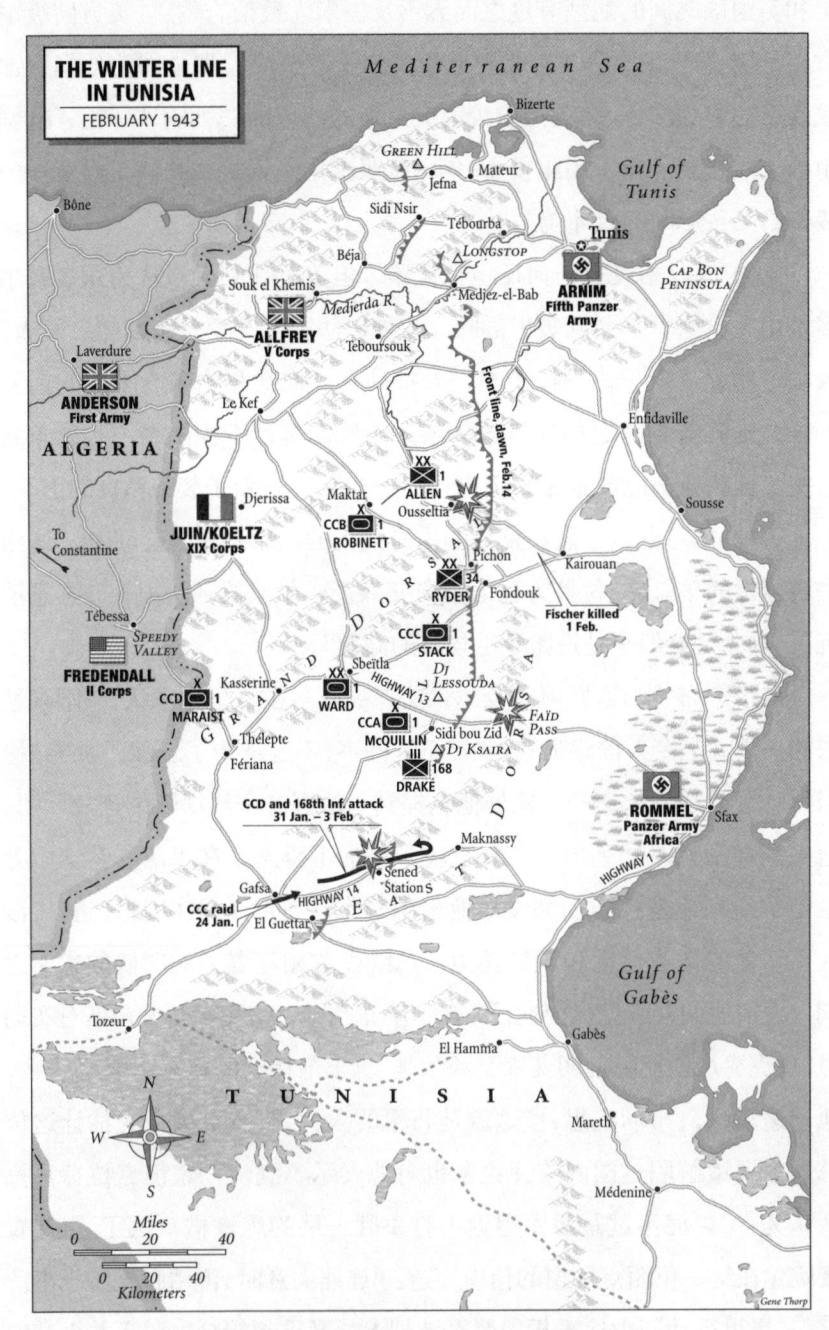

1943年2月，突尼斯冬季阵线

第 8 章 前线"无"战事

ALLEN 1 XX 艾伦第 1 步兵师
ALLFREY V Corps
奥尔弗里第 5 军
ANDERSON First Army
安德森第一集团军
ARNIM Fifth Panzer Army
阿尼姆第五装甲集团军
CAP BON PENINSULA 卡本半岛
CCA McQUILLIN 麦奎林 A 战斗群
CCB ROBINETT
罗比内特第 13 装甲战斗群
CCC raid 24 Jan. 1 月 24 日 C 战斗群突袭
CCD and 168th Inf. attack 31 Jan.-3 Feb.
1 月 31 ~ 2 月 3 日,
D 战斗群和第 168 步兵团进攻路线
CCD MARAIST 马莱斯特 D 战斗群
Fischer killed 1 Feb.
2 月 1 日菲舍尔阵亡地
FREDENDALL II Corps 弗雷登多尔第 2 军
Front line,dawn,Feb.14
2 月 14 日拂晓时的前线
HIGHWAY 14 14 号公路
JUIN/KOELTZ XIX Corps
余安/凯尔茨法国第 19 军
ROMMEL Panzer Army Africa
隆美尔非洲装甲集团军
RYDER 赖德第 34 师
To Constantine 往君士坦丁方向
WARD 沃德第 1 装甲师
ALGERIA 阿尔及利亚
TUNISIA 突尼斯
Beja 巴杰
Bizerte 比塞大
Bone 波尼
DJ KSAIRA 克萨瑞山
DJ LESSOUDA 勒西达山
Djerissa 杰里萨
EAST DORSAL 东多塞尔
El Guettar 爱尔圭塔

El Hamma 哈迈
Enfidaville 昂菲达维尔
FAID PASS 法伊德隘口
Feriana 菲利亚纳
Fondouk 丰杜克
Gabes 加贝斯
Gafsa 加夫萨
GRAND DORSAL 大多塞尔
GREEN HILL 绿山
Gulf of Gabes 加贝斯湾
Gulf of Tunis 突尼斯湾
Jefna 贾夫纳
Kairouan 凯鲁万
Kasserine 凯塞林
Laverdure 拉威尔杜尔
Le Kef 卡夫
LONGSTOP 长停山
Maknassy 马克纳西
Maktar 马科他
Mareth 马雷特
Mateur 马特尔
Medenine 梅得宁
Mediterranean Sea 地中海
Medjerda R. 麦吉尔达河
Medjez-el-Bab 迈杰兹巴卜
Ousseltia 乌瑟提亚
Pichon 毕盛
Sbeitla 斯贝特拉
Sened Station 舍涅德车站
Sfax 斯法克斯
Sidi bou Zid 西吉·布·吉特村
Sidi Nsir 西迪夏西尔
Sousse 苏斯
SPEEDY VALLEY 斯皮迪谷
Tebessa 泰贝萨
Tebourba 泰布尔拜
Teboursouk 泰布尔苏格
Thelepte 泰勒普特
Tozeur 托泽尔

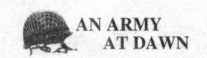

助前贸然行动。取而代之的是，弗雷登多尔手下的第 2 军要展开突袭，不给敌人立足的机会，直到天气转好再协同作战。艾森豪威尔致信马歇尔："我们一定要保持一条果断而积极的战线，打得轴心国部队仓皇而逃。"

1 月 18 日在君士坦丁孤儿院举行的一次指挥官会议上，总司令拿出了一套新战略："以攻为守。"朱安一声不吭地听完，提醒道："德国人可不会坐以待毙。"艾森豪威尔顿时恼羞成怒，把积压了一周的怨气全发泄了出来："接下来的两个月，我不想在这条该死的前线按兵不动！"

★★★

同一天，德国人在这一点上配合了他。轴心国部队占领了北部山区的隘口，包括通往比塞大和突尼斯的贾夫纳和长停山的两个门户。如今他们正要经由中部的东多塞尔和突尼斯南部占领四个突破口。占领隘口将扩张轴心国的桥头堡，守住连接阿尼姆的第五装甲集团军和从利比亚赶来突尼斯的隆美尔的第八集团军之间的沿海走廊。此举还能保证突尼斯市的供水（迈杰兹巴卜东南 40 英里有一座水库），将主动权牢牢掌握在轴心国阵营。

1 月 11 日，艾森豪威尔曾就切断这座首都的供水一事问过手下的参谋，得到的回答却是，鉴于大雨等其他资源，"无法切断突尼斯的供水"。不过，陆军元帅凯塞林并未满足于此，他誓要将英美联军赶出君士坦丁和波尼，但他首先要把东多塞尔牢牢掌握在手中。

1 月 18 日下午，50 辆装甲车在北部佯攻英军阵线后，虎式坦克和 5 000 名轴心国步兵血洗水库附近的法军。敌军马蜂似的冲进乌瑟提亚谷，此处扼守着通往圣城凯鲁万要冲的道路。记者 A.D. 迪万写道，法军犹如"石坡上的山羊，边战边退"。一天之内，山脊线上相当于 7 个法军步兵营的兵力被切断退路。朱安说自己"已经绝望"。

第 8 章 前线"无"战事

安德森将军命一个英国步兵旅从北翼反攻，然后又令弗雷登多尔派第 1 装甲师的 B 战斗群从南翼阻挡轴心国的攻势。1 月 19 日下午 5 点 15 分，弗雷登多尔在斯皮迪谷老巢电令罗比内特，用词谨慎且一语双关：

> 带上你的部下，比如步兵、玩具枪、烤面包的工具以及和烤面包工具相反的工具（**表示吃喝拉撒的工具。——译者注**）和大兵（Big fellows），尽快赶到"M"地，也就是你现在的位置以北。叫你们的头儿向一位法国绅士报到，他的名字首字母为"J"，正待在地名首字母为"D"的地方，方位在"M"左方 5 个网格处。

罗比内特事后说，翻译这个谜一般费解的电报，"几乎花了和对抗德军一样长的时间"。集团军司令的命令最终还是被破译出来了：3 400 名士兵和 B 战斗群的 36 辆坦克要赶赴 50 英里外的马科他（Maktar），罗比内特则要去杰里萨（Djerissa）向朱安（Juin）报到。

接下来的三天是一场混战，任一方都占不了上风。特里·艾伦大红一师的 5 个营加入罗比内特的阵营，特里理论上接受了法军的指挥，但弗雷登多尔对着干，一再对其下达命令，比如破译一条需要耗时 9 小时的电报。B 战斗群的一份评估总结，"这是高层缺乏配合的一个明显的例子"，尽管上级之间的龃龉反而扩展了罗比内特的势力，但标新立异的他从不因此而沾沾自喜。

截至 1 月 24 日，战场稳定在一个星期前的德军阵线以西 3 到 8 英里。美军伤亡愈 200 人。生擒德军 400 余人的捷报传来，斯皮迪谷上下一片欢腾，但第二封电报便将这个数字降至 40 以下，欢呼声戛然而止。法军伤亡惨重，近 3 500 人被俘，有的营剩余不足 200 人。"再也指望不上法国人了。"特拉斯科特说。

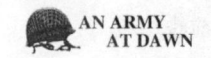

连吉罗这时候都承认自己拒绝和盟军结盟实属愚蠢之举。1月24日，经法国首肯，艾森豪威尔任命安德森为突尼斯全线总司令，统领美军和法军。弗雷登多尔手下第2军的3.2万名官兵和第一集团军的6.7万名官兵合并，可越过特拉斯科特，直接向艾森豪威尔汇报。

在雨季结束和重启突尼斯攻势前，第2军要"以守为攻"，保护盟军的右翼。艾森豪威尔1月18日下令，并且在1月26日和2月1日重申，第1装甲师在突尼斯南方原地待命，凝成一支有力的"机动预备部队"，抗击轴心国的一切进攻。

发布这些命令不久，他就拆了它们的台，要B战斗群增援乌瑟提亚谷，怂恿弗雷登多尔在各次突袭中"锻炼"老铁甲军余部。这个师非但没有按艾森豪威尔的意思拧成一股绳，反而很快分散到突尼斯南部全境。

一如当初筹划"撒坦行动"，艾森豪威尔下达的命令模棱两可，之后又不能保证上令下行。大大小小的事又忙得他无暇分身：出兵西西里的计划正在紧锣密鼓地进行，由巴顿出任美军司令；丘吉尔不顾有人阴谋暗杀"大烟枪"（指丘吉尔）的警告，2月初要带随从访问阿尔及尔；欧文·柏林的马戏团300名演员要到北非巡演；不少美军军官酗酒。此外，艾森豪威尔1月26日致信史密斯："我们的军营再也不像从前那样整洁、温馨了。"

不少问题需要总司令分神，累及这位作战指挥官的效率。他想搬到君士坦丁，亲自督战，但鉴于阿尔及尔事务繁忙，无法脱身，此行一推再推。最后他只能远远观战，下达无力的命令，敦促"所有人都要全力应战"。

1月末，他致信一位华盛顿的朋友："我们提倡军中尽量一切从简，我常常觉得，这是频繁困扰我的一大难题。"

第8章 前线"无"战事

★★★

第1装甲师名义上的师长奥兰多·沃德看着再次分崩离析的老铁甲军,暗自神伤。上级完全绕过了他,直接命令罗比内特在乌瑟提亚谷反攻。沃德无所事事,只能起草作战方案,但他知道军长根本不会看。沃德在日记中写道:"弗雷登多尔和手下的参谋事无巨细地指挥各师,甚至部署各排。"

沃德提出强攻马克纳西,夺回东多塞尔的另一个隘口。马克纳西在乌瑟提亚战场以南100英里,加夫萨正东50英里,在通往斯法克斯的公路和铁路线上。1月23日,弗雷登多尔在斯皮迪谷召见沃德,周围冰山雪岭中开凿隧道的气锤声不绝于耳。弗雷登多尔想采纳马克纳西的提议:盟军截断隆美尔北上突尼斯沿海的退路。他打算1月30日发动进攻,但他想首先突袭舍涅德火车站,即位于加夫萨和马克纳西中间的浅盆地上的一个小站。

沃德不安地扭来扭去。他提醒道,这次突袭会"打草惊蛇",使德国人警惕美方对马克纳西的企图。弗雷登多尔不耐烦地把手一挥,驳回了异议,要沃德第二天"在舍涅德车站把意大利人打得屁滚尿流"。沃德敬了礼,说了声"好的",就离开了斯皮迪谷,返回东南5英里外的师部。

1月24日凌晨4点,一支2 000人的美军突击队乘卡车赶往20英里外的舍涅德车站。中午前,美军在十字路口开火,3个小时不到就攻陷了这座村子,意军死伤100人,美军生擒近100名俘虏。突袭部队返回加夫萨,正好赶上开饭。美军伤亡总计两人。

弗雷登多尔得意扬扬。下午3点半,他致电身在君士坦丁的特拉斯科特:"记得那支我派去马克纳西捣乱的部队吗?他们碰到了一帮敌人,把他们打得落花流水。一有确切消息,我立刻通知你。我想到时你可能会从我这里得到好消息。"晚上9点半,弗雷登多尔又打电话吹

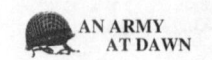

嘘俘房中有个意军准将（经仔细审查，其实是个中尉）。军长特拉斯科特吼道："你就自吹自擂吧，妈的！"

沃德的师部没怎么庆功。他们抓获了不少俘虏，但现在德国人已清楚美国人盯上了马克纳西。此外，第1装甲师一分为三，分布在100英里的范围内，艾伦的大红一师分布得更广。美军各单位支离破碎，《芝加哥论坛报》早就说突尼斯战役是"零星之战"。

"全军上下都反感最高司令部效率低下、指手画脚，"沃德在1月28日的日记中诉苦，"我承认，我们不该说这话，要尽量忍受和掩饰自己的痛苦。"他又补充道："忍无可忍，但问心无愧。"

★★★

冯·阿尼姆将军及时看出了远在南方的纷争，并且立刻派兵增援马克纳西隘口和舍涅德车站那支倒霉的驻军。但他最愁的是马克纳西以北30英里的山口。法伊德隘口是削尖的山脊间一道狭窄的山谷，红页岩山壁上是一道道狰狞的裂缝，13号公路从中横穿而过，向西折向凯塞林，向东直通斯法克斯。在法国战略家看来，和迈杰兹巴卜扼守北方一样，法伊德隘口是突尼斯中部的要冲。阿尼姆称之为"我的噩梦"，此隘口深仅500码、宽半英里，向东是辽阔、一马平川的沿海平原，向西是满目荒凉的突尼斯高原。"及时雨"拉夫上校早在12月初就从200名轴心国守军手中夺下了法伊德，现在把守的法军超过一千余众，东多塞尔最后一个重要的突破口还在盟军的手中。

这一格局即将改变。隆美尔撤退大军的前锋第21装甲师从阿拉曼赶到突尼斯后，重新调整了装备。1月30日，该师的战斗群兵分三路，呈叉形进攻法伊德隘口。一支法军前哨汇报，德军身穿美军制服，喊着"别开枪，我们是美国人"。法国人被这帮德国佬蒙骗了，30辆装甲车的阵阵炮火逼得法军步步后退，尸横遍地；下午晚些时分，这支英勇的守军被围。

第8章 前线"无"战事

在喧嚣而终日不见阳光的斯皮迪谷，法国军官眼泪汪汪地求弗雷登多尔出手相助。两个被围困在法伊德的营只能坚持几个小时。美军必须立即大举反攻。一名法国军官说："这是前线最重要的一个点，必须守住。"

弗雷登多尔不愿放弃马克纳西，按计划，另一支2 000人的突击部队几个小时内就要对该镇发动进攻。他相信进攻会把轴心国部队从法伊德引过来。但法国人苦苦哀求，安德森上午又发了一项笼统的命令，要他"恢复"法伊德局势，逼得他不得不出手。

及时果断的行动本可以收复法伊德隘口，一改未来几个星期突尼斯战役残酷的进程。恰恰相反，弗雷登多尔装腔作势地采取了一套折中方案，注定让这一危局雪上加霜。上午9点半，他命第1装甲师A战斗群反攻法伊德隘口，却没有削弱通往凯塞林的必经之路上斯贝特拉镇附近的守军。A战斗群一部分沿13号公路东进，但在冰天雪地中本就缓慢的步伐又遭空袭所阻，先是德军轰炸机，继而是受误导的美军战斗机。下午2点半，离隘口还有7英里，A战斗群团长雷蒙德·E.麦奎林准将决定就地扎营过夜，将进攻推迟到第二天上午。

麦奎林外号"老麦克"，可以说名副其实。生于1887年的他性格随和、古板，生着一头雪白的头发和肯塔基长枪一样挺拔的身姿。麦奎林骑兵出身，戎马一生，20世纪20年代在白宫任副官，后来又到陆军通信兵学校任校长。第1装甲师一位军官说："他为人热情、可赞可叹，但作为一名指挥官，他是20世纪的乔治·阿姆斯特朗·卡斯特（美国内战期间的骑兵军官。——译者注），在许多方面都是个不折不扣的傻瓜。"

老麦克一个晚上都在狭小的半履带式指挥车内研究地图、打电话，又多给了敌人半天时间赶出法国残兵。艾森豪威尔派来督战的特拉斯科特和旁观自己手下作战的沃德也赶了过来。两位来客都没察觉出事了，尽管种种迹象都十分明显：麦奎林的延误；法国人不满美军迟迟按兵不动；麦奎林和派来反攻的步兵团团长小亚历山大·N.斯塔克上

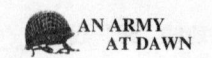

校结怨。艾伦手下的第 26 步兵团团长斯塔克外号"老斯塔克"（意为"老顽固"），和老麦克的绰号一样，绝不是恭维。他在"一战"中获得过一枚"优质服务十字勋章"，同时也是个十足的酒鬼，他手下参谋的一项例行工作就是搜他藏在吉普车里的酒瓶。"真是伤透了脑筋，"他的作战参谋事后回忆，"我认为，此人要是有所节制……绝不会是现在这个位置。"

美军 1 月 31 日上午 7 点发动突击，太阳已从东多塞尔探出头，照到进攻士兵通红的脸上。一位情报官提醒麦奎林，德国人在法伊德西口上方架了 88 毫米高射炮，专门对付坦克，但老麦克"坚决否认这一报告的准确性"，第 26 步兵团一位军官有字为证。

特拉斯科特和沃德驱车 800 码，到北边攀爬勒西达山。此山长一英里，高 2 000 英尺，仿佛搁在海滩上的鲸鱼，卧在沙漠盆地上。山脚是一行行用作牲口饲料的刺梨。两位将军气喘吁吁地爬上一面点点云母闪烁的陡峭页岩山坡。勒西达破旧的农舍传来声声鸡鸣和土狗急促的叫，麦奎林将团部设在 13 号公路沿线的一块仙人掌地。

从勒西达山东侧放眼望去，特拉斯科特和沃德见到的是和美国高原类似的地形。记者菲利普·乔丹写道："在突尼斯，活了大半辈子的人都不知道这片沙漠始于哪里，止于何处。"往南 7 英里是深绿色雪松掩映白墙的西吉·布·吉特村，这里曾是一个重要的骆驼市场，如今是有 500 阿拉伯人和几户法国农民的寂静小镇。往东 7 英里的东多塞尔，仿佛海上连绵起伏的浪涌，突兀而出。一条沥青路犹如绞索，笔直地通向山脊线上划分法伊德隘口的豁口。

特拉斯科特和沃德扶着望远镜，透过晨霭向东望去，只见十数辆谢尔曼坦克和斯塔克手下的一个步兵营沿 13 号公路冲向隘口；沃德手下的第 6 装甲步兵团的一个营出了西吉·布·吉特村，往南穿过一片沟壑纵横的蔬菜地。勒西达山脚下一个炮阵开火，不消一会儿，法伊德隘口附近遍地开起了白花。

第 8 章 前线"无"战事

在广袤的突尼斯平原，美军显得非常渺小，在沙漠中对阵德军如同以卵击石。美军放了充裕的时间，敌人以机枪、迫击炮和麦奎林否认存在的 88 毫米高射炮巩固法伊德隘口。第 26 步兵团第 1 营营长杰拉尔德·C.凯莱赫带 700 名官兵赶到隘口一英里处，继而折向左打算抄隘口的北翼。山中炮声滚滚。该营连着翻过两座山头，谁料却被第三座山头上密集的轴心国炮火压制了一天。天黑以后，凯莱赫命手下的官兵撤退。美军炮兵见这位营长筋疲力尽地从沙漠中走来，拿应急食品法国吐司和糖浆招待了他一顿，他才缓过了神。

对沃德手下的第 1 装甲团 H 连来说，这一天短暂而致命。第一战，坦克兵奉命出动 17 辆谢尔曼坦克和几辆反坦克装甲车，从正面进攻隘口。坦克冒着下方山谷的国防军炮火，冲进隘口，迎着刺眼的朝阳对准真真假假的炮焰开炮。

不久，伏兵四起。德军反坦克炮三面夹击。劳伦斯·罗伯特森事后回忆："敌军炮弹打得太猛，呼啸而起的炮弹产生的吸力卷起沙漠上的垃圾、沙子和灰尘，犹如一堵墙似的追着发发炮弹。"炮弹拖着被尾焰染成翠绿色的滚滚烟尘，嗖嗖地钻进美军阵地。不到 10 分钟，美军坦克有一半着火。火苗蹿出舱盖和排气管，每一辆受创的谢尔曼都喷完了车上的 30 磅化学灭火剂。

侥幸逃过一劫的坦克掉转车头，将较厚的前甲对着德军炮口，拼命地退了回去。躺在坦克舱板上的伤员，如同猎来的小鹿。丢了坦克的坦克兵被密集的绿曳光追随，争先恐后地穿过泥沼。两辆自行榴弹炮撤退中陷进了流沙，勒西达山上两位将军垂头丧气，炮兵当着他们面引爆了引擎盖上的铝热剂手榴弹。侥幸生还的士兵跌跌撞撞地回到西吉·布·吉特村，法军不计前嫌，匀出了自己的椰枣，拿刺刀切开黑面包，给他们充饥。

反攻失利，还损失了 9 辆坦克、伤亡 100 人，外加坦克兵和步兵间的相互信任。麦奎林和斯塔克间的宿怨带到了部下，但各单位都悔

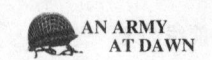

不该生出前嫌。双管齐下进攻南缘的两支部队在俯冲轰炸机和装甲部队猛烈的炮火下全线溃败。麦奎林心有不甘，打算2月1日下午1点再次出击，太阳这时候的角度不会与他为敌。星期天晚上9点15分，沃德电令麦奎林："麦奎林，明天集中火力，完成你部的任务。成败就看你了。"

但无济于事。两个步兵营星期一一早冲上隘口以南3英里的山脊。一位军官写道，德军炮兵"一直忍到我们到了目标脚下才开炮，官兵后撤的路上遭到了敌军猛烈的炮击"。一位指挥官呼叫麦奎林："敌军坦克不计其数，炮火太猛……步兵上去等于送死。"15辆装甲车冲出法伊德隘口，从左翼纵射步兵，最后是反攻上来的美军谢尔曼坦克解了他们的围。一名中士写道："坦克震得我们站不稳脚。"麦奎林发给沃德的电报十分扼要："有辱使命。"

法伊德隘口失守，连带丢了东多塞尔。法国守军阵亡或失踪900余人，第1装甲师一家伤亡就高达210人。继而是口舌之争。麦奎林痛斥斯塔克无能，尽管他自己也欠缺谋略。吉罗将军给弗雷登多尔发了一封措辞严厉的电报，抗议法军遭到的屠杀。第2军军长告诉安德森："夺回隘口代价太大，但我能牵制它。"避开了再发动一轮进攻的提议。安德森同意了。

这个星期一下午盟军唯一欣慰的是沃尔夫冈·菲舍尔将军身受重伤，菲舍尔带领第10装甲师为轴心国赢得泰布尔拜和12月长停山之战。菲舍尔的指挥车闯入凯鲁万以西一片标记不清的雷区，引爆了意军的"魔鬼蛋"，炸飞了这位将军的双腿和左臂。他要来笔记本，强忍着痛楚给妻子留了一页半纸的遗言，最后一句写道："很快就结束了。"

"This Can't Happen to Us"
★★★

D战斗群的小打小闹

弗雷登多尔的眼睛仍然盯着南方，还抱着马克纳西大捷可以弥补法伊德溃败之过的信念。他在斯皮迪谷倚炉而坐，告诉记者他打算"进逼马克纳西，至少绷紧这根弦"。

弗雷登多尔非但不按艾森豪威尔的意愿——集中第1装甲师两个战斗团的兵力，反而把这个师一分为四。新近组建的R战斗群一周前在舍涅德车站立了一功，刚组建的D战斗群的目标则是夺取马克纳西。1月30日下午1点，正当轴心国对法伊德展开进攻之际，弗雷登多尔再次绕过沃德，电令R战斗群从加夫萨赶往东北部的西吉·布·吉特村，袭击敌军的侧翼，增援麦奎林。2 000名官兵长途跋涉了一夜，赶到距离法伊德隘口12英里处。但是，1月31日下午4点，弗雷登多尔出尔反尔，他听信老麦克反攻法伊德连连大捷（离战场100英里的路途助长了这一幻觉），命R战斗群"南下配合进攻……马克纳西"。

R战斗群南下10英里，2月1日下午3点左右，在马克纳西以北13英里处原地待命。接着弗雷登多尔又下了一通相互矛盾的命令，要

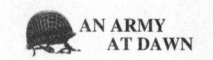

该团北上，这次是去斯贝特拉和通往凯塞林的公路。混乱而狼狈的程度非常人能想象。

这样一来，攻打马克纳西的担子就落到了D战斗群的肩上。该团的增援部队是第34步兵师在突尼斯的先头部队，确切地说是第168步兵团的爱荷华大兵。这套方案由沃德的炮兵参谋，由仓促上任的D战斗群团长罗伯特·V.马莱斯特上校起草，直奔主题：与1月24日类似，炮兵、坦克和步兵突袭舍涅德车站，继而推进20英里，直逼马克纳西。

1月31日星期日上午10点左右，第168团第1营步兵挤上敞篷卡车，从加夫萨启程去舍涅德车站。该营刚从阿尔及利亚远道而来，不少士兵还带着笨重的行军包。车厢内数百个橙色的烟头，仿佛点点繁星。官兵们相互转告，一周前舍涅德车站被轻易夺取，据说这个村依然只有奥地利人和意大利人把守。"早上出发时"，一位工兵军官嗅到了"主日学校野餐会的味道"。

德军俯冲轰炸机不期而至。第一波的8架飞机从东边迎面而来，炸弹翻着筋斗呼啸着落到首尾相接的卡车之间。亲历这一幕的士兵写道："路上到处躺着死伤和吓得失禁的士兵，我们求告医生、救护车和担架员，尽一切所能救助流血受伤的士兵。"这次空袭伤亡50人，是整个突尼斯战役中空袭最惨烈的一次。一名军官写道：

> 我从没见过如此惨烈的一幕，我说的不是浓烟滚滚的卡车四周的尸体和残肢断臂，或瘫坐、散落路边，或被炸得灰头土脸，而是士兵们脸上的绝望表情，他们不知所措地念叨着"我们怎么摊上了这种事"，垂头丧气地在汽车残骸周围徘徊。

中士将大兵集中到剩下的几辆卡车上，但飞机很快又折了回来，这次加上德军的大炮在路上遍地开花。吓坏了的官兵一头扎进沙漠。"燃烧的残肢断臂吓得士兵们战战兢兢。"劳伦·E.麦克布莱德写道。官兵们又各自上了卡车，谁料飞机要来的谣言不胫而走；最后该营弃车分两列纵队，各距14号公路500码，跌跌撞撞地赶往舍涅德车站。由于天色已晚，赶不上原定下午5点的进攻时间，这个营就地扎营过夜。那位工兵军官不禁感慨："上帝！这次主日学校野餐变了味儿了。"

1942年下半年，第168步兵团由3名校官带3600名官兵，1月又增加了一位。托马斯·D.德雷克出生在西弗吉尼亚一个产煤小镇，16岁从军，曾在"一战"期间获得一枚"优质服务"勋章和两枚银星奖章，之后到潘兴的仪仗队任军士长。退役求学后，于1923年重回军营，担任军官。现年42岁的他，五短身材，英勇、怪异，一路冲突尼斯椰枣商人吼着："走开！走开！"两个星期前，他颁布团食堂就餐条例，严禁军官狼吞虎咽。他补充说："不得将两个胳膊肘趴在桌上或东倒西歪地就餐。"士兵们背地里叫他"鸭子"。

1月31日夜，他手下的第1营在舍涅德车站附近的橄榄林缩作一团；在斯皮迪谷，德雷克和弗雷登多尔看着一幅突尼斯南方的地图。弗雷登多尔说，德雷克要支援马莱斯特上校的D战斗群，突破东翼。他指着马克纳西以东的山脊，说："你明天一早发动进攻，占领这片高地，拿下全方位防守阵地后，你可以偷袭隆美尔的交通线，尽量破坏和阻挠他长驱北上。"

但首先要攻克舍涅德车站。德雷克上校出了斯皮迪谷，于2月1日星期一午夜赶回加夫萨。他打算增援第1营早晨的进攻，派装甲兵上尉弗雷德里克·K.休斯上尉带第2营赶到舍涅德车站外的一个中间集结地，马莱斯特的部下早在附近的山谷和果园埋下了伏兵。德雷克要休斯上尉注意夜色中别"越过前线"。第一抹晨曦染红东方地平线之际，德雷克乘一辆吉普赶到，准备作战。

只可惜他找不到第2营。曙光渐渐洒满一马平川的沙漠，800名官兵也该在这里排开了阵势；但战场上除了丛生的杂草和几辆马莱斯特的坦克，空无一人。14号公路上的宪兵汇报，80辆卡车和第2营的野

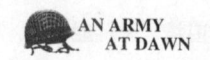

战炊事班冲过路边的哨卡，进了舍涅德车站外的无人地带。事后调查表明，休斯上尉带领手下闯进了敌军重兵把守的阵地。

东边传来的激烈枪声和灿烂的降落伞照明弹证明情况不妙。第 2 营被牵制在舍涅德车站不到一英里外，接下来的 10 个小时一直寸步难行。士兵们翻身跳下卡车，用头盔和手扒散兵坑。敌军的迫击炮震耳欲聋，机枪和"踩动的旧缝纫机"一样嗒嗒作响。一轮排炮摧毁了 17 辆车，着火的轮胎和汽油浓烟滚滚。另一个单位的军官事后指出，"他们处于一个非常不利的位置"。

本以为去马克纳西胜似闲庭信步，谁料在舍涅德车站却成了一场持续一天的苦战。上午 9 点半，德雷克集合橄榄林中的第 1 营，脚蹬骑兵靴、脖子上挂着望远镜的他不住地吼道："上那儿去！他们伤不了你们！他们不过是意大利黑鬼，你们是美国人！"

截至中午，部队还在这个小村一英里外，被俯冲轰炸机和密集的子弹压得抬不起头，一名刚入伍的新兵问有谁听到"蜜蜂在嗡嗡叫唤"。士兵仰面躺在地上，用脚踹卡死的步枪枪栓。"那场战斗中，我们才知道沙子和油掺和不到一块儿。"一名中尉事后回忆。敌军子弹打穿了第 1 营营长约翰·C. 佩蒂中校的肚子，他端枪跪在地上射击。12 天后，他才咽下最后一口气。佩蒂的副手头部负伤，汩汩而出的鲜血堵住了冲锋枪。敌军一发炮弹击中营部情报官伍德罗·N. 南斯中尉。另一名军官说："我看见他的水壶飞向空中，他躺在地上，口中发出断断续续的咯咯声。他几乎被拦腰炸成了两段。"德雷克事后写道："尸横遍地，尘土飞扬，子弹横飞。"

下午 3 点左右，马莱斯特指挥炮兵和坦克炮轰这座小村，德雷克则命第 1 营 B 连从右翼包抄。三个排装上刺刀，兵分三路冲向村子。3 辆燃烧的坦克炮塔上趴着烧焦的尸体。一名双腿只剩下一截血肉模糊的残肢的排长冲身旁走过的步兵喊："宰了他们！一个不留！"

在第 1 营的猛攻下，舍涅德车站于下午 4 点投降。敌军反扑，费

第8章 前线"无"战事

了好大的功夫夺回这座小镇，俘获的却是过早冲进去的第2营军医和15名助手。最后一轮肉搏战后，这个村子于凌晨5点半落入美军之手。缴获的战利品包括152名俘虏和一队轴心国侦察用自行车。敌军多半退守马克纳西。

★★★

弗雷登多尔此次再去舍涅德车站，远不如一个星期前风光。在给马莱斯特上校的一封电报中（这次又绕过了和他对着干的沃德），弗雷登多尔宣布："浪费了太多时间……开起你的坦克，给我冲。"

2月2日星期二，他们发起冲锋。截至中午，D战斗群占领了舍涅德车站以东6英里的一座山头。下午4点，俯冲轰炸机发起了猛攻。后方突然飞来24架俯冲轰炸机，外加左翼随后出现的装甲车，德雷克手下惊魂不定的步兵顿时丧失斗志。第168团第2营一名军官飞奔而过，他吼道："那儿有一个突破口！要自保！要自保！"

一呼百应。官兵们跳出战壕，或奔向后方，或跳上逃窜的车辆。德雷克说："官兵们撒开双腿，拼命地边跑边吼。半吨火炮牵引车、坦克、吉普、半履带式，只要带轮子的，这列队伍应有尽有。"一位炮兵营长事后回忆："个个都得了癔症似的。敌人的坦克被摧毁了，但癔症还没好。"一名工兵补充道："步兵们个个都向后方逃命。"他的部队也在逃。

军官们在14号公路舍涅德车站临时组建了一个掉队兵收容站，抓捕逃兵。武装警卫和内战时"验伤"才肯放人到后方的武装警卫一样不留情面，此举终于扭转了溃逃的局面。F连中士詹姆斯·麦基尼斯在给父母的信中写道：

> 不少家伙跑了，留下我们在打。我无时无刻不想一时冲动，转身离开。战友无情，但昼夜不停地在你头顶和周围爆炸的炮弹真的很危险。

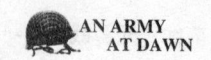

美军的进攻成了强弩之末。2月3日，几辆反坦克装甲车迂回到马克纳西外6英里，但美军飞机当天下午误炸舍涅德美军阵地，挫伤了进攻的锐势。德雷克致电陆军航空兵控诉："你手下的一帮混账连地图都看不懂！他们炸了我的训练营，而不是敌人的集结地。还有，他们素质低下，偏离了目标500码。"4日拂晓，D战斗群退守加夫萨，10天之内两度弃守舍涅德车站。

这次进攻非但没能攻克马克纳西，也不曾缓解敌军对法伊德隘口的压力，更没能辅助麦奎林的A战斗群。第1装甲师的一份报告总结："没有夺取一处重要目标。"美军总计伤亡331人，其中包括第2营营长，他只是手上受了点小伤，但星期二下午被吓到了，精神失常。他的位置由副营长罗伯特·穆尔中校顶替，后者年少时就当了上尉，曾是爱荷华维利斯卡的药剂师。

信任如同山体滑坡，轰然崩塌。安德森将军和法国人怀疑美国人，艾森豪威尔怀疑弗雷登多尔，弗雷登多尔怀疑沃德，麦奎林怀疑斯塔克，斯塔克怀疑麦奎林。2月5日，弗雷登多尔把沃德召去斯皮迪谷，给他读了一段艾森豪威尔头一天写给自己的信：

> 我最担心的莫过于一些将军寸步不离指挥部。请务必严格关照你的部下……将军与军队中的任何一件物品一样，都是消耗品；此外，你们不断地过分强调将军始终待在指挥部的意义。

弗雷登多尔扬起眉毛，故意点了点头，言外之意，省略的部分是指麦奎林，或许就是指沃德。其实，这封信说得很清楚，总司令言外之意是担心手下这位第2军军长的仇英情绪等毛病。艾森豪威尔对特拉斯科特倾诉了心中的担忧，弗雷登多尔太鲁莽，动辄浪费兵力，让他们"白跑一趟"。

沃德看穿了弗雷登多尔的把戏。沃德在日记中写道："他是个两面三刀的狗杂种，没错，两面三刀。"他说这位军长"根本不信任自己的部下"。

近在2月1日，艾森豪威尔就想过要放弃东多塞尔，退守西部唤作大多塞尔的绵延起伏的山区。但思前想后，他又改变了主意：美军不赞成交出公平夺来的每一寸土地。他新下达的命令号召坚守前沿阵地，同时，"盟军又在酝酿在3月展开持久、主动的攻势"。

与此同时，部队埋葬了死者，重新在突尼斯南部全线挖起了战壕。一篇连部作战日志说出了许多勇敢士兵的心声："我们不禁怀疑，指挥美军作战的军官是否知道自己在做些什么？"

"The Mortal Dangers That Beset Us"
★★★

隆美尔：这都是补给问题

埃尔温·隆美尔很清楚自己在做什么，而且他也等不及3月。2月12日上午8点，在斯法克斯以南1号滨海公路附近一处伪装网下，第8装甲团乐队的乐手聚集在一辆灰蒙蒙的黄拖车旁。柑橘飘香的晨风掩盖了部队习以为常的帆布和热油混合味。乐队又拉又吹，为司令演奏了一曲《小夜曲》，纪念他来非洲两周年。接着他们又演奏了一曲欢快的进行曲，歌词受过去两年艰苦奋斗的启发而作："我们是非洲军团兵……"

拖车门一开，隆美尔元帅走了出来。为抵御早晨的寒气，他套了件军大衣，上有红领章、金纽扣，袖口绣着"非洲军团"。他瘦削、黝黑，和他的部下一样嘴唇长期皲裂，由于长年累月地眯着眼睛，眼角爬满了鱼尾纹。没戴帽子的他，看上去比他51岁的年纪苍老了许多。他宽阔的脸颊上颧骨高耸，大背头如羽毛般一丝不苟。他手下的兵都能从他脸上看出过去两年的伤亡，以及为两个星期前非洲装甲军团挥师入境突尼斯时留在埃及和利比亚1万座德意士兵坟墓的痛苦。

隆美尔几天前还对一位参谋说过:"小伙子,你可能无法想象我多久没睡个好觉了。"认为隆美尔的神经险些要崩溃的凯塞林事后说:"装甲步兵无人能解主帅心头烦恼。"隆美尔"非洲军团的元老"所剩无几,比如第8机枪营出征的1 000名官兵,只剩下4人。听完草台班子音乐会后,这位陆军元帅上了拖车,给妻子露西·玛丽娅写信:

> 自我踏上非洲土地,已有两个年头。两年激烈的苦战,多半是与远强过我们的敌人交锋……无论尽忠还是尽责,我都无愧于心……无论多么让人伤透脑筋,我们一定要铲除威胁。可惜这却是补给问题。但愿我能实现和我的兵出生入死的决心。你懂我的心。身为一名军人,我别无选择。

前一年夏天,丘吉尔喊道:"隆美尔!隆美尔!隆美尔!除了打败他,就没有别的办法吗?"和史上多数功勋卓著的指挥官一样,他在对手心中缠绕不去。他生得短小精悍,一副宽下巴,神情严肃,仿佛随时戴着遗容面具。他生在德国西南部斯瓦比亚行政区的符腾堡,父亲和祖父都是教师,既没显赫的身世,朝中也无人,但他身上秉持了家乡的几种传统:自强、节俭、正派和倔强。这位"一战"中战功赫赫的步兵,始终对坦克这种新生事物心存疑虑,后来是波兰的闪电战改变了他的态度。4年中,他从中校擢升到元帅,戈培尔的宣传部把他宣传得神乎其神。1940年,当他还是一位年轻的师长时,他横扫佛兰德斯,从法国海岸长驱直入西班牙,这一战绩后来被拍成了电影《西线的胜利》(*Victory in the West*),隆美尔还亲自参与了执导。他带了戈培尔的一个走狗到非洲任参谋,为他造势,用凯塞林的话说,他的力量被吹捧得"相当于整整一个师"。

隆美尔在非洲首战告捷,证明了他大胆、用兵如神和他的个人风格。他偶尔开一辆指挥车,端一挺冲锋枪猎瞪羚,相比笨拙的英国人,此

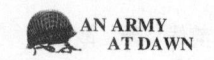

举为他赢得了"沙漠之狐"的美誉。这次在非洲沿海1 500英里的战线上展开了拉锯战，1942年夏，最终是隆美尔将英国第八集团军赶回到尼罗河。在阿拉曼战役中，他一败涂地。自那以后，他在蒙哥马利的步步紧逼下，节节败退。《生活》杂志称他是"带领一支亡命之军的亡寇"。

1月26日拂晓，在入境突尼斯前几个小时，他给露西写道："我日夜都在担忧这里有个什么闪失。我情绪低落，安不下心来操持军中的大小事务。"失眠、头痛、低血压、风湿、疲劳和肠胃病，他算不得一个健康的人。匆匆赶回埃及救阿拉曼之急前，隆美尔因病一直在国内疗养，此后的4个月，他的身体一直没有恢复。

最近一次参谋会上，一名部下认为元帅"情绪低落，变了个人似的"。就在几天前，他还满怀信心，他手下的副官希望突尼斯的青山翠岭能重振他的精神。不过，东多塞尔对面新鲜猎物（美国人）的味道，才是这个"老狐狸"的一剂良药。

轴心国在北非的实力，隆美尔比谁都清楚。截至1月末，1万余名德意官兵抵达突尼斯，且每天有近1 000名从欧洲源源不断地赶来的援军。隆美尔的非洲装甲军团移师突尼斯南部，桥头堡的兵力迅速增至19万，坦克愈300辆，以14个师对阵9个师，暂时胜过盟军一筹。

但隆美尔手下的德军单位编制远远不满，作战兵力不足3万。单是1月，其殿后部队和英国人一战，就让他损兵折将2 000人，补充的兵员总计仅5人。有几个单位兵力少得可怜：第90轻装甲师只有2 400人，第164师仅3 800人。装备尤其不足：批复的386辆坦克，他只拿到了129辆，而且能投入战斗的仅有一半；747门反坦克炮，他手下的官兵拿到了182门；3 797挺机枪，拿到手的是1 411挺。兵力尚未遭受损失的炮兵单位只占六分之一。

用凯塞林的话说，隆美尔能"在希特勒面前说得天花乱坠"，但元首并不那么好哄，不是隆美尔想要多少武器和燃料，元首就给他多少。斯大林格勒战役眼下到了最后一搏，而盟军在地中海逐渐加紧封锁，这意味着德国能拨给非洲的只能是零星的必需物资和人力。与隆美尔告诉露西的一样，这都是补给问题。

不错，隆美尔手下有5万名意军，但都是墨索里尼在利比亚的帝国军残部。另外还有3万余人从意大利运往突尼斯。但桥头堡还有一大批非战斗人员，如随大军撤退的殖民地官员和小商小贩、杂役等。德国一份官方报告估计，截至2月末，轴心国在突尼斯的官兵将达35万人，其中作战人员的占比不到三分之一。

隆美尔越来越怪罪在意大利人头上，这同样也是德国统帅部的态度。虽然要丑化意大利人很容易，但实际上他们在北非也表现出了手段毒辣、指挥有方的一面，尤其是步兵小规模作战。然而意军多半素质低下、装备老化、指挥失当。意大利最优秀的师早在苏联或在非洲与英国人作战中遭到了重创。一名德国将军断定，"领袖"（墨索里尼）的军队"痛不欲生"。意大利步兵的标配步枪的生产日期可回溯到1891年；意大利制造的手榴弹性能十分不稳定，以至于英军发誓决不再用；意军部队转移基本靠步行，因为卡车数量屈指可数。不少意军新兵目不识丁，教官要在他们左臂拴上大手帕，教他们分辨左右。甚至像凯塞林这样亲意大利的人也说道："意大利人容易满足，他们其实只好三样东西：咖啡、香烟和女人……意大利军人从里到外都不像真正的军人。"非洲装甲集团军2月11日的作战日记中指出，"从未参战的意军单位，其战斗价值是个大问题……经验表明不能对他们抱任何期望"。

在许多事上，隆美尔和阿尼姆英雄所见略同。18年前他们同是魏玛共和国的小上尉，而两人最近才在加贝斯会议上第一次见面。当时两人都没留意对方，而且一直互相瞧不起。但这次他们达成了一致。隆美尔的战略评估干脆利落：最高统帅部要么充实非洲两个集团军的装备，要么干脆弃守突尼斯。轴心国在非洲的大业"势如累卵"。他诚挚地希望，"靠周密的算计或能实现政治美梦"。

阿尼姆深感认同。希特勒答应给他增派6～7个师，迄今尚未兑现。

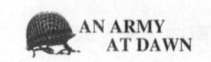

他手下的兵力，意军占四分之一，他和隆美尔预计需要的1.5万吨物资，送达的远不及一半。会上甚至提到将一个旅的同性恋犯人调到非洲。阿尼姆对隆美尔说："万万不能出现第二个斯大林格勒，意大利舰队现在就可送我们回去。"

隆美尔拔营收兵的一席话在柏林和罗马听来，实属忠言逆耳，因为他们认为弃守北非无异于为盟军出兵南欧敞开大门。凯塞林认为隆美尔是个悲观的失败主义者，恨不能立刻逃到突尼斯市或意大利的阿尔卑斯山。轴心国首都答应兑现派兵、增加枪炮等承诺，挤牙膏似的传送到南方，但不得弃守突尼斯。2月中旬，希特勒启程视察设在乌克兰的东线司令部，该部认为北非坚不可摧。国防军最高统帅部有不少军官志愿节食，声援在斯大林格勒深陷重围的德国官兵：一天2.5盎司面包、6.5盎司马肉、半盎司糖和一支烟。

突尼斯的官兵要是不想这样勒紧裤带，桥头堡势必要拓展到目前50英里的沿海地带以外。要不了多久，隆美尔和阿尼姆势必要守400英里的前线，而其对手的坦克、重型榴弹炮、反坦克炮和战斗机等实力正稳步增加。盟军的兵力迅速从9个师扩充到20个。过去的一个月，英美联军向突尼斯出动飞机1.1万余架次，山雨欲来风满楼。

1月19日，柏林最高统帅部首次放出话来，要他们取道加夫萨和斯贝特拉，进攻泰布尔拜，由此"进攻波尼或君士坦丁，摧毁敌军北部防线"。隆美尔认为，突尼斯桥头堡全线最大的威胁莫过于盟军从加夫萨强攻加贝斯，意欲腰斩两支轴心国大军。德军要想在突尼斯求生（这位元帅深感怀疑，暗自买了一本英语字典），势必要"摧毁突尼斯西南的美军集结地"。蒙哥马利手下胜似闲庭信步的追兵，外加一支殿后部队把守马雷特这道大门，至少在突尼斯养了隆美尔官兵两个星期的患。非洲装甲集团军击溃美军后，又挥师南下，掉头反扑英国第八集团军。

凯塞林点头，这套进攻方案一拍即合。这次"春风行动"，由阿尼姆手下的第五装甲集团军打头阵，两个装甲师取道法伊德隘口，攻打西吉·布·吉特。"春风行动"要出动200辆马克Ⅲ和马克Ⅳ型坦克,外加12辆虎式,旨在"摧毁美军小分队,损伤美军的元气,由此打乱和拖延美军的进攻"。"晨风行动"则仰赖隆美尔的非洲装甲集团军,如非洲军团取道加夫萨,挥师南下。一旦得到阿尼姆一部的增援,意在泰布尔拜盟军弹药库和斯皮迪谷的隆美尔将有160辆坦克,如虎添翼。凯塞林宣布:"我们要倾巢出动,彻底打垮美军。"

2月12日,装甲兵乐队奏乐为隆美尔庆祝,阿尼姆则定在2月14日(星期天)情人节这天拂晓发动第一轮进攻。这已是"火炬行动"首次登陆3个月后的事。隆美尔在自己的营盘下令,从利比亚边界调数个单位当晚赶到加贝斯西北的一个集结地。

他眼中又露出了凶光。他下了拖车,欢迎1941年随他出征非洲的军官。他们现在只剩下19人,仍在他手下冲锋陷阵,今晚受邀来此小聚。乐队再次奏起熟悉的进行曲,一名老战士饱含深情地唱道:

> 德军坦克兵在酷热的沙漠中,
> 为人民和祖国奋战……
> 我们是非洲军团的兵。

★★★

远征马克纳西失利一周来,前线异乎寻常地平静。突尼斯孩子为了几个法郎,带着敦促对方投降的信在美军和意大利哨兵之间来回奔波。意军倒是不时带着一个旧箱子、一扎淫秽照片和布鲁克林或底特律一个表兄弟的地址,悄悄溜进美军阵营。美军一名来回奔波的随军牧师在东多塞尔一处掩体为官兵做礼拜,后者早已把信仰抛到九霄云外。他的助手则在便携式钢琴上弹奏一曲《万古磐石》(*Rock of Ages*),给每名召集人分几条口香糖,权当圣餐饼。红十字志愿者蜂拥而至,开着一辆号称"加州流动俱乐部"的破卡车分发热咖啡。

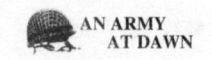

过去的一个月,第 2 军伤亡 700 余人,第一批补充兵员从卡萨布兰卡和奥兰兵站赶到了突尼斯。不少人缺步枪或挖战壕的工具。一队 190 人的补充人员有 130 人开过小差,还有不少"无意中开了小差的",多半是从弗吉利亚或英国出征前,在酒吧或妓院遭他们的长官嫁祸。

第 168 步兵团补充了 450 名士兵,但训练有素的屈指可数。第 2 营新任营长挑了 125 人,以补偿舍涅德一战的损失,不料却发现他们甚至没接受过最基本的射击训练。穆尔问一名列兵会不会用勃朗宁自动步枪,谁知这名士兵却答道:"操,不会,我连见都没见过。"第 168 团 2 月 12 日晚还收到了 6 卡车的反坦克火箭筒。"我们连听都没听说过,"一位军需官事后回忆,"但我们手上有一张使用说明书。"德雷克上校计划 2 月 14 日早上开一堂火箭炮培训课。

前线无战事,盟军将军们这才得空考虑北非形同一团乱麻的司令部。2 月 10 日,艾森豪威尔等人在圣乔治饭店费尽心思地起草一份盟军联合司令部组织结构图。最后都成了一团废纸。艾森豪威尔愁容满面地说,组织"过于复杂,难以成文"。混乱致命,但更恼人。"超级机密"截获的隆美尔和阿尼姆的情报表明,轴心国补给严重不足。盟军情报机关认为,尽管轴心国在突尼斯的步兵营数量超过盟军,为 55 比 42,但盟军在大炮上的优势是 381 比 241,坦克是 551 比 430。敌人看来很可能正加强防守,保存实力,不会主动进攻。艾森豪威尔和安德森达成了共识,这一判断慎重且合理,但它是错的。究其失误,在于他们忽略了凯塞林和隆美尔天性好战。

突尼斯的指挥官肯定不会想当然,他们早就拟定了 7 套万一德军反攻的方案。为制定一个万全之策,艾伦、罗斯福、保罗·罗比内特和法国将军在乌瑟提亚谷一座法国农舍开了一次碰头会。艾伦义愤填膺,他的师被瓜分,分散在突尼斯全境。罗比内特说:"他说话时吸气,发出认识他的人都熟悉的嘶嘶声。这场会议毫无秩序,因为谁都想发言……艾伦用他那粗犷的法语应付自如,但罗斯福还有待提高。"罗比内特摇着头走出会场。他对手下的情报官说:"口水仗打不赢战争,我们不过是自讨苦吃。"罗比内特照例要发表自己的意见。2月9日,他致信安德森,批评盟军的战略部署,并且警告说:"敌军在突尼斯可以集中5个装甲师的兵力。"他还告诉弗雷登多尔,坦克应该大规模作战,而不是"分散在全境"。

坦克确实分散在全境。安德森仍将英国第5军纳入北部伊夫利将军的麾下。伊夫利属下的法军战区靠英美战友增援,如第34步兵师的第133和第135步兵团。大红一师一部仍在乌瑟提亚法国人手下效力,罗比内特的B战斗群以110辆坦克掩护法军的南翼。再往南是R战斗群,然后是麦奎林的A战斗群,由舍涅德一战败走北上的德雷克的第168团配合,封锁法伊德隘口。第1装甲师一位军官说:"三个国家的将军借、分、指挥对方队伍,闹得官兵们都弄不清到底谁是自己的上司。"

指挥官也闹不清谁是自己的部下。2月6日,奥兰多·沃德离开设在斯贝特拉外一片沙漠的新师部,驱车80英里去斯皮迪谷。弗雷登多尔和不少参谋都推了光头,兴许是藐视严寒。第2军一名副官写道:"看样子是想出风头。"沃德怀疑弗雷登多尔喝高了。但不管怎么说,在不断拓深的地道内传出的TNT爆炸声中,听说自己要督战美军防守法伊德隘口,他还是欣喜若狂。他返回师部,获悉弗雷登多尔不给一句解释,就收回了成命。他的副官在日记中写道,沃德"既愤慨,又失望"。

没了诚意,斯皮迪谷和第1装甲师营盘间充满了敌意。沃德的作战参谋汉密尔顿·H.豪泽中校事后说:"除了愤慨、羞辱和失落,我没有别的感受。这是我这辈子最伤心的一段经历……一场大乱。"日后的四星上将豪泽回忆:"单凭弗雷登多尔对待沃德将军的方式,我就对他产生了一股难以控制的憎恶。"

2月11日,一道抬头为"防守法伊德阵地"的命令简直是奇耻大辱。安德森寸步不让,弗雷登多尔感到压力重大,将各单位的部署明确到了连。与隘口相望的两座山头要占领,弗雷登多尔写道:"南侧的

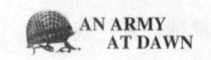

克萨瑞山和北侧的勒西达山是扼守法伊德的门户。你们和西吉·布·吉特附近的一个机动部队,必须严防死守这两座山头。"在一段手书的附笔中,他说:"换句话说,我要的是以攻为守,不是以守为攻。敌人势必伺机以动。侦察决不能松懈,尤其是夜间。阵地现在必须架设铁丝网,埋设地雷。L.R. 弗雷登多尔。"

沃德在小指挥帐篷内站起身,将文件凑近灯。他仔细地看了一遍这道命令,猛地在野战桌上拍了一巴掌。"瞎指挥,"他说,"瞎指挥!他这是班门弄斧。"

弗雷登多尔只视察过斯贝特拉一次,他对法伊德隘口的了解多半来自地图。沃德手下的第1装甲团团长彼得·C. 海因斯三世上校一看到弗雷登多尔的方案,脱口说了一句:"老天爷!"倘若敌人展开速攻,部署在两个山头的官兵无疑孤立无援。两座山头相距10英里,隔一片沙漠相望。海因斯想道,这种指挥和"一战"的防守并无二致,他根本不了解现代化坦克师的速度和威力。

沃德反对"防守法伊德阵地",似乎是公然违抗上司的周密部署,而不是占领方案。他拒不从命,但虚与委蛇。豪泽事后承认:"他和我都没有清醒地看出这项部署的严重性。"

军令如山。麦奎林看了命令,指示手下的工兵在A战斗群所在的近40英里的前线架网布雷。"操,"一名年轻的中尉困惑地说,"找遍北非,都没这么多铁丝网。"约翰·沃特斯中校(巴顿的女婿)奉命指挥勒西达山这个新前哨。他自从圣诞节前一战大伤元气,退回阿尔及利亚休整,一直担任第1装甲团副团长。要将勒西达山变成突尼斯的一个防守阵地,沃特斯要补充900名官兵,外加一个有15辆坦克的连、一个4门大炮的炮组和罗伯特·穆尔的第2营。

2月12日,沃德驱车去勒西达。两周前,他和特拉斯科特在此亲眼目睹了进攻法伊德隘口失利。穆尔手下的步兵在石缝和页岩后刨阵地,悬崖间不断传来铁锹敲打石头的阅阆声。穆尔认为此作战方案"可以防范洪水",却抵挡不住国防军的坦克。由于接任这个营不到一周,他的想法只能闷在心里。他的E连被抽到一片沙漠地带,担任前哨。上级每天要该连一点点地往东推进,如今这个连埋伏在法伊德隘口一个死角,战线横跨5英里,拉得比一个营还长。麦奎林提出在铁丝网上系上装了石子的罐头盒警戒。穆尔答道:"长官,坦克几英里外可闻,何苦要听罐头盒里的石子?"穆尔告诉他轴心国进攻的几种迹象,麦奎林顿时发了脾气,他吼道:"废话!这不是法伊德隘口方向的进攻。"

沃德发现沃特斯的指挥部塞在半山坡的一道沟内,南面俯瞰西吉·布·吉特,向东可见隘口。沃德说:"沃特斯,我奉弗雷登多尔之命,来指导你将兵力全部部署在这座山头和附近,我从没见过这种事。在这里我是师部指挥官……"

沃德顿了顿,寻思着恰当的用词。他继续说道:"我现在是光杆司令,手下只剩一个医疗营。我没有指挥权,不能对你发号施令。"

沃特斯同情地点了点头。情报分析人员看来认为进攻很可能在往北40英里处,目标还是毕盛和乌瑟提亚谷附近的法军,但沃特斯心存疑问。东多塞尔一线的敌军活动越来越频繁。侦察回来后,沃特斯问:"麦奎林将军,我想请教一个问题,假设明早我一觉醒来,发现一个装甲师开出法伊德隘口进攻我,该怎么办?"老麦克哼了一声,说道:"噢,沃特斯,别给我提什么假设。"

沃德现在是掏出了心肺。他又说了一遍:"我这辈子都没见过这种事。我绝望了,不知所措。"

只能挖掩体,往好处想。穆尔的姐妹单位——第168步兵团第3营在克萨瑞山上的德雷克上校严密监视下,在勒西达山东南10英里和西吉·布·吉特挖掩体。克萨瑞形如马掌,空旷开阔的山脚面向14号公路和法伊德隘口。德军榴弹炮每天上午8点、下午1点和6点准时炮击这座小山,德雷克的部下戏称德军炮兵是准时上下班的公务员。为了给勒西达山上的沃特斯补充900名兵源,德雷克在克萨瑞附近接

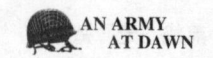

收了近1 700人，包括军乐队和相当一部分没枪的士兵。

最近一顿热汤热水还是在2月10日。官兵们沦落到一天三顿冷饭和一壶水的境地。德雷克不再发布"就餐时胳膊肘不得架在桌上"的禁令，他现在满脑子打仗，顾不上吃饭的事。他下令：凡是临阵脱逃的士兵，格杀勿论。对敌人他也绝不手软。他宣布："告诉全体官兵，逮着德国人，给我狠狠地杀。至于什么时候抓俘虏，我自会告诉你们。"

工兵在克萨瑞山脚一线布雷设阵。靠勒西达的炮兵将炮口对准法伊德附近已知的目标。侦察兵每晚都要深入到东多塞尔，侦察隘口和山脊线上的小突破口。E连这支先锋的前方，是一道单股铁丝网，上面挂着装了石子的罐头盒。

"A Good Night for a Mass Murder"

★★★

今晚大开杀戒

盟军总司令艾森豪威尔手上的权力远胜过 1918 年的福熙元帅。但盟军在卡萨布兰卡采取措施，调整指挥结构，限制这一权力，艾森豪威尔这才有所悟。做了一辈子参谋，善于察言观色的他却过于迟钝，没看出自己早被英国人包围（桥牌高手始终清楚还有几张王牌没出）。

经布鲁克将军提议，参谋长联合会议 1 月 20 日一致同意由一位将军统领安德森的第一集团军和蒙哥马利即将赶到突尼斯的第八集团军。这位司令就是艾森豪威尔，但需由 3 名英国副手指挥日常的海陆空行动，用布鲁克在日记中的话说，因为艾森豪威尔缺乏"这一任务必备的战术和战略经验"。坎宁安上将和空军上将亚瑟·W.特德爵士各自掌管海空两军事务，陆军司令是 2 月刚刚走马上任的哈罗德·R.L.G. 亚历山大将军。自从 8 月以来，亚历山大一直是蒙哥马利的顶头上司，是英国近东统帅部的司令。这项安排大快美方的人心，尤其是马歇尔，因为艾森豪威尔稳坐头把交椅。

这一着棋正中英国人的下怀。布鲁克在 1 月 20 日的日记中写道：

> 我们将艾森豪威尔架上总司令这个高高在上的位置，他才有闲工夫钻营政治和盟国间的矛盾，我们在他下面安插自己人，处理军情，重新开展刻不容缓的进攻和配合。

艾森豪威尔不知布鲁克在算计，还以为喜得帮手。但联合参谋长会议连下两道命令，授予他的部下自主权，削了他的权力，他才如梦方醒。艾森豪威尔拟了一封电报，愤而抗议；经史密斯好言相劝，他才平息了怒气。

但2月8日，他一连两次致电马歇尔，要他提防"英国人统帅这个大战场和作战的普遍印象……我认为应该宣传美国牢牢掌握全局"。他还说，授权他的部下有违英国共同指挥的规定，同时也违反了美军在一名司令领导下统一指挥的原则；这一着还可能让艾森豪威尔沦为光杆司令。

他写道，"就我所知"，华盛顿或伦敦"不会"插手盟军联合司令部的人事安排，因为"我会认为这无疑是侵犯我个人的权力"。一吐为快后，艾森豪威尔倒要见见新领导班子到底如何运作。2月10日的一场记者会上，他简要向记者介绍了战局，并且落落大方地赞扬三位英方部下。用布彻的话说，他其实"怒火中烧"。

加官晋爵总算消了他这口气。2月11日，艾森豪威尔再获一颗将星，成为继尤利西斯·S.格兰特之后，美军历史上第十二位四星上将。尽管他在突尼斯毫无建树，但马歇尔多番美言说动了罗斯福。这次提升是出于政治考虑，迫于无奈，给这位总司令一个至少和他英方部下一个旗鼓相当的身份。

一听到这个消息，艾森豪威尔随即把内勤召到达尔·艾尔瓦尔别墅的客厅。勤务兵、男仆、厨师和两名侍者毕恭毕敬地站在冰冷的板砖地上，仿佛他要当场一一提拔他们似的。当天晚上，他对着猎猎的炉火，呷着姜汁威士忌，接受新任后勤部长埃弗雷特·S.休斯准将的祝贺。艾森豪威尔在留声机上一遍遍地放着自己最喜欢的唱片——《十二朵玫瑰》：

> 给我十二朵玫瑰，再添上我的心，送给我深爱的姑娘。

他经历过达尔朗、卡萨布兰卡和凄风苦雨的冬季战役。但鉴于阿尔及尔的勾心斗角，伦敦和华盛顿的政局斗争就更不必说，有人认为不管他肩膀上扛了多少颗将星，他还是砧板上的一块肉。休斯在1月末的日记中写道："艾克怕是难逃一劫，敌对势力轮番上阵。"

接着是"那个"女人。有人开始传播艾森豪威尔和他苗条的司机凯·萨默斯比的绯闻。到伦敦从军任司机前，萨默斯比做过模特和群众演员，"斯基柏林"这一昵称来自她爱尔兰的家乡。去年夏天她被派作艾森豪威尔的司机，所乘的运输船在非洲沿海遭潜艇击沉，她大难不死，1月中旬才到阿尔及尔向艾森豪威尔报到。她现年34岁，有过婚史，心思细腻，窈窕可人，不仅是总司令的"女司机"，还是他的桥牌玩伴和旅伴。她脚蹬马靴、一身飞行夹克、头戴钢盔出现在他面前时，艾森豪威尔逗她，说她想模仿巴顿。她和弗雷登多尔手下的一位参谋——来自纽约的工兵上校订了婚。无论如何，流言传得沸沸扬扬。北非流传甚广的一则笑话，说的是总司令的轿车在荒郊野外抛锚。萨默斯比钻进引擎盖修，艾森豪威尔从车上捧来工具箱。他想必是问："螺丝刀（Screwdriver，本是"螺丝刀"之意，但拆开单词来看有"乱搞司机"之意。——译者注）？"她想必是这样答道："何不呢？反正我修不了这该死的马达。"埃弗雷特在日记中写道："说到凯，不知艾克是否会矢口否认自己说过这些话，说他想牵着她的手，送她回房，但不陪她上床。他发过不知多少誓，尤其是考虑到姑娘家在伦敦的名声。"2月12日，头天晚上《十二朵玫瑰》这一出后，休斯写道："或许凯能助艾克一臂之力，赢得这场战争。"

★★★

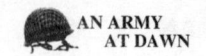

2月12日刚过午夜，萨默斯比驾驶着艾森豪威尔的装甲轿车，带11辆车悄悄出了阿尔及尔。8个星期前马歇尔还斥责艾森豪威尔疏于突尼斯战役，卡萨布兰卡之行后，马歇尔又告诫他："你前线去得太频繁，你要多根据汇报来决策。"其实，此行不过是他第二次去突尼斯，第一次他尚在炮兵射程之外。大雨打着车篷。冬季一场暴风雨突降阿特拉斯，掀翻了帐篷，冰冷的雨水灌满了战壕。大兵们裹着铺盖，盼望春天早早来临。"我从不知道风沙这样可怕。"第19工兵团下士查尔斯·M.托马斯2月13日的日记中这样写道。

车队在君士坦丁过夜，第二天拂晓赶往泰布尔拜。凯迪拉克后座上的主要议题是"万一敌人进攻，是否要退守大多塞尔"。从君士坦丁加入护送大军的特拉斯科特不赞成。他认为要守住加夫萨和西吉·布·吉特，掩护目前在凯塞林以南作战的美军机场。

"一方面，这只会彰显轴心国军队的优势：集中优势，掌握主动权。"他在最近给艾森豪威尔的一份备忘录中写道。特拉斯科特本意是支持，但"集中力量，掌握主动权"是现代战争的精髓。按特拉斯科特的分析，轴心国胜券在握。另一方面，他大错特错：德军装甲部队、空中力量和指挥水准也胜过一筹。但特拉斯科特寸步不让的态度影响了艾森豪威尔，决定不过度扩张战线。

2月13日星期六下午1点45分，车队减速沿着蜿蜒狭窄的石子路，驶进斯皮迪谷。风停雨住，但营地在压境的乌云下显得格外地凄凉。第2军的军官跑前跑后，在帐篷里钻进钻出，出来欢迎。艾森豪威尔下了座驾，伸了伸僵直的腿脚。看来谁都不知道去哪儿找允诺到此会合的弗雷登多尔和安德森两位将军。

艾森豪威尔竖起耳朵。一阵震耳欲聋的气锤声响彻山谷。小轨道车满载石屑钻出几条隧道。戴着安全帽的士兵拖着笨重的木料和一摞摞木板。一名参谋介绍几个星期来，工兵们不辞辛苦，开凿出一个不受空袭影响的军部。这个项目完成了将近四分之三。艾森豪威尔听得一头雾水，问他们是否协助建设东面的前线防御工事。这名军官眉飞色舞地说："噢，各师有各师的工兵负责！"艾森豪威尔喃喃自语，步入了一顶指挥帐篷。一名中校拿一根教鞭，指着一幅画了红蓝粉笔箭头的大地图，讲解第2军的部署。

15分钟后，弗雷登多尔踩着碎石子地面，走了进来。他春风满面、步履欢快、兴致高昂。比尔·达尔比的第1游骑兵营刚刚突袭了舍涅德车站附近的一个意大利前哨，任务完成得堪称完美，弗雷登多尔就爱这种小打小闹。凌晨1点半，游骑兵长途跋涉12英里，穿过一片沙漠，悄悄潜伏到敌人营盘200码处。一名连长告诉手下的兵："我们要在这帮家伙身上留下记号……各人要尽量用刺刀，我们是执行命令。各位记住：我们只要带回10个俘虏，不能多也不能少。"

游骑兵呐喊着冲向一条半英里的前线，不顾意大利人恳求"别开枪"，挨个帐篷射杀拽着裤子的士兵。美军仅一人阵亡，伤20人，敌军伤亡估计在75人。他们生擒了11名俘虏（不知谁数错了），据一名参战人员说，回来的路上，至少枪毙了一名受伤的俘虏，免得拖累了队伍。（多年以后，一名游骑兵辩称："我只是执行命令。过了这么久，每每说起，我还时常不寒而栗。"）弗雷登多尔去加夫萨给参战士兵颁发银星勋章，刚刚回来。游骑兵开玩笑说："这是一个适合大开杀戒的夜晚。"

安德森紧跟弗雷登多尔进了帐篷。这位英国司令板着脸，比平时愈发阴沉。他在另一顶寒冷刺骨的帐篷和弗雷登多尔的情报主任谈了一个半小时，情报主任直言不讳地告诉安德森，第一集团军误判了敌人的意图。本杰明·阿伯特·迪克森少校高大健硕，生着一双深沉的眼睛、留着一把骑兵式胡子、聪明绝顶、不信鬼神。在西点求学期间，因为迪克森的中间名（Abbott有"伟大的精神"之意。——译者注）和

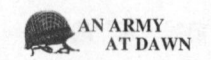

强烈抵制礼拜，人们戏称他"修道士"。"一战"结束，他从步兵军官任上退役，在麻省理工学院学习机械工程，掌握了几项发明专利，包括洗衣设备和仓储机械等。1940年，他重返军营，任情报官。"修道士"迪克森才华出众，对弗雷登多尔忠心耿耿，他现在发现突尼斯南部要出事了。

迪克森1月25日就曾预言："隆美尔一旦恢复元气，就会在突尼斯南部展开攻势。"他还要盟军提高警惕，因为轴心国步兵可能在利比亚边界附近牵制蒙哥马利的追兵，从而让隆美尔的坦克"一举歼灭"美军。迪克森相信，敌军的进攻很可能取道加夫萨或法伊德隘口，而不是盟军联合司令部和第一集团军情报机关坚称的北部，正是因为这点分歧，安德森才来找迪克森盘问。这位英国将军以一句气话结束了这次会见："就说到这儿吧，小伙子，至少我不能和你握手。"安德森事后告诉弗雷登多尔："你的情报官是个危言耸听而且悲观的家伙。"

安德森向艾森豪威尔概述了自己的战略计划：英国第5军在北面；法国居中，由英美联军增援；弗雷登多尔的第2军在南面。天气恶劣，再加上纳粹的空中优势，我空军无法展开深入侦察。"超级机密"月初截获的情报表明，轴心国可能取道凯鲁万进攻法军，但很可能是有限的行动，意在夺取有利地形。为慎重起见，安德森将预备队集中在北部，如罗比内特的B战斗群和艾伦大红一师的大部。凡是取道法伊德隘口或加夫萨的进攻都可能是佯攻。

艾森豪威尔点了点头。弗雷登多尔的作战参谋事后说："2月13日，艾森豪威尔将军很满意全盘的用兵布阵。"总司令本人也在给马歇尔的电报中称赞安德森的方案"细致周密，可实施性强，着眼于守住前沿阵地这一大方向"。至于弗雷登多尔，艾森豪威尔的印象是"对前线了然于心"。

"他敏锐而干练，"艾森豪威尔又说，"我对他很放心。"

第8章 前线"无"战事

★★★

夜色笼罩斯皮迪谷之际,一个急电终止了会议,要求安德森立刻赶回突尼斯北部。艾森豪威尔和特拉斯科特将车队削减到4辆车,凯·萨默斯有些难为情地留在第2军陪未婚夫。下午6点,到泰布尔拜匆匆一游后,一行人驱车45英里,去视察塞勒普特和菲利亚纳两座美军机场,然后往东北再驱车50英里,抵达斯贝特拉的第1装甲师师部。

沃德和罗比内特在隐蔽于一块仙人掌地的小帐篷内早已恭候多时。老战友们借着烛光深情地相互问候,两次大战间,他们同在军中坚持信仰,感情与日俱增,如今又在这方危机四伏的大陆同病相怜,更加深了兄弟情谊。自从西点一别,转眼已是一年。至于罗比内特,1929年一见艾森豪威尔,就为这位风流倜傥的年轻少校折服,后来他表示:"我希望结识这位朋友。"

沃德言简意赅地介绍了第1装甲师的战略部署,包括将德雷克和沃特斯派往法伊德隘口两个山头。他神采飞扬地把情况说清楚,掩饰了内心的忐忑。就在傍晚,沃德还向罗比内特倾诉第2军横加干涉,自己实际被剥夺了一切权力,但他也没当艾森豪威尔的面批评弗雷登多尔。沃德最后一次指挥B战斗群,还是在北爱尔兰。这个师有294辆坦克和货真价实的炮兵,不能说实力薄弱,但其各单位分布在60英里的半月形前线。

罗比内特伸着下巴,开始发言。他侦察过丰杜克的工事,只用三言两语就打消了安德森担心敌人从北方突破的顾虑。2月12日,他在给弗雷登多尔的电报中写道:"该地区的进攻迹象是司令部内神经过敏。"今天,他旧话重提,接着指责A战斗群最近在法伊德隘口附近的部署。罗比内特说,他们之间相互隔绝,"难以接应",东多塞尔从"从一开始就无多大意义,应该予以放弃,不必再浪费资源,挽回先前的损失"。

罗比内特补充道："这个阵地的重要性来自它的虚名，但虚名不能和军队相提并论。"鉴于德军性能优越的坦克和反坦克炮，盟军展开全线阵地是"不可能的"。总之，形势严峻。说完，他坐了下来。

这番分析日后将被白痴学者或无聊的幕僚彬彬有礼地叫好。艾森豪威尔若有所思，未置可否。特拉斯科特怒目而视，一言不发。参加这次会议的法国军官打破了沉默："艾森豪威尔将军现在来了，美军实力雄厚，可以挽回这一局面。"这话连他自己都不相信。

会议在寒暄和道别声中告终。罗比内特上了吉普，顶着寒风北上B战斗群设在马科他的大营。艾森豪威尔答应明天着手处理他提出的问题。罗比内特事后说："撤退不仅毫无根据而不足取，而且令人大失颜面。"艾森豪威尔和特拉斯科特钻进凯迪拉克，这次中间挤进了一个沃德，他们驱车往东去西吉·布·吉特。此时已是深夜11点。

另一片沙漠，另一个指挥部，他们又作了一番指示。在一辆狭窄的帆布篷运兵车内，麦奎林简要总结了最近的情报。法伊德隘口附近的德军阵地没有变化，敌军"一直按兵不动"。第1装甲团团长海因斯上校接着概述了A战斗群的战略计划。海因斯指出，部署在克萨瑞山附近的1 700名官兵尤为危险。这点从几件怪事不难看出，比如小股侦察部队在法伊德隘口以南遭到德军飞机的进攻，这表明敌人另有隐情。一名法国农夫汇报，轴心国哨兵不让阿拉伯人去东多塞尔种地。飞过这片沿海平原的盟军飞行员当天早上轰炸了敌军一队300余辆卡车的车队，足以运一个团的步兵，但卡车上空无一人。

过去的12个小时，艾森豪威尔见手下的指挥官惶惶不安，自己心里也没了底。沃德在日记中写道："艾克要临阵换将。"但艾森豪威尔只针对美军阵地的雷区发表了意见：布雷凭什么要花这么久？为什么这么少？德军只要两个小时就能摆下一个对付反攻的新阵地，这里却要花两天多。他厉声说道："明天一早首先布雷！"西吉·布·吉特必须守住。

第8章 前线"无"战事

此外，他不置一言。A战斗群的作战日志指出，艾森豪威尔"听取我们的战况汇报和作战计划，未置可否"。

他走出卡车。天已放晴，满天流云朵朵。西北几百码外是朦胧的棕榈树影和西吉·布·吉特低矮的平房。艾森豪威尔听一名步兵上尉给手下训话："我们不求胜利，甚至不求个人安危。但我们求告上帝，谁都不让一名战友倒下——人人对得起自己，对得起战友，对得起祖国，这样才配得上美国的传统。"艾森豪威尔满眼含泪。

德雷克上校来了，麦奎林从克萨瑞山把他召来，嘉奖他两周前在舍涅德英勇作战。等候这个仪式的工夫，德雷克问麦奎林："将军，如果敌人从隘口东边进攻，我们该怎么办？"麦奎林连忙叫他别出声："别提那个茬。"德雷克立正，艾森豪威尔从口袋掏出一枚银星勋章，别在这位上校的作战服上。他说："德雷克，你大有前途。"这是他一天当中最有先见之明的话。

星期天凌晨1点半，艾森豪威尔在沙漠中散了会步，看了看刺梨。连他的拉链皮衣和厚手套也抵挡不住沙漠的寒气。下半夜，他绕道斯贝特拉送沃德，然后回斯皮迪谷，再驱车一天回阿尔及尔。他有许多事要考虑。10英里以东，法伊德隘口直插东多塞尔，黑蒙蒙的山脊上锯齿形的峡谷依稀可辨。他钻进暖烘烘的轿车，掉头向相反的方向开去。

★★★

一周后，艾森豪威尔总算找到了借口和替罪羊，他要提醒马歇尔，"直接插手战略部署在我是件慎之又慎的事"。没人问他，让他的部下任人宰割是否有失考虑。实际上，艾森豪威尔一心只顾战略和政治大事，缺乏作战经验，简而言之，他根本不了解情人节早上的战略冒险。既要做总司令，又要身兼作战司令，可他两样都没做好。责任在他，同时也锻炼了他在未来战场上的作战经验；但责任不只在他一人，还在于前线接二连三的失误，外加时运不济和红颜祸水。

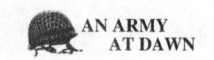

侦察兵、飞行员和俘虏给不了前线情报，就等于说，2月8日以来，凡是敌军意图方面的情报，都出自"超级机密"截获的电报。但德军的方案几易其稿，策划多半是凯塞林和隆美尔的事，之后再向阿尼姆暗授机宜，没有采用盟军轻易破译的计划。"超级机密"于2月13日揭示，第21装甲师奉命前进，星期天将是阿尼姆的第五装甲集团军行动的"A-日"。安德森从斯皮迪谷火速赶回司令部评估这条消息后，发出一条预警，第2军凌晨1点29分收到这条编号为915号的电报时，艾森豪威尔正好将银星勋章别在德雷克身上。"急电。绝对优先级。据第一集团军的情报，敌军将于明天展开进攻。"警报在盟军司令部一闪而过。

但警报没有说进攻路线。截获的另一份电报显示，纳粹空军战斗机将于星期天上午赶来增援凯鲁万，据盟军联合司令部和第一集团军估计，敌军会从北面展开进攻。但第2军纷纷传阅的电报却是："据说隆美尔重病入住突尼斯一家医院，可能由此乘机离开突尼斯。"

幻想掩盖事实，小错铸成大祸。第10装甲师100余辆敌军坦克避过盟军飞行员的眼睛，南下驶向法伊德隘口。盟军侦察员汇报，法伊德隘口下方的一道山谷"通不过装甲车"，但他们却没侦察到，敌军工兵拼命拓宽这条小道。沃特斯中校在勒西达山洞里补几个小时觉前，派一队侦察兵带一部电台去法伊德隘口，但侦察兵却在东多塞尔3英里外止步。沃特斯事后承认："我没出去察看，是我失职。"虽说北风呼啸，这队侦察兵很快听见隘口方向传来隐隐的隆隆声，像在轻轻地击鼓，也疑似大批坦克压境。他们如实地汇报，如实地注意到了这阵嘈杂声，A战斗群的几辆补给船也如实地被派到后方安全地带。

★★★

没有营火，没有热水热汤，一阵凄风苦雨对挤在一起盼着第二天天晴的士兵犹如雪上加霜。士兵们在枪口塞上抹布，用油纸包上枪栓。

第 8 章　前线"无"战事

　　胆小的哨兵一听见风吹草动,就吼着口令:"情况混乱!"然后竖起耳朵听对方对答:"贼他妈的正确!"劳伦斯·P.罗伯逊中尉带 5 辆坦克和 24 个人,在克萨瑞山东南、东多塞尔背风处停车过夜,背靠背的谢尔曼仿佛一副车轮的两个轮辐。罗伯逊命每隔 10 分钟关一台引擎,营造这个排越走越远的假象。

　　勒西达山下,弹药管理员给第 91 野战炮兵营 B 连的每门榴弹炮多丢了 100 发炮弹。该连连长小 W. 布鲁斯·皮尔尼上尉认为"多此一举,我们这个阵地 10 天都无战事"。人人都希望战事不过一时。艾森豪威尔将军早上致电陆军部:"轴心国不可能这时候采取损人不利己的行动。"

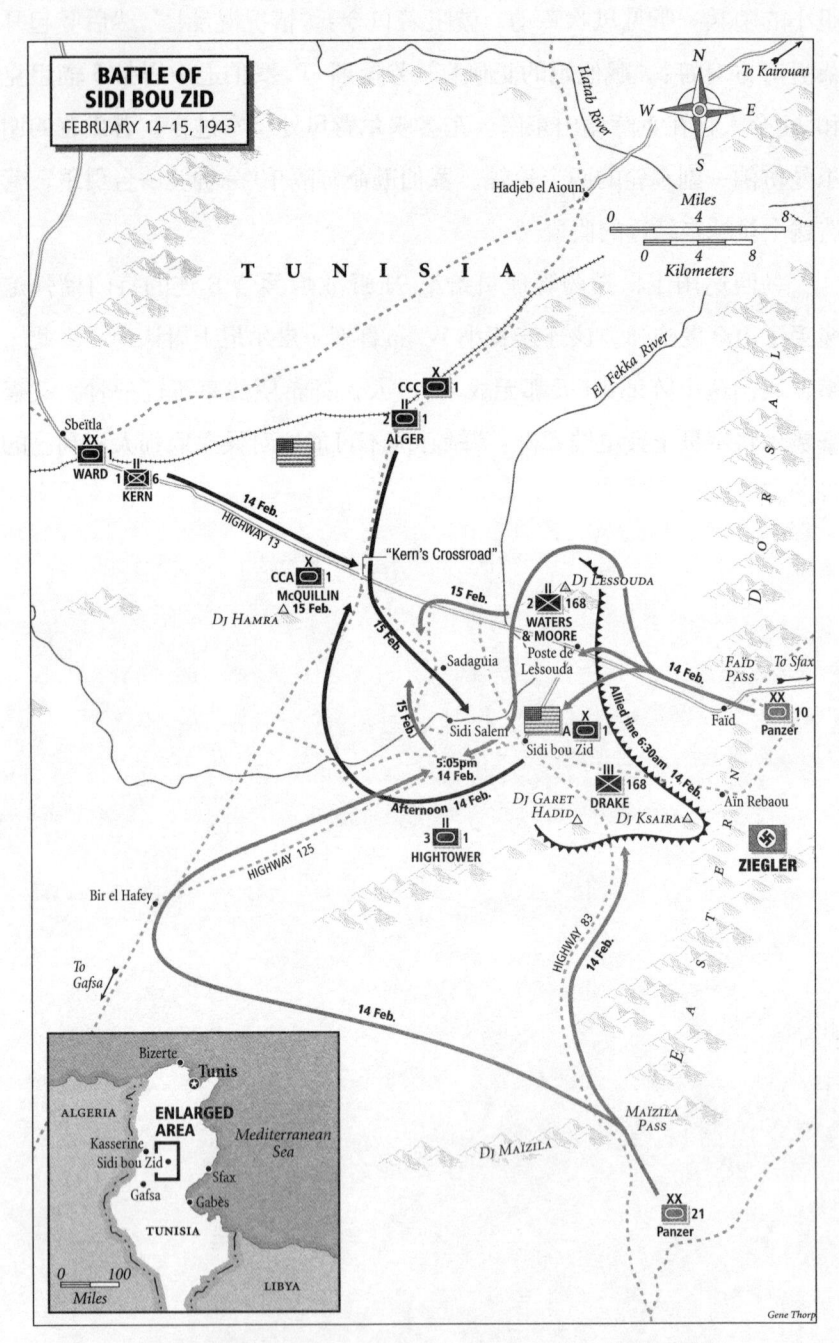

1943年2月14～15日，西吉·布·吉特之战

"Kern's Crossroad" "克恩十字路口"
10 Panzer 德军第 10 装甲师
ALGER 阿尔杰第 2 装甲营
Allied line 6:30am, 14 Feb.
2 月 14 日早 6 点 30 分时的盟军阵线
CCA McQUILLIN 麦奎林 A 战斗群
HIGHWAY 83 83 号公路
KERN 克恩第 6 装甲团第 1 营
To Gafsa 往加夫萨方向
To Kairouan 往凯鲁万方向
To Sfax 往斯法克斯方向
WARD 沃德第 1 装甲师
WATERS&MOORE
沃特斯第 1 装甲营和穆尔第 168 步兵团第 2 营
ALGERIA 阿尔及利亚
LIBYA 利比亚
TUNISIA 突尼斯
ZIEGLER 齐格勒
Ain Rebaou 艾因利巴乌
MAIZILA PASS 马伊兹拉隘口
Bir el Hafey 比尔艾哈菲
Bizerte 比塞大
DJ GARET HADID 大哈迪德山
DJ HAMRA 哈姆拉山
DJ KSAIRA 克萨瑞山
DJ LESSOUDA 勒西达山
DJ MAIZILA 马伊兹拉山
EASTERN DORSAL 东多塞尔
El Fekka River 菲卡河
FAID PASS 法伊德隘口
Faid 法伊德
Gabes 加贝斯
Gafsa 加夫萨
Hadjeb el Aioum 哈德杰巴·艾尔·爱奥
Hatab River 哈塔卜河
Kasserine 凯塞林
Mediterranean Sea 地中海
Poste de Lessouda 勒西达邮局
Sbeitla 斯贝特拉
Sfax 斯法克斯
Sidi bou Zid 西吉·布·吉特村
Sidi Salem 西吉·塞伦
Tunis 突尼斯

第 9 章
凯塞林之战

盟军在西吉·布·吉特遭遇德军强力反击后整合兵力，在哈姆拉山脚下重新发动反击。攻破凯塞林隘口后，势如破竹的盟军长驱直入，节节败退的隆美尔凭借有限的条件顽强抵抗。艾森豪威尔和亚历山大的意见不合，英美合作关系也受到威胁。最终拿下凯塞林，是盟军的努力还是纯粹的巧合？

KASSERINE

A Hostile Debouchment
★★★

西吉·布·吉特战役：来势汹汹的德军

2月14日星期天一早，一阵沙尘暴呼啸着掠过突尼斯平原。脸上系着大手帕的德国排雷工兵起出美军埋在法伊德西口的最后一枚地雷。凌晨4点，在隘口以东的一处橄榄林中，闪过一道道跳动的灯光，十分壮观。身穿黑制服的士兵提着提灯，沿13号公路为100余辆坦克（其中有12辆虎式坦克）和相当数量的步兵卡车、半履带式装甲运兵车带路。山谷内尾气弥漫、装甲车履带发出的声响不绝于耳。

天边刚刚泛起鱼肚白，俄国前线老兵、如今阿尼姆的参谋长、"春风行动"指挥官海因茨·齐格勒将军爬上法伊德村上方的一道石头掩体。曙光掠过大漠，照亮齐格勒右手边勒西达山奇形怪状的山峦和他左手边的克萨瑞山。没有任何动静，看起来美国人还没睡醒，甚至没有紧急集合，这正是齐格勒乐于见到的。6点30分整，司机换挡，装甲车从东多塞尔冲上平原。在他们身后，太阳从飞扬的尘土中冉冉升起，仿佛一个大火球。

他们犹如狼入羊群。首先遭殃的是约翰·沃特斯于前夜派出的步兵小分队,被德军坦克消灭在距离法伊德3英里处。美军电台没发出一条预警,命令炮兵炮击隘口的信号火箭也没来得及点燃。该班士兵非死即俘。第10装甲师乘胜追击两英里,全歼了海因斯装甲1团G连的10辆坦克。这天早上,坦克兵照例离开位于西吉·布·吉特一处山谷附近的夜营地,前往位于勒西达山以东,一座号称绿洲的小山丘。德国人已经观察了一周,对他们的部署和路线一清二楚。几名坦克手下了车,开始做早餐,突然看见一团团绿色火球拖着褐色的尘土尾巴,掠过半英里外的前哨。一名中士惊呆了,他形容这声音是"半个克虏伯钢铁厂(德国军火制造商。——译者注)搬出了德国鲁尔山谷。"不到几分钟,美军坦克就被全歼,该连赶去增援的6辆坦克也未能幸免于难。16柱浓烟直插云霄,这时才刚刚7点30分。

在勒西达山以东3英里处,德军兵分三路。第一路,8辆坦克和卡车北上,再向西挺进,包抄这座山头,另两路南下直扑西吉·布·吉特。在前一晚还认为多给手下的B连增发炮弹实属浪费的布鲁斯·皮尔尼上尉汇报,"坦克和步兵压境,距我方阵地不到2 000码……到处都是猩红和白色的闪光。"敌人越来越近,炮长为缩短射程,将炮弹的装药系数从7调到5,后来又调到了3。减少了火药后,"听起来都不像榴弹炮。"皮尔尼事后写道,"炮弹听起来就没杀伤力,啪的一声,几乎没有后坐力,我们吓得脸色发青。""我们的炮甚至打不飞面前的羽毛。"皮尔尼呼叫他身后勒西达山上的沃特斯。"我们打不退他们,"皮尔尼说,"他们冲到我们跟前来了。""如果打不了,"沃特斯平静地说,"能撤就撤。"

炮兵仓皇后撤,穿过沙漠,但为时已晚,四门大炮只有一门幸免。皮尔尼跟在半履带式弹药运输车后飞奔。身后的德国人让他想起一窝蜂追上来的野狗。敌人又追了上来,他把一枚手榴弹塞进炮管,炸毁了最后一门大炮。凡是在大灾难中,原本不足挂齿的不便常常会变成惨剧中最浓重的一笔,深深地印在记忆中。皮尔尼一辈子都忘不了"火炬行动"前从一个爱尔兰皮匠手上买的那双鞋,太他妈打脚了。

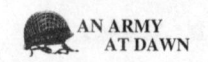

美军单位一个接一个失守。一个排的反坦克装甲车被敌军坦克击毁。第17野战炮兵团2营的装备还是"一战"时期制造的155毫米口径榴弹炮，不知怎么竟然被忘了，放在西吉·布·吉特以东候命撤营。据一名参谋汇报，德军一举"全歼了这个营，缴获全部大炮，官兵多半被俘"。野战炮兵第91团第2营在西吉·布·吉特拼命地开炮，派出去的侦察员非死即伤，炮兵便成了瞎子。"我们不知道该往哪儿打。"一名中尉说，"野战炮弹、机枪子弹和穿甲弹嗖嗖地钻进镇子。"炮兵将阵亡士兵的尸体扔上空的拖车，边打边向西撤退。

敌军的子弹和坦克炮弹从沙漠上席卷而来。士兵用头盔或手扒散兵坑，直扒到指头流血。"我身边的战友都被坦克上的机枪击中了。"一名士兵回忆，"爆炸声震耳欲聋，听不到他们的嘶喊声。"另一名士兵被吓得泣不成声，他事后承认："我支持不住，一个人逃了出来。"还有一名士兵跳上一辆吉普车，但由于用力过猛，车钥匙一折两段。一名高射炮排排长在"混乱和其他单位四下逃窜的情况下搞不清方向"，向东南方向逃窜，带着部下撞上敌手的枪口。敌军的先头部队还占领了四所挤满伤员的野战医院，第168步兵团的医疗队大部和第109卫生营的一个连都成了敌人的囊中之物，损失100名官兵，其中包括10名医生。德军军医助手给严重烧伤的美军俘虏分发橙子。

用一位文书在A战斗群作战日志中写下的话说，敌人"来势汹汹"。麦奎林将军大步走出设在西吉·布·吉特南缘的指挥部，想看看到底是什么情况，导致电台不停尖啸，远处还冒起滚滚浓烟。他原以为只要发动一场小反攻就能解决。上午7点30分，他命第1装甲团3营营长率领部队去"收拾残局"。约翰·沃特斯的西点同窗路易斯·V.海托华中校今年33岁，他拎着个公文包，走出了麦奎林的帐篷，爬上一辆谢尔曼坦克（电台天线上飘着一面"一星旗"的"得克萨斯"号）。坦克优哉游哉地驶向绿洲，算上一早遭遇重创的G连，他还有36辆谢尔曼坦克。

第 9 章 凯塞林之战

在西吉·布·吉特以北两英里处，海托华第一次遭遇俯冲轰炸机的袭击。海托华的坦克没受什么伤，但炸弹"掀起的烟尘挡住了我们的视线"，他事后回忆。紧接着，绿色的火球"仿佛用石头打水漂儿"，在坦克阵中横冲直撞。他身边的谢尔曼坦克都着起了大火，"时而有两三名士兵爬出坦克，"一名中士汇报，"但坦克一般都能打中。"一发炮弹削掉了 H 连连长的脑袋。头天晚上奉命去东南方向侦察的劳伦斯·罗伯逊，带领一个排突然冲进美军雷区，加入了混战。罗伯逊被 30 辆装甲车追了数英里，但仍有充裕的时间向追兵发射烟幕弹，以冒充野战炮唬住敌军，借机逃脱。第 21 装甲师将在位于南方 20 英里以外的马伊兹拉隘口策应针对法伊德隘口方向的进攻。敌人意在两面夹击，将 A 战斗群一网打尽。

海托华带领该营残部迂回向西吉·布·吉特撤退，不料却陷在加夫萨公路南侧。纳粹德国空军不紧不慢地跟在他们身后，将这个小镇夷为平地。一名上尉开着吉普车冲进隐蔽着 A 战斗群补给车的橄榄林。"快走，弟兄们！"他吼道，"是死是活，全靠你们自己。"有人东逃西窜，有人拼命地摇着点不着火的发动机，伪装网的末端堵住了许多吉普车和卡车的化油器。一位少校抱着一挺机枪扫射西吉·布·吉特的临时油库，谢尔曼坦克的燃油即将耗尽，被吓坏的坦克兵冲进大火，抢出几罐 5 加仑装的燃油。

猜疑产生混乱，混乱引发恐慌。士兵和车辆仿佛地面上的雪崩，滚滚卷过沙漠，向西直奔位于距离西吉·布·吉特 10 英里，到斯贝特拉尚有一半路程的 13 号和 3 号公路的交叉口（该交叉口很快就被派去把守的营长威廉·B. 克恩中校称为"克恩十字路口"）。炮兵中尉托马斯·H. 汉纳姆中尉不禁想起了俄克拉荷马的圈地潮，只是敌人的火箭"响彻天空"。另一名炮兵见几辆半履带式装甲车"仿佛油沾了火星，突然喷出黑红的大火，然后又像一艘沉船，渐渐熄灭"。敬业的突尼斯小贩举着鸡蛋、柑橘和小汽油炉，沿途向走过的美军兜售。

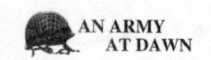

海托华手下只剩12辆坦克，但他仍然向西，以每小时14英里的速度赶去掩护仍在奋战的战友。海托华很快就发现了位于南方半英里外的装甲车，第21装甲师去进攻西吉·布·吉特那一路队伍。另一支规模更加庞大的敌军坦克部队——在一次次汇道中，其规模被一再夸大——绕道勒西达山后挥师北上。"看那阵势，"一名坦克兵说，"就像陆地上的敦刻尔克。"

海托华率领4辆坦克南下抄近路，并命令余部继续赶往十字路口。"得克萨斯"号在700码射程内，用75毫米口径主炮准确命中两辆敌军坦克。海托华掀开舱盖，扶着望远镜看着这一幕，兴高采烈地汇报，一辆坦克炮塔"腾起的大火仿佛一朵盛开的花。"德军发射的一枚炮弹钻进"得克萨斯"号负重轮，"像兔子一样"从另一侧窜了出来。炮弹擦过谢尔曼坦克的炮塔和车身，声音听起来"像大铁砧或大钟发出的"，海托华事后回忆。在又击中两辆装甲车后，"得克萨斯"号被从左侧飞来的一发炮弹打穿油箱。海托华在熊熊燃烧的汽油中吼道："快出去！"坦克还没停，车组成员就像"热锅上爆豆子一样地一个个跳了出去"。5个人向西狂奔，坦克在他们身后爆炸。

当天下午投入战斗的52辆坦克中，只有6辆逃过一劫。下午1点45分，6辆虎式隆隆穿过西吉·布·吉特北郊的瓦砾。下午5点5分，南翼第21装甲师和北边第10装甲师的坦克在位于小镇以东两英里处的125号公路会师。两支部队分别从两个方向发起进攻，花了不到12个小时。

★★★

约翰·沃特斯在勒西达页岩山顶，正在以职业的角度看着这一幕惨剧，他感到十分沮丧。盟军的作战方案非常愚蠢：法伊德隘口于1月末失守后，美军只有两条路可走，要么不惜一切代价夺回东多塞尔，要么退守大多塞尔。可是，他们却选择了更愚蠢的第三条路：将兵力分散在开阔的平原上。这给了敌人乘虚而入,将之逐个击破的机会。和遥遥在望的克萨瑞山一样,勒西达山地势陡峭,居高临下,易守难攻。这一假象迷惑了美国人。其实,这座山不过是让沃特斯看到自己近在眼前的命运罢了。

黎明时分,德军第一攻击波次共计80辆坦克和半履带式装甲车北上绕过这座山,刺眼的阳光、灰尘遮蔽了罗伯特·穆尔和手下900名官兵的视线,他们抱着来者是友军的幻想,没有开枪。海因斯在西吉·布·吉特呼叫过沃特斯。"想必有事,"海因斯以其惯常的轻描淡写的语气说,"前方火力很猛。"

开阔的视野和部队向东溃退时的战报令真相很快大白。上午8点30分,在步枪射程外,头戴大檐帽的德国军官站在坦克炮塔上,扶着望远镜察看勒西达。一支德军纵队在摩托化部队的引领下,经过一道狭窄的旱河,从东面冲上山脚。敌军刚一进入300码射程内,穆尔就下令开火。岩石后泻下一道通红的火舌,将敌人压了下去,留下一地死伤的官兵。这一仗生擒两名德军军官和六名士兵。

中午时分,敌人再次从沃特斯指挥部所在深谷的南面发起进攻。土灰色的身影冲进橄榄林,沃特斯无法通过电台联络穆尔,只好派自己的司机上山寻找。几分钟后,司机跌跌撞撞地跑了回来。穆尔手下一个胆小的步兵开枪击中了他的胸口,鲜血不断从伤口中流出。"长官,我上不去,"司机脸色惨白,对沃特斯说道,"我中弹了。"沃特斯给他注射了两针吗啡,又给他裹上铺盖,可是没过多久,他就停止了呼吸。

沃特斯再次呼叫海因斯。"皮特,我要把这玩意儿给关了,"他说,"他们现在到处在找我,但我认为他们还没发现我的半履带式装甲车。"除了德军侦察兵,大批当地人也来到了战场,搜刮阵亡士兵遗物,抢夺伤员财物。穆尔和手下的步兵被隔在一道山坡上。"我要拆了这部电台,把零件藏起来,"沃特斯又说,"我要去下一道壕沟,在那儿一直隐蔽到天黑。"

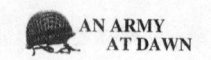

"给我守住，"海因斯强调，"祝你好运，约翰。"

"你放心，"沃特斯说，"只要杀了山脚下的这帮狗杂种就行。"

下午4点，沃特斯听见岩石上传来一阵脚步声。他以为是自己的部下，便从岩嘴下的藏身处站了起来。15英尺外，两个阿拉伯人带着七个德军兵四散逃开。山脊上，一阵密集的施迈瑟冲锋枪子弹朝沃特斯射来，击中岩石后纷纷弹开。

沃特斯没有中弹，他被俘虏了。德国兵兴高采烈地赶着他走了半英里的山路，并很快就发现他还是巴顿的女婿。几名德军军官坐在临时指挥部内，听着一台收音机播放的舞曲。他们将沃特斯扔上摩托车的偏斗，驱车穿过法伊德隘口，用卡车将他送到突尼斯，再由飞机送往意大利。最后，沃特斯将乘火车翻过阿尔卑斯山，被押送至巴伐利亚战俘营。对他来说，这场战争已经结束。

★★★

在沃特斯阵地东南方10英里外，德雷克和手下的官兵还在苦战。由于近千名官兵已被部署在克萨瑞山，德雷克决定，带领目前部署在西吉·布·吉特东南各条旱河中的余部，登上位于克萨瑞以西4英里处的一座更高的悬崖——加雷特·海迪德山。950名步兵、乐师、厨师和文书像小鸟一般，登上寸草不生的山顶。在他们中，近三分之一的人手无寸铁。

见炮兵逃到勒西达山附近，德雷克于上午8点致电麦奎林，汇报杂牌军的兵员组成。老麦克驳斥他的描述，德雷克还击道："我知道我在说什么，我见了也会害怕。"麦奎林一时语塞，犹豫再三后，对德雷克说："你有能力应付，请你亲自挂帅，阻止这一切。"

第21装甲师的出现令德雷克失去了"阻止这一切"的机会。海托华的阻击并没有拖住该师的脚步，装甲部队越过荒野，从西边攻打西吉·布·吉特的后门。德雷克的余部沿83号公路，长驱北上，进入格雷特·海迪德山和克萨瑞山之间的山口。两座山头上的美军枪炮齐下，想拖住这支距离西吉·布·吉特仅 6 英里的德军先头部队。德军炮兵以大炮、迫击炮和坦克炮还击。"敌人想尽办法折磨人。"一名美军列兵说道。

德雷克很快看出，这块阵地失守已经成为必然。西吉·布·吉特附近的敌军坦克碾过战壕，展现了其严密的战术，似乎已打定主意要击溃德雷克的残军。驻守在克萨瑞山附近的几个美军单位企图趁机开溜，上司在电话里连骂带威胁，才把他们吓了回去。上午 11 点 30 分，麦奎林在西吉·布·吉特通过电台向沃德将军设在斯贝特拉的司令部汇报："德军坦克步步紧逼，威胁到部队的两翼和……德雷克，请指示。"沃德答道："尽你的职责。"中午 12 点 08 分，麦奎林再次汇报："德军就在我们上方。"

德雷克正在格雷特·海迪德山的一个山嘴上察看战场，一名参谋跑了过来，报告道："麦奎林将军让你接电话，他正准备撤退。"德雷克飞扑向电话，不料电话已经断掉了。两名通信兵顺着电话信号，一路找到了 A 战斗群位于西吉·布·吉特外的团部，此时已经空无一人。指挥部临时迁到以西 7 英里处，而后又随残兵败将迁到了斯贝特拉。麦奎林"跑得太快，甚至落下了密码本。"德雷克事后抱怨道。

下午 2 点，德雷克通过电台找到麦奎林，忍气吞声地请求撤离克萨瑞山。麦奎林将他的请求向沃德转达，沃德又向弗雷登多尔转达。在距离沙场 100 英里外的斯皮迪谷，人命贱如草芥。8 分钟内，麦奎林接到通知："德雷克不得撤退，现在还为时尚早。"麦奎林发电报命令格雷特·海迪德："继续坚守阵地。"

几分钟后，德雷克直接向沃德口授了一封 93 个词的电报，写满了 3 张英国手纸："再次电报麦奎兰（原文如此），请求支援。德军的地面和空中力量占有绝对优势……除非立刻出动装甲部队，并派遣空中支援，否则步兵将损失惨重。"

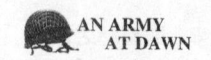

一名青年上尉叠好电报，塞进军装上衣口袋，爬下格雷特·海迪德山的后坡，驾驶一辆吉普车向西驶去。

★★★

2月14日拂晓，艾森豪威尔和特拉斯科特离开西吉·布·吉特，返回斯皮迪谷。总司令身穿皮衣，头上的绒线帽扣到了眼睛，"冷得缩作一团，"凯·萨默斯比说，"形容疲惫。"他钻进弗雷登多尔指挥部附近的一顶帐篷，钻进铺在一张行军床上的睡袋睡了两个小时，鼾声如雷。

上午10点左右，艾森豪威尔醒了过来，与弗雷登多尔和特拉斯科特讨论了战情。两人承认目前情况不明，但敌军显然只是对局部发起进攻。"我们没有理由认为麦奎林守不住自己的阵地。"特拉斯科特事后写道。前线没有上报其他敌情，但为防万一，特拉斯科特决定弃守加夫萨，让盟军右翼部队撤至易守难攻的大多塞尔山脚。艾森豪威尔点头同意。他随后致电马歇尔："我深信，今天一战足以证明我军的英勇顽强，即便必须放弃一段被拉长的战线。"

真相很快大白。士兵们的确英勇善战，但也有不少人都被吓破了胆，根本就没有参战。海托华英勇无畏，在克萨瑞山附近顽强抵抗，麦奎林手下的数百名官兵才幸免于难，但另外数千名官兵则身陷重围，非死即俘。A战斗群下属的5个营中，有2个被敌军重重包围，另外3个被全歼。轴心国的9个营冲进盟军阵线，虽说这些部队已经山穷水尽，战斗力加起来还不如一个满编的装甲师。但德军的精锐部队已经开始行动，其中包括于1940年5月在色当一鸣惊人的海因茨·古德里安的先锋部队——第10装甲师，以及非洲第一支德国师，即最擅长沙漠战的第21装甲师。此外,将于反攻第二阶段实施的"晨风行动"(Morgenluf,该行动由隆美尔主导，行动内容是从南方展开进攻。——译者注）还尚未开始。

驻守在斯皮迪谷的部队还没感受到局势的紧迫。敌人很顽固，仍然不肯放弃主动权，这令他们感到不安，而且十分恼火。可是没有一位指挥官能在这生死一线的时刻拿主意。安德森仍然盯着北方，觊觎着纯属乌有的敌军。A战斗群还不知道是第10装甲师将自己送上了不归路，安德森猜测，凯鲁万附近的法国人才是该师的目的所在。沃德手下的第1装甲师损兵折将，还损失了大批作为关键防守武器的榴弹炮，再加上该师炮兵团团长已于两周前被调职出任临时组建的战斗4团团长，因此根本没有力量发起反击。

艾森豪威尔已从摩洛哥和阿尔及利亚调集援兵，但为数有限。和英国人准备在突尼斯北部痛下杀手一样，美国人还抱有幻想，认为轴心国军队会取道西班牙展开进攻。但听到集结号角的部队大多姗姗来迟：美军第9步兵师丢失了一半车辆，要么是在"火炬行动"中被留在国内，要么作为物资被送往突尼斯前线。有些部队甚至开始隔岸观火，第13野战炮兵旅的4 000余名官兵携带全副装备，于12月登陆阿尔及利亚，但在3月中旬前，他们一直按兵不动。

星期天上午11点30分，萨默斯比驾车接艾森豪威尔离开斯皮迪谷，返回阿尔及尔。就在海托华拼命战斗、沃特斯藏在一块岩石下的时候，艾森豪威尔命令车队在位于泰布尔拜东南55英里处的古城提姆加德小作停留。在法国考古学家于19世纪80年代发掘这处遗址之前，这座由罗马第三军团于公元100年建造的城池已被人们遗忘了数个世纪。

古城中，街道是由蓝色大理石铺就，两侧林立着陶立克式廊柱，艾森豪威尔一行人在此徜徉了一个多小时。提姆加德白色的遗址傍山而建，山顶上是图雷真皇帝高达46英尺的凯旋门。雕刻成嬉戏海豚造型的大理石扶手旁边，有脸盆架作为装饰。过往的人们仿佛能听到卡塔战车轮滚动发出的声音，还能闻见丘比特祭坛上焚烧雪松枝散发的缕缕清香。一份旅行指南上，引导游客想象"从沙漠外来的野蛮人浓妆艳抹、头插羽毛，沿着狭窄的小路飞奔"，和戴着头盔的罗马士兵行军的步伐。艾森豪威尔和特拉斯科特仔细研究了大广场两根柱子中间

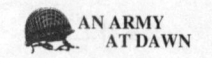

的一块碑文："狩猎、沐浴、娱乐，这才是生活的目的。"

"请你为我祈祷，让我能够'尽心尽力，尽忠尽责'，"几小时后，艾森豪威尔在君士坦丁歇脚，给妻子写了封信。而后，他在阿尔及尔待了些时日，才回到达尔·艾尔瓦尔别墅。他坐在卧室内的大钢琴前，就在几天前的一个晚上，他还大声唱着"十二朵玫瑰"。艾森豪威尔时而靠打响指来自娱自乐。可今晚，突尼斯连连传来的坏消息令他身心疲惫、心事重重，他慢慢打着节拍，一言不发地起身上床。犯错、发愁、伤心、吸取教训，这也是活着的目的。

None Returned
★★★

哈姆拉山反击战

　　安德森决定收紧南翼战线，撤出加夫萨，官兵们在罗马温泉里匆匆洗了澡之后，便奔西而去，这天是2月14日星期天。15号公路不久就被超载的难民车、不停叫唤的牲口和180辆卡车塞满。一个自称拉宗佳夫人的妓院老鸨一把鼻涕一把泪地向美军军官哭诉，希望他们能救她一命。救星真的来了，午夜时分，夫人和6个被她认作女儿的年轻女子坐在一辆斯图尔特轻型坦克顶上，一个个宛如哥伦布纪念日彩车上的美女。坦克隆隆驶向城外，她们向美军挥手告别。电站被炸毁，"让我们陷入一片黑暗"。一位英国军官写道。工兵继而又在加夫萨16世纪城堡下的地道里塞下6吨阿芒拿、塑性炸药、爆破筒、火棉和"大量弹壳"。星期一早上这次爆破，就连30英里外都能听到。"直径达3英尺的石块飞上100余英尺高的空中。"一名工兵上尉骄傲地汇报。这次爆破同时摧毁了30多座民宅，现场发现30具尸体。一天后，轴心国军队赶到时，还有80人不知所踪。

　　沿15号公路北上45英里就能到达菲利亚纳和塞勒普特，按照安

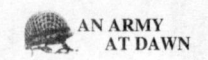

德森的命令，将弃守这两大空军基地。星期天晚上11点，3 500名官兵开始撤离。出于对后来占领这里的德军的"关心"，一位军官临走前在墙上钉了一大幅地图，并标记了斯大林格勒周围最近的战线，弗里德里克·保卢斯元帅刚刚率德军第六集团军在此处投降。

34架停在机场待修的飞机要用铝热剂手榴弹炸毁。一名奉命销毁5 000加仑汽油的工兵说："我还没来得及完成任务，德国人就攻进了机场。我是最后一个出来的……他们朝外开枪，但机场浓烟滚滚，他们看不清我。"

最终，敌军还是缴获了50吨航空煤油，而这个工兵也并不是最后一个出来的。第805反坦克装甲车营C连没接到撤退命令，只接到了前一道要求他们向敌人反击的命令。该连伤亡75人，12辆反坦克装甲车和其他车辆全部损毁。

一句谚语已在战场上流传已久："不要相信掉队的兵，更不能相信伤兵。"上述两种"不能被相信的人"陆续回到第1装甲师司令部，但无论他们如何叙述德军势力强大，司令部都充耳不闻。星期天夜间，海托华赶到沃德设在斯贝特拉沙漠中的指挥部，用一名目击者的话说，他"筋疲力尽，称自己的手下已经全部阵亡"。海托华决定，派遣虎式坦克配合其他几十辆装甲车参战。从勒西达和克萨瑞山发来的电报详细描述了敌军坦克、大炮和兵力的具体情况。

但盟军最高统帅部仍然对一切持否定态度，哪怕是目击者的证言也不能令高层们放心。安德森到马科他拜访罗比内特，开口要借一个坦克营，将敌人赶出西吉·布·吉特。法国人提议投入B战斗群发动反攻，也被英国人斥为轻率，认为这样会给北方伺机反扑的德国大军可乘之机。星期天晚上8点后不久，安德森致电弗雷登多尔：

> 关于西吉·布·吉特的战斗：明天应集中兵力解决燃眉之急，歼灭敌人……军长对A战斗群蒙受的损失深感痛心，称赞

第9章 凯塞林之战

他们英勇善战，相信他们明天能一举歼灭敌人，并确信敌人同样损失惨重。

这种过于乐观的幻觉迅速影响了斯皮迪谷的部队，无人质疑这道命令。沃德和作战参谋汉密尔顿·豪兹起草命令，指挥一支几乎垮掉的部队发动反攻：一个坦克营、一个反坦克装甲车连、C战斗群一个步兵营和几门大炮。"我很不想这么做。"沃德在日记中写道，但他既没拒不从命，也没增加兵力。承认不懂装甲兵战术的豪兹事后承认，"没有强烈反对这项命令"是一辈子的耻辱，"哪怕军籍不保也在所不惜。"

作为此次反击先头部队的坦克营从未参加过战斗。而第1装甲兵团2营的战功可以追溯到黑鹰战争时期，他们配备的是新式谢尔曼坦克，营长詹姆斯·D.阿尔杰中校今年29岁，毕业于西点军校。但在这场战争中，这支部队可以算是嫩得像小草。沃德在日记中写道："阿尔杰只能靠自己了。"

罗比内特站在马科他的路边，目送坦克从他面前隆隆驶过，南下参战。"我们拔营出征，"一名中尉事后写道，"却不知道要干什么。"罗比内特说，年轻的阿尔杰"一路微笑着敬礼"。

★★★

哈姆拉山坐落在13号公路南方，位于西吉·布·吉特和斯贝特拉中间，是观赏德军遭到报应的绝佳看台。2月15日星期一上午10点左右，一队军官和记者登上了高达2 000英尺的山顶。来者有麦奎林、C战斗群团长罗伯特·I.斯塔克、海因斯、海托华，以及喜欢"大笑、总有些奇思妙想，并且骂人用词总是独具创新的"及时雨厄尼·派尔。当天早上，沃德师部，一位军官要派尔放心，"我们今天要把他们赶走，我们有这个本事。"

天气晴朗，阳光明媚。耀眼的阳光流泻开来，仿佛在西吉·布·吉

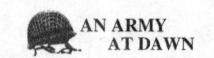

特四周泼洒了一圈水银，眼前平缓的丘陵上，茂密的植被宛如蘸了墨绿油彩的大笔，一抹就是十三英里。在小镇之外，淡紫色的克萨瑞山尤为突兀。左边的勒西达山若隐若现，13号公路仿佛长长的丝带绕山而过。地势一马平川，如台球桌一般，但其中沟壑纵横。即使身处哈姆拉奥林匹亚山顶，也能看到这片平原之上，到处都是赶着黑牛犁地的阿拉伯农民。裹挟着牛粪味的晨风不时送来阵阵鸟语。

将近下午1点，阿尔杰麾下一个营的兵力出现在北边一条骆驼道上。队伍迈着阅兵式的步伐绕过一棵胶树，以每小时8英里的速度奔向东南方的西吉·布·吉特。谢尔曼坦克后尘土飞扬，反坦克装甲车以喇叭状的阵形分列两侧，一个步兵营乘坐卡车和半履带式装甲运兵车紧随其后，而队伍的最后是12门大炮。一辆通讯车播放着"星条旗永不落"，远在山顶都能听得清清楚楚。一名中尉并不为上级盲目的自信所动，自言自语道："600人开进了死亡谷。"

按照命令，阿尔杰要带领部队推进到被敌人包围的勒西达山和克萨瑞山外，"坚守到友军步兵撤退"。沃德的参谋用蓝铅笔和直尺在手头唯一一张地图上画出了路线，这是一张比例尺为1比100 000的地图，每英里的距离在地图上还不足一英寸。司机以克萨瑞山北面的山嘴作为归航信标。盟军情报部门事先没有进行过侦察，认为敌军坦克仅有60辆，事实上，这还不到实际数字的一半。

下午1点40分，德军20架俯冲轰炸机出现在明亮的空中，仿佛一群燕子。虽然轰炸机并未对美军造成重大伤亡，却冲散了阿尔杰的队形，可见德军指挥官知道这次反攻。收到美军飞机打算反攻西吉·布·吉特的电报后，阿尔杰决定暂时停止前进。可还没等见到友军飞机露面，他又冲了上去，干净利落地干掉了6门隐蔽在塞达吉耶村一条旱河沿线的敌军反坦克炮。

沃德坐在指挥部，边监听电台，边端着一只木盘吃午餐。下午2点45分，C战斗群汇报："坦克正在接近塞达吉耶……敌军没有反应，但目前的迹象表明，敌军要么规模很小，要么是企图引诱我军深入。"他在一张条格纸上给德雷克草拟了一封电报，打算用飞机空投："黛西·梅在月色下与利尔·艾伯纳见面。他来解救你们。沃德亲字。"豪兹同时通过无线电告知克萨瑞山上的官兵："注意观察，抢占先机。"

几封电报刚刚发出，一枚照明弹"如下午太阳下一颗璀璨的钻石"般划过西吉·布·吉特上空，A.D. 迪万在哈姆拉山报道。小镇附近，大炮喷出频频的火光。20秒过后，敌军的弹片雨点般洒向美军炮阵。阿尔杰汇报，部队左翼出现敌军坦克扬起的尘土，而10分钟后，这一现象又出现在右翼。

他们冲进了山谷的埋伏圈。"地上腾起褐色的尘烟。"派尔写道。他惊讶地发现，阿拉伯人依然不管不顾地犁田，仿佛不愿承认这一天的宁静被打破。一辆弹药车爆炸，"火苗乱窜，每隔几秒钟就有一枚炮弹爆炸，刺耳的'嗖嗖'声划破天空。"站在麦奎林身边的迪万报道，"不到几分钟，在阿尔杰坦克部队后方，彩旗般的金黄色尘土就变成了黑色。德军信号灯发出的红色和蓝色的烟交织在一起……反攻已然失败。"

屠杀多半发生在位于西吉·布·吉特外两英里处的一块近千平方码的洋葱地上。成百上千的坦克炮弹掠过地垄，击中装甲板时闪耀着蓝光。截至4点30分，北翼的D连，居中的E连和南翼的D连的坦克都冒起了浓烟。实验证明，谢尔曼坦克的主炮即使平射也无法穿透虎式坦克的前甲板，而虎式坦克却能在一英里外一炮击穿美军的谢尔曼坦克。一个美国兵通过计算——虽不够科学，却是事实——重型坦克从被击穿到烧毁殆尽，整个过程需要20分钟，"健壮的士兵能在坦克里撑10分钟。"战场的喧嚣掩盖了坦克里士兵们的惨叫声，仿佛他们是在水下嘶吼。

下午4点50分，斯塔克上校叫呼阿尔杰："出了什么情况？你们有什么需要？""非常忙，"阿尔杰直截了当地说，"形式很严峻，第二个问题不予作答，详情以后再说。"不一会儿，德军的一发炮弹炸断了

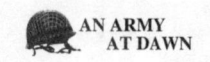

电台天线，另一发击中炮筒，炮塔被卡死。一连四发炮弹击穿了引擎和炮塔，炸死了报务员，灭火器被触发，喷出阵阵漂亮的烟雾。和两名坦克车组人员跳出舱盖后，阿尔杰在沙漠中往北一路狂奔。半小时后，他被敌军俘虏，将被运往德国的一座战俘营向约翰·沃特斯报到。

斯塔克提醒沃德，派兵去勒西达山和克萨瑞山并非万全之策："日落前根本到不了指定地点。"5分钟后，他命令步兵营就地坚守，不必冒身陷敌军重围之险。下午6点，他下令立刻取消进攻，生者一律撤退。4辆谢尔曼坦克在哈姆拉山下集结，等待其他52辆坦克到来。但最终，这些坦克的下场和该营的作战日记描述的一样，"有去无回"。

"天色渐晚，晚霞为西吉·布·吉特空气中的尘埃抹上了一层红晕，"事后，麦奎林汇报道，"没有风，升起的烟柱标志着燃烧的坦克的位置。"他数了数，一共有27辆着火的坦克，但"西吉·布·吉特附近遮天蔽日的尘土挡住了视线，人们看不到更多着火的坦克"。整个夜间，都有筋疲力尽、满身烟尘的坦克兵从沙漠中逃回来。"我身旁全是尸体和残肢断臂，"一名士兵说，"除了一两声狗叫，这里的晚上一片死寂。"德军救援队在被炮弹蹂躏过的地面上一字排开，借着坦克燃烧的火光，抢救武器，用水管冲洗几辆没烧着的谢尔曼坦克里的脑浆和血块。

截至第二天早上，A战斗群在过去两天的伤亡已经达到1 600人。损失近100辆坦克，外加75辆半履带式装甲车和29门大炮。鉴于其指挥官领导无能、指挥失策，最高统帅部上下已经不再信任他们。

听着嘟嘟作响的电台，沃德仍不死心。星期一晚上10点30分，他告诉弗雷登多尔："说不定我们打垮了他们，也说不定是他们打垮了我们。"

安德森不抱幻想。"我们战线拉得过长，"他致电艾森豪威尔，"最好主动退守大多塞尔主峰。"用厄尼·派尔的话说，"东逃西窜、侥幸逃生的噩梦"才刚刚开始。

"Sometimes That Is Not Good Enough"

★★★

斯贝特拉的灾难

勒西达山为罗伯特·穆尔和他深陷重围的步兵们提供了一个露天看台,对于阿尔杰的惨败,他们看得一清二楚。除了每天两小时的迫击炮击之外,敌人似乎已经下定决心要把勒西达上的美军饿得缴械投降。星期一黄昏时分,一架P-40战斗机飞过山顶,用降落伞向美军空投了一个包裹。穆尔从中找到了一封信,是写给命运未卜的约翰·沃特斯的:"你部务必向布里德·舍加斯以西的公路撤退,届时有会向导接应。装备能带则带。沃德亲笔。"穆尔怀疑有诈,便致电麦奎林指挥部:"请问师长的昵称?""电报无误,"麦奎林在电台上答道,"平基。"

晚上10点30分,穆尔召集驻扎在勒西达山西南坡上的部下。几百张在星光下发青的脸转向他,听取他的指示。重武器的炮门被塞死后丢弃。穆尔仅带了一条舍不得丢掉的英国制造的睡袋,和一顶在阿尔及尔被机枪子弹打出了条凹槽的头盔。他们分两列纵队,相距30码,沿着一条距13号公路1英里、与之平行的路线撤退。

集结地点位于向西9英里,紧邻哈勒姆山脚下一个通往斯贝特拉的十字路口。伤员被抬上担架。德国俘虏只要出声，一律用刺刀捅死。

穆尔曾在维利斯卡指挥过 F 连很长一段时间，而这次就由该连打头，引领两支长蛇一样的队伍动身下山。官兵们顶着一轮西沉的满月，在经过山脚时，一门 88 毫米口径大炮近在咫尺，几乎"伸手就能摸到"，一位军官事后说。一个德国炮兵向他们喊话。穆尔命令大家别不准出声，继续赶路。这个炮兵耸了耸肩，又躺了回去。

半小时后，穆尔听见左边的草丛里有声音，以为是沃德派来找他们的向导。他离开队伍，走向树林，只听 30 码外一个黑影冲他吼道："auf deutsch！"（德语，意为"说德语"。——译者注）穆尔听到后赶紧回到了队伍。"他不会说我们的语言。"他小声告诉一名年轻的上尉。与此同时，这个声音又响了起来，语气更加咄咄逼人，话音未落，机枪子弹便叫嚣着飞过沙漠。

"分散！"穆尔吼道，"快跑！"官兵们四散而逃。德军的第一发炮弹打高了，并未造成伤亡，但才过了 20 秒不到，就有惨叫声响起。穆尔命令他们卧倒，匍匐前进。官兵们拼命地爬。勒西达山西缘也响起了炮声，德军的迫击炮弹在沙漠上绽放出明艳的花朵。该营随军牧师尤金·L. 丹尼尔斯中尉要医护人员自顾逃命，他留下来陪伤员，等着被敌人俘虏。

2 月 16 日星期二，凌晨 5 点，穆尔带着 F 连的一支小队抵达那被沃德安插了哨兵的十字路口。一队人马形容憔悴、眼睛通红、饥渴难耐，手和脸上遍布被仙人掌划伤的一道道口子。他们发现，该连已经有 30 多人先一步到达。15 分钟后，H 连的一部分人押着 12 名德军俘虏跟了上来，跟在他们身后的是 G 连。日出时分，穆尔清点了人数，只有 231 人。这一天当中，官兵们陆陆续续赶到了斯贝特拉，去军需官处领取毛毯和外套。经过一遍遍清点，穆尔汇报，两天前出征时共有 904 名官兵，眼下却只剩 432 人。

第 9 章 凯塞林之战

★★★

德雷克经受着更为严峻的考验。由于远离友军阵线,他和手下1 900名官兵被逼退至克萨瑞和格雷特·海迪德两座山的山顶,这里的防线仍在不断收缩。"我们已经被包围,但体力充沛,斗志高昂。"德雷克通过无线电向沃德汇报。然而,只有第一句是实话。官兵们口干舌燥、饥饿难忍,找出种种借口从阵地溜回来。德雷克甚至授权军乐队队长组建一支行刑队,必要时将会对这支队伍执行枪决,不让其落入敌人手中。

德军情报机关误认为占领两个山头的美军兵力只有两个连——而实际上,其兵力相当于两个营——因而愈发放肆,决心要拔掉这两支守军。截至2月15日黄昏,一队约300人的掷弹兵在装甲车的掩护下,渗透到克萨瑞山脚。德军机枪手和狙击手一见到风吹草动就开枪,乐队贝司手在往前线送弹药的途中中弹身亡,冲过来替他报仇的单簧管手也未能幸免。伤员因药物匮乏不治身亡,又因为缺少掘墓人,死亡士兵只能曝尸荒野。美军用雨点般的手榴弹反攻,暂时击退了敌人,但不消一刻工夫,就有煤斗头盔前赴后继地冲上旱河。

2月16日下午2点30分,格雷特·海迪德山上的德雷克致电克萨瑞山上的3营营长,建议他"杀出一条血路,来与我部会合"。小约翰·H. 范弗利特中校回答道:"你我之间有8门88毫米口径大炮。"敌人好像是要故意证明范弗利特是对的,将大炮拖到两座山之间的一块平地,"他们摆好大炮,随心所欲地朝我们发射,"一名中尉回忆,"我们没有大炮,不能还击,轻武器也打不到他们。"

几分钟后,麦奎林来电强调,无法派出骑兵驰援:"你部只能把握机会,依靠自己的力量突围。将派空军掩护,今天下午会有飞机给你部指示。"本次指示打印在两页纸上,却被空投到了克萨瑞山。范弗利特花了一个多小时才译出这封啰唆冗长的电报,然后又拣紧要的译了

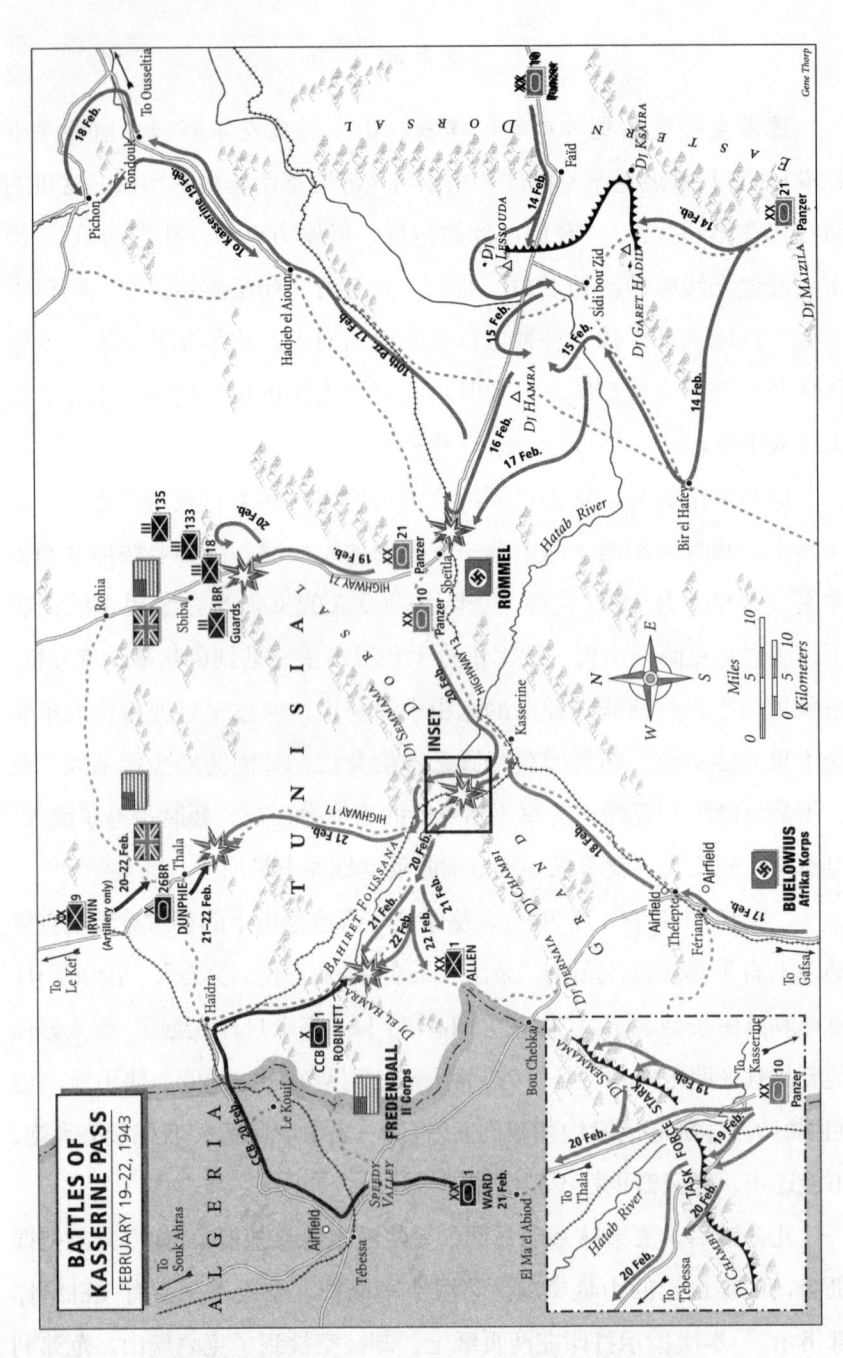

1943年2月19～22日，凯塞林隘口之战

第9章 凯塞林之战

10th Pzr.,17 Feb.	DJ CHAMBI 舍阿奈比山
2月17日德军第10装甲师	DJ DERNAIA 代尔纳耶山
BUELOWIUS Afrika Korps	DJ EL HAMRA 哈姆拉山
布洛维斯非洲军团	DJ GARET HADID 大哈迪德山
CCB ROBINETT	DJ KSAIRA 克萨瑞山
罗比内特第13装甲团战斗群	DJ LESSOUDA 勒西达山
FREDENDALL II Corps	DJ MAIZILA 马伊兹拉山
弗雷登多尔第2军	DJ SEMMAMA 森玛玛山
Guards 近卫军	EASTERN DORSAL 东多塞尔
IRWIN(Artillery only)	El Ma el Abiod 阿比奥
欧文第9步兵师（仅炮兵）	Faid 法伊德
Panzer 德军装甲师	Feriana 菲利亚纳
ROMMEL 隆美尔非洲装甲集团军	Fondouk 丰杜克
TASK FORCE STARK 斯塔克特遣队	GRAND DORSAL 大多塞尔
To Gafsa 往加夫萨方向	Hadjeb el Aioum
To Kasserine,19 Feb.	哈德杰巴·艾尔·爱奥
2月19日进军凯塞林	Haidra 海德拉
To Le Kef 往卡夫方向	Hatab River 哈塔卜河
To Ousseltia 往乌瑟提亚方向	Kasserine 凯塞林
To Souk Ahras 往苏格艾赫拉斯方向	Le Kouif 库维夫
To Tebessa 往泰贝萨方向	Pichon 毕盛
To Thala 往塔莱方向	Rohia 罗西亚
WARD,21 Feb.	Sbeitla 斯贝特拉
2月21日沃德第1装甲师	Sbiba 斯比巴
ALGERIA 阿尔及利亚	Sidi bou Zid 西吉·布·吉特村
TUNISIA 突尼斯	SPEEDY VALLEY 斯皮迪谷
BAHIRET FOUSSANA 巴希雷·夫塞纳	Tebessa 泰贝萨
Bir el Hafey 比尔艾哈菲	Thala 塔莱
Bou Chebra 布齐布卡	Thelepte 泰勒普特

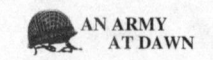

一份发给德雷克。士兵们用刺刀扎穿汽车轮胎，用铁锤砸烂配件，一时间，两座山头仿佛变成了锻造厂。一名中士走过一座停车场，向每一部机动车的引擎开枪。因为伤重而走不了的官兵（仅克萨瑞山上就有60人）被盖上帆布，留给德国人处置，活着的战友们都祈祷德国人不会太过残忍。一位军官描述该团的随军牧师，"在德军狙击手的射程之内，起身高举双手，祈求上帝发发慈悲"。一轮满月被云朵遮蔽，德雷克下达撤退暗号"戳破气球"后，数百名官兵爬下岩石重叠的山坡。因为一再拖延，最后一队人马直到午夜才走下克萨瑞山，已经无法在破晓前赶到安全地带。

"我们在沙漠上走了一夜，凡是看起来像路的地方，都不过是天际的轮廓，"一名士兵写道，"只要月亮一露脸，或者一听到风吹草动，我们就赶紧止步卧倒。"饥渴难耐，体力不支，士兵们扔下了机枪、迫击炮筒，继而又扔掉了弹药、毯子，甚至是步枪。队列溃散，七零八落，有人倾身上所有，用一千法郎换战友一口水喝。官兵们跌跌撞撞地穿过海托华和阿尔杰曾经在此战斗过、如今尸横遍地的阴森森的战场。饿鬼似的官兵搜遍烧焦了的坦克，拉开C级口粮罐头，舔食里面已经焦煳的杂烩菜和炖牛肉。

戴夫·贝洛维奇来自得梅因，曾是一家书店店员，在一片丛林中，两名战友硬是要他一个人先走。"你长得更像犹太人，不是么？"一名战友问道，"至于我，可是个天主教徒。"贝洛维奇的父亲是犹太人，他随信仰基督教的母亲在艾奥瓦州长大。战友点燃一根火柴，查看贝洛维奇的身份识别牌：在军衔、名字和所属番号下，刻着一个小小的"H"，即"Hebrew（犹太人）"的首字母，他以前从没注意过。贝洛维奇一把扯下身份识别牌，扔进了灌木丛，加快步伐向西赶去。

东方泛起了鱼肚白，德雷克和部下们才发现，他们正身处西吉·布·吉特以西5英里，一片空旷的沙漠中，哈姆拉山在远处若隐若现，云雾缭绕。泥泞的路上驶过一列卡车，有那么一刻，德雷克的部下以为救兵已到,欣喜若狂。紧接着,身穿灰制服的士兵们涌出帆布篷。一名中尉告诉范弗利特上校:"这不是我们的车。"部队左翼,官兵们被机枪打得四散逃窜,潮水般的子弹和迫击炮弹紧随其后。德雷克集合身边400余名官兵,想要派一打敢死队断后。这支敢死队"前往沙漠中的一座小土丘,占据有利地形",一名亲历者说,"在那里,他们可以和敌人相持一个小时。"最终,这支敢死队遭坦克掷弹兵包抄,无一生还。

上午10点,德雷克命令威廉·W.勒特雷尔中尉带另一支敢死队冲锋。"他看了我一眼,喊道:'中尉,带上这几个人,给我冲!'"勒特雷尔事后说。勒特雷尔带着几个吓破了胆的步兵,仓促地组织了一次小规模进攻。"给我冲!"他吼道,接下来就只能眼睁睁地看着自己手中这点小小的权力被打得支离破碎。"他们一个个在我前面倒下。"勒特雷尔幸免于难,被一名德军中士俘虏。"德国什么都好。"俘虏他的德国兵这样劝他,但横飞的机枪子弹的焦煳味,这辈子都在他脑中挥之不去。

装甲车将美军驱赶到一处,将他们团团包围。"我见已经没什么希望,便将手绢拴在一根棍子上挥了挥。"范弗利特说。一名军官打开虎式坦克舱盖,冲德雷克喊:"上校,请你投降。"德雷克答道:"见鬼去吧!"说完转身用屁股对着德军士兵。最后,一位德军少校出面,操着一口流利的英语,请德雷克上自己的侦察车。这位少校自称在芝加哥学过法律,遭遇德雷克的连队让他立了一功。

这是一场彻底的溃败。由范弗利特率领,从克萨瑞山上下来的官兵中,近800人被俘,从格雷特·海迪德山下来的600人也遭遇同样的命运。德军殡葬队将阵亡官兵的尸体扔进"万人坑",再把一列一眼望不到头的美军俘虏推进去。只有百来名美军士兵归队,其中包括没有了姓名牌的普世教徒贝洛维奇,不少人靠偷鸡蛋或烤仙人掌撑了一个多星期。德雷克的二把手,唯一逃脱的军官杰拉尔德·C.莱恩跌跌撞撞地归队后，写信给妻子："我不清楚自己到底是清醒，还是神经错乱。"

艾奥瓦州的精锐部队，第168步兵团实际上已经被消灭。"吃败仗情有可原，"余下的战争要在德国监狱中度过的勒特雷尔中尉评论道，"但遭遇突袭，实在不能原谅。"

★★★

西吉·布·吉特大捷打乱了德军的阵脚。德军却通过"春风行动"逼盟军弃守加夫萨，由隆美尔指挥的"晨风行动"顿时显得多此一举。

盟军通讯系统的安全保障措施十分糟糕。通过拦截盟军未经加密的电报，德国人已经对盟军的内部情况和意图了如指掌。事后，沃德第1装甲师的安保措施被斥为"极其差劲"，属突尼斯美军单位之最。电文中甚至包括"如果敌人再发动进攻，我方只能撤退"等不加掩饰的话。2月16日上午10点40分，安德森下令，第2军务必放弃进一步反攻，令德军指挥官确信美军要全线撤退，而斯贝特拉一战不过是拖延战术罢了。经凯塞林首肯，阿尼姆命令属下向凯塞林隘口和大多塞尔的门户斯贝特拉进军。

16日星期二一早，隆美尔的指挥车驶入加夫萨。突尼斯人并不急着挖出废墟中的幸存者，在镇上欢天喜地地拽下水管、窗框、水槽，抢夺美军留下的物品。隆美尔一袭长皮风衣，饶有兴趣地望着挤在周围的人群，他们正齐声呐喊："希特勒！隆美尔！希特勒！隆美尔！"农民们挤上前去，献上鸡蛋和扑扇着翅膀的鸡。与此同时，德国兵瓜分了一辆被美军遗弃的卡车上成箱的"好运"牌香烟。

阿尼姆接到了同一条命令，但沙漠之狐要做什么？凯塞林最初计划将第21装甲师纳入沙漠军团，攻打加夫萨，但当天早上，阿尼姆知会隆美尔，他拒绝交出该师。他打算从斯贝特拉转战东北，清剿乌瑟提亚谷附近的英美联军。隆美尔将手下的官兵派往费利亚纳和塞勒普特两座机场，但他却盯上了西翼泰布尔拜这个大军火库。远在东普鲁士，凯塞林与希特勒商量了半天，也没想到办法如何解这对冤家对头的仇。同盟国之间的配合越来越默契，轴心国却因为指挥不统一、意见相左而杀了锐气。德军迟迟拿不定主意，最高统帅部甚至还闹了口角，浪费了两天多时间，这对盟军来说倒是件大好事。

★★★

"我从不赌博，"隆美尔事后写道，"这样一来就不必担心输赢，但眼下这种局面由不得我，只能搏上一搏。"势单力薄之军必须要赌一把。先突击泰布尔拜，再转道140英里直取波尼，才有望扭转战局，"逼英美联军退守阿尔及利亚"，可"扭转北非战局"。他致电凯塞林和罗马最高统帅部，请求将第10和第21装甲师纳入麾下，"从两面夹击泰布尔拜及其北部的劲敌"。等候罗马方面的回复期间，在加夫萨，他用古斯古斯面（couscous，北非摩洛哥、突尼斯一带以及意大利南部撒丁岛和西西里岛等地的一种特产，用杜林小麦制成的外形有点儿类似小米的食物，很多地方直接称其为"阿拉伯小米"。简单煮熟之后几乎可以与任何肉类、蔬菜搭配。——译者注）和羊肉宴请了当地的酋长。

阿尼姆在给隆美尔的电话和凯塞林的电报中表达了他的观点。"地形于我方不利。"他将丑话说在了前头。泰布尔拜是山区，易守难攻。而且这场仗至少要打两周，燃料补给还是一个问题。另外，蒙哥马利的第八集团军会否在马雷特关门打狗，仍然是个未知数。最佳方案是调转向北，对盟军形成包围之势，缓解突尼斯西部的压力。

盟军情报机关侦听到了这场旷日持久的口水仗。多亏了"超级机密"，监听人员于2月17日监听到了隆美尔发出的一封电报，表示他不打算冒险派遣手下52辆德军和17辆意军坦克进攻泰布尔拜。然而，"超级机密"却没能破解更为关键的电报：隆美尔向统帅部多索要了两个装甲师。

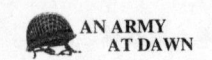

凯塞林犹豫再三，最后认为这个风险值得一冒。在给最高统帅部的一封电报中，他利用自己的职权支持隆美尔的方案："我认为必须乘胜进攻泰布尔拜。"经隆美尔一再催促，认为"事不宜迟，应尽早发动进攻，才有一线生机"。罗马方面答应星期五凌晨1点30分回复。隆美尔可以指挥这两个坦克师，以"决胜突尼斯"。但这一切都是计。他未能如愿西进夺取泰布尔拜，而是接到了北上的命令，直取卡夫的凯塞林，这里路况良好，很容易就能分割安德森的第一集团军，至少能将包围圈的直径缩减50英里。为顾全大局，隆美尔和阿尼姆暂时握手言和。

隆美尔大骂上司"目光短浅，不可理喻"，"没胆量下决定"。可是没过多久他就消了气，要了一瓶香槟。向北或向西都无所谓。他箭已上弦。他突然告诉副官，自己好像"一匹又听到号角的老战马"。

★★★

公元647年，哈里发的士兵纵火焚烧斯贝特拉，逼得拜占庭民众拿起刀剑。在此之后，这个小镇还从没像2月16日到17日夜间这样，遭受如此巨大的灾难。"难以形容的混乱，"一位军官写道，"路上挤满了匆匆撤往后方的残兵败将，一眼望不到头。"两个星期前，几百名被赶出法伊德隘口的法国殖民军涌入斯贝特拉。后方办事处的美军士兵听说东线连连失利，也变得越来越紧张。生还者们眼窝深陷，被敌军的大炮撵着，跌跌撞撞地冲进小镇。他们多半都宁愿相信，身后那三支穷追不舍的装甲部队是隆美尔的部下，而不是阿尼姆的。他们吃过沙漠之狐的败仗，个个都异常激动，一名炮兵承认："令人难以置信，那感觉就好像遭一群学生伢围殴，沮丧、丢人。"

恐慌在人群中弥漫。医务人员解散了一所法国医院，凡是装不上大车的东西，一概丢弃，士兵们带上闹钟、裁纸刀和桃子酒，匆匆出发。在美军的战地医院，600余名伤员头挨着脚，躺在绿帐篷内，以避免呼吸时把气吐到别人脸上。脸色苍白的军医助手献了一品脱又一品脱的血后便"收拾东西",趁夜逃走。他们将裹着军毯的病人抬上敞篷卡车,除了后保险杠上的灯发出亮光,视野中一片黑暗。车队隆隆向西,奔驰在通往凯塞林的路上,纷飞的雪花覆盖了车厢内裹着军毯的伤员。"'后退'是个恐怖的字眼。"一位军医说。对此,一名刻薄的士兵在家信中写道:"美国人不后退,只撤退。"

夜色渐浓,战火越燃越近。曳光弹飞进位于斯贝特拉以东3英里处的橄榄林。"出乱子了,我得走了,"一名士兵草草写下这行字,接着又添了一句,"我这辈子从没这么害怕过。"不少单位奉命掩护友军撤退,但多半只自顾自逃命。法国军官再次让马、骡子甚至是人去拉那些抛锚的车辆,令本就拥堵的13号公路更加拥堵。豪兹恳求卡尔顿·库恩及其战略情报局的同事蹲在散兵坑内,端起莫洛托夫鸡尾酒,冲经过的虎式坦克干杯。"我们不想这么做,"库恩事后说,"这不是战略情报局的本职工作。"虽然这么说,他们却乐此不疲,用步枪子弹做筹码玩扑克、埋驴粪炸弹。为补充电台和电话通信的不足,通信部队的信鸽排于2月11日抵达斯贝特拉,也加入了逃难大军。迄今为止,信鸽没能送出一条消息。训鸽员要调教一周,它们才能准确归巢。现在,这1 500羽仍待调教的鸽子挤在鸽笼中,咕咕地叫着,随着车厢摇摇晃晃,一路向西。

晚上8点30分,工兵事先没打招呼就炸掉了给斯法克斯供水的泵房。接二连三的爆炸摧毁了斯贝特拉以东的铁路桥、公路涵洞和供水管。尽管敌军坦克还远在斯贝特拉数英里外,盟军就慌慌张张地炸掉了临时弹药库,黄光一闪,一声巨响响彻突尼斯中部。

溃兵已成惊弓之鸟,将这次爆炸记到了敌军破坏分子头上。恐慌由点成面,传遍全军上下。司机被吓坏了,在狭窄的街道上横冲直撞,撞坏了保险杠,车也开进了水沟。在13号公路上,各种车辆如同战车一般,三辆一排,你追我赶。军官们挥舞手臂,想拦下手下的士兵,却被推到一旁。爬不上车的士兵们只能往野地里跑。一位年轻的军官见一个步兵排对着夜空一气猛打,便问他们在打谁。一个大兵从冒着烟的 M-1 坦克上抬起头来,看了他好久,才答道:"我他妈的也不清楚,中尉,只是人家个个都在开枪。"另有人因为荒唐的行径令自己蒙羞。"我们接近了一个阿拉伯村落,"一名侦察兵事后写道,"决定到里面看看情况,就驾驶着一辆半履带式装甲车撞倒一堵矮墙,冲了进去。五名妇女惊恐地逃了出来,进了另一座房子。"调来增援斯贝特拉的英国兵被溃兵挡住了去路。"那帮垃圾没资格在路上走,"一名英国军官骂道,"应该让军人过。"

战争的阴霾压在奥兰多·沃德心头,自从四天前看到敌人如猛虎下山般的攻势后,他再也不敢迈出第 1 装甲师师部一步,更不敢根据那些纷至沓来、触目惊心的急电想象战场上的真实情景。但沃德仍很镇定,作战很开心,尽管美军损失了两个装甲营、两个步兵营、两个炮兵营等作战单位。只有弗雷登多尔于星期二下令炸毁临时弹药库"让他大为光火,喋喋不休"。这样做的确有些为时过早,明摆了在告诉敌人和友军,美军准备后退。

麦奎林和 A 战斗群的残部向西逃窜,得到这一消息后,沃德愈发烦闷。晚上 10 点 45 分,老麦克被照明弹和镇子东边果园方向传来的密集的机枪声吵醒。他像棋盘上的马一样跳了起来,来到西郊一片杂草丛生的罗马废墟,接着又跳过殉道者圣尤坤杜斯墓。C 战斗群团长斯塔克上校见麦奎林穿着一身法国骑兵制服,优哉游哉地从身边走过,当即去找沃德。"我告诉沃德将军,"斯塔克说,"如果他认为 A 战斗群是他的部下,那他就错了。"将军呼叫麦奎林,发现他已"身处数英里外的后方,"斯塔克说,"沃德命麦奎林停止后撤,带 A 战斗群回到原来的阵地。"

2 月 17 日凌晨 1 点,沃德通过电话告知身在斯皮迪谷的弗雷登多尔,野蛮人已到了大门口。约 90 辆装甲车——其中包括作为先头部队的 9

辆虎式坦克——已突破位于镇东 3 英里处的美军左翼。沃德不知道自己和手下的部队还能坚持多久。

第 2 军司令弗雷登多尔立即致电君士坦丁的特拉斯科特。他曾报告："情况……看来不妙。""弗雷登多尔认为形式极其严峻,不知能不能守住。"特拉斯科特飞笔写道。30 分钟后,弗雷登多尔又打来电话:"第 1 装甲师恐怕不保。"特拉斯科特写道:"我倒觉得第一集团军不会相信,情况像他说得那么严重。"

斯贝特拉有特拉斯科特的间谍,那是一位上校,总是喜欢发抒情诗式的秘密情报。刚过凌晨 1 点,这位上校汇报:"在斯贝特拉,坦克在朦胧的月光下战斗,沃德的指挥部被团团围住。"特拉斯科特断定,老铁甲军即将遭难。弗雷登多尔害怕了,不久便下令放弃斯皮迪谷,将新司令部设在位于泰布尔拜东北方 17 英里处的库维夫小学。隧道工程就此烂尾,尚未完工的巷道成为了美国"奥西曼提斯"(Ozymandias,即公元前 13 世纪的埃及王雷米西斯二世。他的坟墓在底比斯,形如一座庞大的狮身人面像。——译者注)潮湿的纪念碑。

这通坏消息并不完全真实。敌军是近了,但还没有那么近,出动兵力当然也没有近百辆坦克(装甲车还远在斯皮迪谷 80 英里外地势险峻的道路上)。盟军派了足够的斯图尔特轻型坦克坚守阵地,拦截了敌人的进攻。"遭遇劲敌。"第 21 装甲师经过几次小规模的遭遇战后上报道。由于只有 65 辆坦克,第 21 装甲师司令决定等天亮再展开进攻。阿尼姆选在这个时候,从第 1 装甲师抽调了一部分兵力向东北方 25 英里外推进。然而,除了地雷和盟军猛烈的炮火之外,阿尼姆什么也没有遇到。

情况远比沃德估计的要乐观,自从离开北爱尔兰踏上征途,该师又拧成了一股。安德森终于看出,轴心国的主要攻击目标是法伊德隘口,便批准弗雷登多尔将 B 战斗群等美军单位调往斯贝特拉。

"将更多大象开到斯贝特拉,要快!"弗雷登多尔命罗比内特。两列铁甲纵队隆隆向南驶去。沃德将 B 战斗群部署在南翼,在小镇正东,

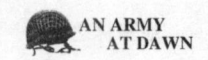

13号公路对面，A战斗群残部居左。C战斗群负责殿后，把守小镇的正西面。罗比内特惴惴不安，摆出一副要上阵杀敌的架势，来回奔波了一个晚上，部署手下的坦克。一个炮兵苦着脸，担心自己的炮打得过猛，罗比内特引述了谢尔曼的诗："后方情况不妙，往前走，前面的情况总好过那里。"

其实前线的情况并不妙。A战斗群溃不成军，最高统帅部也信心尽失。"斯贝特拉的情况不妙。"安德森对一位法国将军说。星期三凌晨1点30分，这位英国司令批准弗雷登多尔弃守斯贝特拉，同时命令沃德，要守到第二天晚上，以便打通西边的凯塞林和北边的斯比巴这两条退路。弗雷登多尔不同意，如果等到第二天晚上，老铁甲军早就变成一堆冒烟的废铁了。安德森退了一步，将撤营时间定在星期三上午11点。可天还没破晓，安德森又变了卦，要弗雷登多尔自己拿主意，在没有接到指示前，要沃德不惜一切代价守住防线。

"我跟大老板又干了一架，"弗雷登多尔告诉特拉斯科特——特拉斯科特现在手下有一个速记员，"他要我在斯贝特拉守一整天……这不又成了一场混战。最后我要求亲自上阵，他们总算是答应了。他们指手画脚，不仅告诉我做什么，还要教我怎么做。总之，我们要打起精神。"

说到德雷克，弗雷登多尔说："我们只能撤了他的职。"

"有沃特斯的消息么？"特拉斯科特问。

"没有，我们不知道关于沃特斯一星半点的消息。"

弗雷登多尔的语气软了下来。斯皮迪谷开凿隧道的声音被官兵们拔帐篷、装车的喧嚣取代。他的部队分崩离析，伤亡2 500人，后撤50英里，而且还要继续撤退。他的前途似乎已经到了尽头。从军35年，他扬名立万，步步高升。但眼下，艾森豪威尔需要一个替罪羊。

"你觉得老家伙什么时候会革我的职？"弗雷登多尔问。

特拉斯科特支吾道："他知道你尽了力。"

"有时候仅仅是差强人意。"弗雷登多尔说。

第9章　凯塞林之战

沃德和罗比内特严阵以待，但到了2月17日星期三拂晓，敌人仍然没发动进攻。无论是阵地、兵力还是士气，轴心国都略胜一筹，但他们没有一举击溃人心涣散的美军，反而谨小慎微，举棋不定。凯塞林仍然待在东普鲁士。阿尼姆追着他的大雁去了东北。隆美尔在加夫萨品尝库斯库斯（阿拉伯的一道著名菜肴。——译者注），向最高统帅部请战。虽然德国空军中队重创了斯贝特拉等盟军要塞，但并未造成实质性伤害。正如突尼斯战役之初，轴心国对盟军迟迟按兵不动表示无奈，每过一个小时，都是在给敌人提供增援和调整部署的契机。

沃德又恢复了往日的威风。"我们在仙人掌地上，从早上一直待到下午，"一名中士在给父母的信中写道，"先是用望远镜，后来只需要用肉眼，就能看见远处的装甲车朝我们驶来。将军是最优秀的军人，他非常镇定，抽着雪茄站在地平线上，这一幕令包括我在内的许多胆小鬼都鼓起了勇气。"

上午11点45分，敌人再次发动了进攻。德军步兵冲下13号公路，装甲车攻打美军右翼，罗比内特在镇东数英里外的前哨部署了一个反坦克装甲车营。坦克手向蜂拥而上的装甲车开火，但多半只击中了装甲车后方。随着距离越来越近，后来终于能发发命中。半履带式装甲车非但不按计划以连为单位交替掩护后撤，反而"掉转车头，冲了上去"，一名士兵事后回忆说，"几乎人人都在投掷发烟罐，场面非常壮观。"

下午1点15分，德军装甲车准备从侧面偷袭第13装甲团第2营。该营营长是3个月前在泰布尔拜附近浴血奋战的亨利·加德纳。加德纳手下的兵驾驶的还是M-3"格兰特/李"中型坦克，但他们事先在旱河埋伏好，用烂泥精心做了伪装。"我看见35辆坦克翻过山坡，几乎从正面向我们冲过来，距离约3英里。"加德纳汇报。等，再等。等坦克进入平射射程，他喊道："小伙子们，叫他们尝尝我们的厉害！"炮弹跃出旱河，击中了15辆装甲车，其中5辆被彻底摧毁。这轮齐射"打退了进攻"，加德纳说。

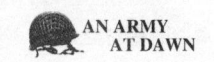

只一个小时,坦克又冲了上来,势如破竹地冲进位于斯贝特拉以南 5 英里附近的美军右翼。炮长不停地喊着"添炮弹",在那一张张烟熏火燎的脸上,大张着的嘴仿佛一个个鲜红的"O"。炮击间隙,拼尽最后一丝力气的官兵们站着就打起了盹儿。"昨晚战斗了一夜,我们几乎没睡,个个都很虚弱,损失了好些弟兄。"一名炮兵说。

加德纳事先对罗比内特说过,手下的坦克"很快要出大问题"。下午 2 点 30 分,沃德批准 B 战斗群撤到另外两个团后。3 小时内,加德纳的部下凭借包括营长座驾在内的 9 辆"格兰特/李"中型坦克,漂亮地完成了断后任务。由于车组人员阵亡、坦克着火,加德纳一直躲藏到黄昏时分,才随大军向西撤退。

黄昏时分,德意联军进入斯贝特拉,发现这里桥断梁折、管破水漏、火光冲天,已沦为一片废墟。只有早已变成残垣断壁的罗马寺宇逃过一劫。罗比内特又想起了谢尔曼的一句格言:"刀兵无情,由不得你。"夜幕悄悄笼罩了从凯塞林隘口西侧进入深山密林的盟军纵队,在两周内发生的一系列战斗皆因这座山谷得名。"那晚乌云压境,寒风刺骨……并伴随着夜间转移无法避免的混乱和狼狈,"A.D. 迪万写道,"斯贝特拉军火库冲天的大火映红了半边天。" 盟国又挨打了。坚守阵地的战士们却打了场漂亮仗,算是在这漫天的阴霾中迸发出一点火花。骄傲、愤怒、复仇,这场浩劫爆发出无情的杀气。战争已经深入他们内心。厄尼·派尔也是在大多塞尔高耸云端的群峰脚下艰难跋涉的队伍中的一员,写到身边的士兵,他也认为撤退是"奇耻大辱":

> 你无须怀疑,也不必以他们的能力为耻……美军普通士兵没有错。他们斗志昂扬,士气高涨。身经百战,已被锤炼成为真正的战士。

派尔要告诉读者属于他自己的所见所闻。说来奇怪,这是一条真理。

"This Place Is Too Hot"
★★★

隘口失守："沙漠之狐"的最大过失？

大多塞尔从东北向西南绵延 200 英里，直到菲利亚纳外。三道山口劈开起伏的山峦，横接突尼斯内陆高原和阿尔及利亚高地。第二道也是最险峻的一道即凯塞林隘口，东望斯贝特拉，俯瞰小村凯塞林。千百年来，这里是兵家必争之地。最窄处宽仅 1 英里，海拔 2 000 英尺。

两名面目狰狞的"哨兵"分列隘口两侧，南面的舍阿奈比山是突尼斯最高峰，高达 5 064 英尺，山势陡峭，山顶被茂密的草木覆盖。北侧的森玛玛山高 4 447 英尺，面对隘口一侧的是悬崖峭壁，东坡山势较缓，可直达山顶。蜿蜒的哈塔卜河从西北向东南，将这道山谷一分为二。最关键的是，这条岸形陡峭的小河夏季干枯，2 月却水流湍急，是隘口南北之间的一条天堑。凯塞林沟壑纵横，满山仙人掌，去过美国西南部的人对此应该很熟悉——不毛之地。

沿位于隘口深处的凯塞林村往西，公路被一分为二。左岔 13 号公路沿哈塔卜向西绵延 30 英里，与泰贝萨附近的阿尔及利亚边界接壤。河与公路横贯巴赫雷特·夫塞纳，这道散落着锌、铅、磷矿脉和农田

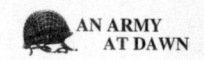

的山谷。有人将哈塔卜的地势比作"一道参差起伏、九曲十八弯的水沟"。而公路南岔就是 17 号公路，绕过森玛玛山，再往北 30 英里就到达了山顶小镇塔莱，距卡夫 40 英里。

一部军史指出，凯塞林隘口"地势险要，易守难攻，一夫当关万夫难开"，但其并非牢不可破的天堂之门。虽然弗雷登多尔的第 2 军有这样的能耐，但美军没让他来把守这道关卡。沃德麾下的第 1 装甲师残部奉命到泰贝萨以南的高地集结，看守军火库。第 2 军余部照例分散在各地。

"我派了 3 个半的步兵营把守几处山口，"2 月 17 日下午 2 点 30 分前，弗雷登多尔告诉特拉斯科特，"若敌人胆敢来犯，两个步兵营就能把他们轰出去。"

"第 9 师的炮兵正驰援你部。"特拉斯科特答道。

"你要是能给我一支步兵战斗队，我他妈的还要什么后援。"

"我尽力而为。"

"我急需一支步兵战斗队，"弗雷登多尔又说了一遍，"我现在手上只有 3 个半步兵营，远远不够。"

听弗雷登多尔的语气，仿佛已经到了穷途末路。艾森豪威尔每天从卡萨布兰卡送出 800 名官兵，一天还不到一个营，而且多半都无法于 2 月底之前到达突尼斯。"最近几天我都派不出一支战斗队，"特拉斯科特慢条斯理地说，"第 9 师的步兵都还在路上紧赶慢赶呢。"

"支援呢？"

"想都别想。"

这样一来，首轮把守凯塞林的任务就落到了第 19 战斗工兵团肩上。但区区 1 200 名官兵委实难以承担这样的重任。工兵们于 6 个星期前来到前线，除了挖掘斯皮迪谷如今已经废弃的隧道之外，大部分人都还在架桥修路。在出征之前，该团士兵甚至没来得及完成步枪射击训练，全团只有一个人上过战场，武器装备只有 54 辆自卸卡车和 6 把风镐。

第9章 凯塞林之战

2月17日晚上9点,这支冒牌步兵团顶着蒙蒙烟雨,在三岔路口正西方向,沿着隘口咽喉摆下一条长3英里的散兵线。在接下来的36个小时里,德军在山下巩固战果,美军却毫无危机感,刚到晚上就钻进热乎乎的睡袋,仿佛已经胸有成竹。机枪安放得不到位,散兵坑挖得过浅,铁丝网多半还在滚筒上。官兵们非但不把守附近的高地,反而埋伏在隘口谷底。指挥官大都知道,至少从理论上来说,占领山头才能守住山谷。但正如一位军官事后说的那样,在突尼斯战役上,美军多半是"说一套做一套"。

★★★

在斯贝特拉以西的罗马遗址对面,隆美尔已经在他想做的和他被上司告知必须要做的之间做出了选择。他背着手,鼻梁上架着眼睛,仔细端详着远处森玛玛和舍阿奈比这两座山。那条路通往70英里外的泰贝萨和他觊觎已久的军需库,继而直达波尼。最高统帅部指示:"经由17号公路,通往卡夫的后门,塔莱。"

从斯贝特拉取道71号公路,沿大多塞尔东翼北上到达卡夫,也是条捷径。敌人肯定要权衡,是从左边攻打凯塞林隘口,还是从右边直上卡夫?隆美尔扶着望远镜研究地形,头戴软檐帽、脚蹬花鞋带沙漠靴的参谋则踮起脚尖张望。

然而,阿尼姆却给他的取舍制造了麻烦,他没把第10装甲师都交给隆美尔,以留作北部所用这个站不住脚的借口,扣下了该师包括虎式坦克在内的一半坦克。虽然大骂手下这两个司令是"猪脑袋",但凯塞林却没从东普鲁士回来调解他们的纠纷。凯塞林认为最高统帅部的指示模棱两可,不等他回到卡夫,隆美尔就要大举进攻泰贝萨。凯塞林鞭长莫及,隆美尔(异乎寻常地唯唯诺诺,怕是另有所图)更是认定卡夫是他的第一个目标。

2月19日星期五,凌晨4点50分,隆美尔下令:非洲军团向西进

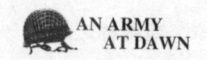

发，占领凯塞林隘口；第 21 装甲师沿 71 公路北上进攻卡夫；第 10 装甲师——能召集多少就召集多少——到斯贝特拉集结，随时准备取捷径攻占目标。隆美尔已经决定要兵分两路，殊途同归。

★★★

即使远在新司令部，弗雷登多尔也看出凯塞林隘口不堪一击。他从特里·艾伦的第 1 师调了一个营，外加一个配有 4 门大炮的法军炮兵营和几辆反坦克装甲车，驰援工兵 19 团。这样一来，守军人数就达到 2 000 人。星期四上午 10 点左右，他又致电特拉斯科特，称"第 1 装甲师痛击了敌人"（这是第 2 军时常幻的一场大捷），同时要请求下拨 120 辆谢尔曼坦克。特拉斯科特允诺可以给 52 辆，够装备一个营。他暂时不想说艾森豪威尔决定扣下 200 余辆新的谢尔曼坦克的事情，生怕一失尽失。

晚上 8 点，弗雷登多尔打电话给身在泰贝萨以南的艾伦部下，第 26 步兵团团长亚历山大·斯塔克上校。

"亚历克斯，你务必立刻赶到凯塞林，扮一回'石墙'杰克逊。请立刻去接防。"

斯塔克支吾道："你是说今晚，将军？"

"不错，亚历克斯，立刻。"

斯塔克 12 个小时后才动身，摸黑穿过巴希雷·夫塞纳盆地，沿途随时有哨兵对暗号，"情况混乱"、"贼他妈的好"两种口令此起彼伏。星期五上午 7 点 30 分，他和德国人同时赶到隘口。不像"石墙"杰克逊，斯塔克并不了解部下的能力和素质，部下多半连听都没听说过他。匆匆察看了这道烟雾朦胧的山口后，他才发现，连"石墙"恐怕也回天乏术。除了一个排部署在奇玛玛山坡之外，四个步兵连都占据着隘口左翼的凹地。右翼也是如出一辙，一个工兵排把守着舍阿奈比山，三个连守在平地。部队从山谷一侧转移到另一侧，到达哈塔卜河上最近

第 9 章 凯塞林之战

的桥要绕道 10 英里。反坦克地雷甚至没有被埋进地里,而是往敌人可能经过的道路上一丢了事。另外 6 万枚地雷和 5 000 枚诡雷还远在阿尔及利亚的路上,什么时候送到仍然不得而知。弗雷登多尔还另向安德森要求过 30 吨铁丝网,但个个排想要的却是沙袋、铁锹和铁镐。

法军一通 75 毫米口径火炮漂亮的炮击击退了一股企图偷袭隘口的德军。德意志非洲军团的侦察营像摸到火炉似的退了回去。然而,上午 10 点过后,敌军的炮弹落在了斯塔克设在凯塞林隘口以西 3 英里处的指挥帐篷附近。一名参谋汇报:"10 点 15 分,35 到 40 辆满载敌军步兵的卡车冲上了我部左翼的高地。"

不久,右翼又出现了一支敌军。一身灰军装的德国鬼子边爬边开枪,终于攀上了石坡。机关炮手端着三脚架和弹药箱,缩在他们身后,用曳光弹猛攻隘口。美军增援部队,包括军乐队、一个坦克排和第 9 师第 39 步兵营的 3 个连终于于下午赶到。仓促间布下的地雷摧毁了 5 辆装甲车,虽说德军占领了森玛玛峰下的山脊,但斯塔克仍然斗志高昂。

夜幕降临,在美军后方 20 英里处扼守塔莱公路的英军 26 坦克旅旅长查尔斯·A. L. 邓费前来慰问斯塔克。斯塔克声称"胜券在握",只可惜炮弹炸断了他的电话线,导致"通讯不畅"。起初,邓费怀疑斯塔克错了,便乘指挥车驱车 400 码亲自一探虚实,被敌军子弹撵着飞奔回来后,边对此深信不疑了。美军没有后援,邓费说:"斯塔克甚至连自己部下的阵地情况都不很清楚,他只是说地雷都已经布下了,却说不出雷区的位置。"邓费断定,斯塔克"完全控制不了事态……在我看来,斯塔克不过是个可爱的老小孩,虽然勇气可嘉,却力不从心"。晚上 7 点,他回到塔莱后,向安德森汇报:"隘口的形式非常不利。"斯塔克自己却称邓费是"榆木脑袋"。就算在生死存亡的时刻,这对兄弟也不能冰释前嫌。

然而,斯塔克"完全控制不了事态"是几个小时之后的事情。安德森却选在这个节骨眼下达了一道死命令:"第一集团军不得擅自撤出

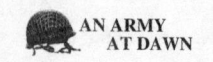

阵地。除展开反攻之外，任何人一律不得擅离阵地。"

这道空洞的命令经过层层传达，但不少官兵还是离开了阵地。夜色渐深，德军的炮火愈发凶狠。"令人最痛心的，莫过于眼睁睁地看着身边的好兄弟倒下或被炸飞，"一名工兵下士如是说，"一时间，空中竟然会出现那么多炮弹，一些在你周围爆炸，而且还有更多朝你飞来。"更要命的是德军首次动用的新武器，六膛火箭发射器，一次可发射 6 发 75 磅高爆炮弹，集中打击一个目标，据说这种炮弹在空中犹如"一群伤心欲绝的妇女"，被盟军士兵称为"呻吟米妮"。

"夜晚狂热"在斯塔克右翼的工兵中蔓延。"相当一部分官兵擅离阵地，跑到了后方。"一位工兵军官汇报。其中一部分被逮住，赶回了前线，但有些则消失在茫茫夜色中。

斯塔克的左翼现在处于岌岌可危的状态。晚上 8 点 30 分，德军侦察兵血洗了步兵营营部。德军前锋切断了唯一一个驻守森玛玛山山坡的连的退路，紧接着便占领了 1191 号高地——这座山最重要的一个山头。祸不单行，逃过一劫的士兵们又遭阿拉伯土匪洗劫一空，"有些阿拉伯人趁势夺过 M-1 和 M-03 步枪给了他们一枪。"一名连长委屈地向宪兵司令报告。

★★★

2 月 20 日清晨，天空雾蒙蒙的，局势就像头天凄风苦雨的晚上，十分糟糕。隆美尔起了个大早，去慰问从东南方向攻入隘口的意大利半人马师的一个营。他经过仍然扶着烧焦的汽车方向盘的美军司机的尸体，驱车前往凯塞林村。在一座横跨哈塔卜河的铁路桥上，隆美尔碰到了非洲军团司令卡尔·布洛维斯和已经形同空壳的第 10 装甲师师长弗朗茨·弗莱赫尔·冯·布劳契。隆美尔发了火。布洛维斯命两个掷弹兵营重新组织进攻，但收效甚微。美军还在负隅顽抗。德军必须在当日突破这道隘口，隆美尔认为，盟军将恢复元气，阻止他们扩大战果,尤其是第21装甲师,现在仍然在71号公路上毫无建树。他下令再投入3个营,共出动6个营发动进攻,第10装甲师居右,非洲军团居左,5个炮兵营配合助攻。隆美尔痛斥布洛维斯办事不力、布劳契缩在后方——两人都身穿大衣、头戴软檐帽,显得垂头丧气,活像两个被捉回来的逃学生——之后便回到设在凯塞林车站的指挥部。

从上午10点开始,美军节节败退。上午11点22分,第19工兵团团长A.T.W.穆尔通过步话机告知斯塔克,敌军步兵和坦克正沿13号公路向隘口逼近。一位工兵少校吼道:"别管装备了,保命要紧!"炮兵观察员四散奔逃,理由虽然不光彩,但于情于理也说得过去:"这地方太热。"部队被击溃,连变成排、排变成班、班变成散兵游勇,最终只能抱头鼠窜。半小时后,穆尔报告"敌人血洗我们营部"后,冲向山头。不久,他冲进斯塔克的帐篷,宣布第19工兵团不复存在。该团共伤亡128人,虽被重创,但并未被全歼。

按穆尔的说法,"撤退配合失当"是左翼美军的一面镜子。斯塔克命炮兵撤退,甚至没有牵引车帮助法国炮兵转移那些75毫米火炮,炮兵门抹着眼泪塞上炮门,向山上逃去。西奥多·J.康韦奉特拉斯科特之命,来察看斯塔克的情况,发现溃兵如潮水般地从他身边涌向后方。他一时想起纽约一战,华盛顿骑着马,用刀背徒劳地抽打抱头鼠窜的逃兵。康韦既无马,又无剑,只能加入这支落荒而逃的队伍。

斯塔克一直守到下午5点,敌军的手榴弹已经扔到了设在哈塔卜河谷河道内的指挥部前。他带着手下的参谋,和刚赶来拍"战斗场面"的两个倒霉记者,匆匆溯河而上,上岸后便奔塔莱而去。斯塔克事后说:"有时候,德军士兵离我们还不到15码,我们只能靠爬。"

步兵有将近500人伤亡、失踪。意军坦克沿13号公路向泰贝萨挺进,深入5英里,却只看到冒着烟的残骸,不见一个美军的踪影。2月21日星期日,凌晨3点35分,准确地说是轴心国发动进攻后两个星期,弗雷登多尔的指挥部才发出警告:"据可靠消息,敌人占领了凯塞林隘

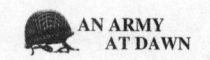

口两侧的山头……已形成了一条长4 000码的战线，向塔莱进攻，现已出隘口2 000码。"

凯塞林隘口失守。安德森这时候又放起了空话："不得以任何借口后撤一步……务必战斗到底。"身心俱疲的美国佬同意了，但这不过是英国人要美国人战斗到底的无理要求罢了。

"Order, Counter-order, and Disorder"
★★★

隆美尔的手段

工兵在泰贝萨的临时军火库里放上一块块硝棉，只等一声令下，就会烧毁这一大批物资。有谣言称，大批敌军正横穿巴希雷·夫塞纳，朝这里逼近，400名军需官兵顿时乱作一团。补给站的军火库有两挺机枪和一门37毫米口径榴弹炮。古城墙上，哨兵们一个个瞪大眼睛，观察东面的动静。一位一肚子喀土穆和巴拉克拉瓦传说的英国军官提议，从城墙上扔手榴弹击退来犯的坦克。军需人员将共40万加仑的5加仑装汽油装车，做好撤离准备，但如果敌人立刻发起进攻，就只能放弃那100万人份的干粮。厨师们提着斧头，疯了似的把饲养的鸡和兔子全部杀光，免得便宜了德国人。早餐时，这个小小的军营饱餐了一顿乱炖肉。

两军对阵，一些细节同样引人注目。儿子昆廷在凯塞林隘口身负重伤的消息传来时，特德·罗斯福正在乌瑟提亚附近支援法军，昆廷与他"一战"中阵亡的伯父同名——当年一位25岁的炮兵军官。德军的一枚子弹击穿了昆廷的肺，楔进了他的肝脏。救护车司机开车带他先后跑了三所野战医院无果后，找到了一处还没来得及撤离的德军前线包扎所。罗斯福写信给妻子埃莉诺：

> 第二天上午，他的体温高达华氏104度，谁都以为他活不过来了。他们来电问我。天黑后，我动身赶去那里。当时我已经两天没睡，医院远在60英里外，我怕等我赶了60英里的夜路到达那里，他早就不在了。

不过等罗斯福赶到的时候，昆廷还活着，在一顶泥地帐篷内的病床上睡着了。他闯过了鬼门关。"他睡得像个小宝宝，我过去吻他，他还是我们的小宝贝，"罗斯福写道，"我顿时精神一振。"

在设立于库维夫小学的第2军司令部中却难觅这种感人的情境。弗雷登多尔偶尔会借酒解愁，据一位军官描述，他会坐在小学门前的台阶上，"手抱着头，一副失魂落魄的样子"。提到弗雷登多尔，乔治·马歇尔说过："我喜欢那个人，总能从他的脸上看到一股子魄力。"但现在，这张脸上写满了沮丧和绝望，提到对手，他开始以"隆美尔教授"相称。他会两眼直愣愣地盯着地图，吹着不成调子的口哨，然后猝不及防地转身对副官说："如果回国，我要重新把我的车库门漆一遍，漆车库门真是其乐无穷。"

朱安将军生怕盟军会弃守泰贝萨，匆匆赶到库维夫，却发现军长蹲在空荡荡的办公室内的一个包装箱上。朱安抬起左手行了一个军礼，开口恳愿美军继续坚守。交出泰贝萨等于拱手送上一份厚礼，通往君士坦丁的路将变成通途，德军的装甲车可以长驱直入。

弗雷登多尔耸了耸肩。他已无法再派出一兵一卒。第2军人心浮动。他打定主意，安德森怎么说，他就怎么干。

朱安一把将他拖了起来。"我的妻儿都在君士坦丁，"他有些语无伦次，"如果你执行这条命令，我就带走驻守在君士坦丁的一个师，保卫泰贝萨，在那里决一死战。"

弗雷登多尔一时恢复了精神，从包装箱上站起身。"我看他改变了态度，"朱安事后说，"他放下抱着颈子的胳膊，发誓决不弃守泰贝萨。"

弗雷登多尔回到他的新司令部，一座属于维希矿业局的别致小楼。将斯皮迪谷的阴暗寒冷挡在门外，这栋宅子顿时变成了让人昏昏欲睡的安乐窝。他趿着拖鞋坐在燃油炉旁，对手下的参谋说："达布尼，开瓶酒，我们来喝一杯。"2月20日夜，凯塞林失守，隆美尔教授长驱直入，第1师炮兵主任风尘仆仆、满脸泥浆，仿佛戴了个塑料面具，驱车赶到这里。"向弗雷登多尔报到，他却说有非常重要的任务交给我，但要等到饭后，"克利夫特·安德勒斯准将说，"午餐！台布、银餐具、一身白制服的侍者、牛肉，甚至还有冰激凌。"

"这一战，我恐怕要成为替罪羊。"弗雷登多尔对手下的一名副官说。的确，除非他能找个替身，弗雷登多尔看上了"平基"沃德。星期五下午3点15分，他给艾森豪威尔发了一封"看后销毁"的电报：

> 沃德神情疲惫、忧心忡忡，说即便派出再多坦克，也是转手送给德国人，在这种情况下，尽管他已尽了力，窃以为他难以履行指挥官一职。务请立即再派一名得力干将。

在阿尔及尔，艾森豪威尔掂量着这个请求，就在他拿不定主意的时候，盟军指挥机构随大多塞尔的战局变得愈发混乱。由于第1师的一部分已被派往位于凯塞林隘口西南20英里的布齐布卡，弗雷登多尔最初委以特里·艾伦重任，其中还包括法英两军的几支部队。星期六早上，隘口失守，他命罗比内特接管斯塔克的残部，和B战斗群一同组织反攻。沃德再次成了局外人。

几小时后，弗雷登多尔思前想后，认为还是不能把余下的美军坦克拱手送给隆美尔。他坐在指挥车车盖上，召开了一场临时会议后，

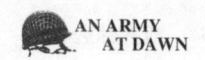

又命令罗比内特把守泰贝萨的入口。"这无济于事,罗比,他们打开了突破口,势不可挡,"弗雷登多尔无精打采,垂头丧气地说,"你要是能侥幸得胜,我封你元帅。"

罗比内特把守的西面通道由邓费准将"接应",邓费正在北面作战,负责封锁通往塔莱的道路,只可惜缺少兼容电台等通信工具,联系不上数千名分散在近千平方英里上的美军官兵。安德森已经深信,凭弗雷登多尔的本事,恐怕难以收拾这个残局,干脆一错再错,派自己的对手卡梅伦·G.G.尼科尔森准将接管目前集结在突尼斯南部的英、法和美国联军。

弗雷登多尔躲进装了护壁板的餐厅发愁,但安德森的第一集团军司令部也决不安生。"那里形同一团乱麻,"一个英国军官边抽一个患癔症的士兵的耳光边吼道,"站好。"一名英国哨兵道出了盟军上下的心声:"这是我这辈子见过忙着下命令、收回成命结果却弄得全军上下乱七八糟的最典型的例子。"

★★★

哈罗德·亚历山大将军总算从开罗赶了过来,执行在卡萨布兰卡达成的一致的决议,准备接掌突尼斯地面部队的帅印。由他指挥的第十八集团军群的下属单位包括北部的第一集团军和刚刚进入突尼斯的第八集团军。15日星期一,在取道阿尔及尔拜访了艾森豪威尔之后——总司令告诉他:"你的任务是尽早全歼突尼斯的轴心国军队。"——亚历山大又于星期四晚上和安德森共商大计,并于星期五视察第2军,这时候,他手下的70名参谋和500名士兵进驻了君士坦丁。按计划本该于2月20日星期六正式接管部队的亚历山大发现,前线一盘散沙,于是提前一天接过了军权。星期五晚上7点20分,即弗雷登多尔请求撤沃德的职4个小时后,他致电艾森豪威尔:"迫于战局,我接掌了军权。"在给蒙哥马利的一封短信中,他承认自己"非常震惊,无对策无方案。战场上英、法、美各作战单位乱成一团"。

一顶军帽、一件开襟式束腰制服、一件皮夹克和一条塞进土耳其高筒靴的灯芯绒裤，将他的英俊帅气衬托到了极致。他身材匀称、古铜色的皮肤，嘴角深深的褶皱顺着胡须向下延伸，由于一生都在虚眼眺望，导致眼角布满了皱纹。他是卡尔迪昂伯爵的第三个儿子，从小在阿尔斯特一座大庄园里过着养尊处优的贵族生活（他从小受到教育，要发扬男子汉气概，所以给人以"彬彬有礼"的印象）。在别人眼中，他"聪明，但更能干"，一度立志要成为一名画家，并成为皇家艺术学院院长。但造化弄人，他进了桑赫斯特陆军学院，不久就成为英军最年轻的中校，之后是最年轻将军。在 30 年的军旅生涯中，他从没遇到过敌手。鲁德亚德·吉卜林称他"在危急关头仍然见解独到，总能振奋人心……从容不迫、笑谈江山"。在敦刻尔克，一名参谋对他说，"我军处境危急"，据说亚历山大的回答是："对不起，我听不懂长单词。"身为蒙哥马利的上司，英军阿拉曼大捷绝对少不了他的策划。他慈祥、冷静、洁身自好，"活脱脱的一位爱德华二世时代的英雄"，是英国人爱戴的军人，丘吉尔的爱将。

有人却认为他愚蠢。"威灵顿有勇无谋，"一位传记作者如此描述他，"总是没什么斗志。"尽管他统帅过法、德、印度和乌尔都军队，但布鲁克和蒙哥马利都认为他是一副"空皮囊"。一位英国军官承认："我甚至想不出他拿出过方案，更别说好方案了。"而人们之所以喜欢他，主要是因为他坦率而冷静——他多才多艺，曾在军队才艺展示上跳过踢踏舞。哈罗德·麦克米伦将亚历山大的食堂比作牛津学院的贵宾席，"不谈"战争，只闲扯些没用的东西，诸如"贝利萨留（Belisarius，505～565 年，东罗马帝国将领。——译者注）出征、古罗马式建筑长于哥特式建筑，和欺负英国的平民百姓的花招"。

无论如何，亚历山大来了，他接掌了帅印，却对混乱的局面大吃一惊。他致信丘吉尔和布莱克："错误的根源在于，从一开始就指挥不

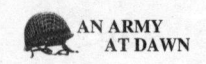

当。"他认为安德森是位"忠诚的军人,但相当愚钝"。不过,亚历山大事后说,第一集团军司令"被德国人催着走,甚至连自己的司令部都撒手不管……早已丧失了主动权"。

他最放心不下的还是美国佬。他邂逅的第一批美国人偏偏又是不可一世的仇英分子,比如在缅甸时就好耍心计的约瑟夫·W.史迪威将军和眼下身在突尼斯的弗雷登多尔。后者"失魂落魄",亚历山大断定,对他,自己已经回天乏术,他手下的一帮人"优柔寡断"。"这个团队拙劣而脆弱,"2月18日,他如是评论第2军,全军上下"低能、素质低下……缺乏斗志"。最初几天,美军的素质着实吓了他一跳。这一印象一直随他到意大利担任总司令,间接影响了盟军的团结。

"美国人缺乏斗志,这是我最担心的问题,"他向伦敦方面报告,"从上到下,没有一个人了解身为军人的职责,这种此现象在下级军官身上显得尤其严重,他们不带兵打仗,手下的兵只会敷衍了事。"他当着一名美国记者的面,将这次失败归咎为年轻军官"操心"手下的兵:"你要知道,你的兵不是在校生。"届时出兵欧洲,除非美军好自为之,他将丑话说在了前头,这支军队"一无是处,绝不能担当重任"。

安德森没这个心计,想不到"毛头小伙"有朝一日会长高,也理解不了英美士兵因操一种语言而很容易被掩盖的诸多差异。身经数次大撤退,他应该明白,有时败仗也是一种锤炼,甚至是笔宝贵的财富,大浪淘沙,能者、勇者和幸运者将脱颖而出。

虽然不是全部,但亚历山大确实错了。

★★★

在凯塞林隘口失守之后,双方又展开了三场独立的战斗,在地理上从东到西,依次展开。以盟军的角度来看,一负两胜,这个胜率改变了他们的运势。

首先,隆美尔出动第21装甲师沿17号公路北上发起强攻时吃了

第 9 章　凯塞林之战

败仗。2月19日星期五早上,在装甲车隆隆冲向卡夫期间——隆美尔双管齐下,突袭盟军防线的右翼——德军情报机关断定,在斯贝特拉以北25英里的斯比巴把守要冲的是英美联军。其实,把守着位于这条柏油路以东要塞的是从第1师和第34师抽调的8个美军步兵营和负责助攻的炮兵。"如果他们发动大规模进攻,我们恐怕守不住,但我们发誓会坚守到底。"第1师的一位军官说。遭部署在斯比巴以南6英里的炮兵重创后,卡车载着掷弹兵和25辆装甲车转道东进,妄图突破美军侧翼。德军攻到距离美军战壕600码处后败退。截至下午3点,炮兵摧毁了12辆德军坦克,敌军尸横遍地。一名士兵形容105毫米口径炮弹打击装甲车的威力,如同"击中鞋盒,将它们削平"。

星期六上午,40辆装甲车协同两个务军步兵营,对美军侧翼展开的新一轮进攻也迅速溃败。隆美尔始终没有点头,第21装甲师只能在斯比巴屡败屡战。战后经过清算,法国步兵逮捕了12名犯间谍罪或蓄意破坏罪的阿拉伯人,将他们推到一堵清真寺的墙边,来了一轮排射,将他们就地正法。一名法军上尉又拿出手枪,对准倒在地上的尸体的脑袋,一一补了一枪。

右路不通,隆美尔只能转道左路。凯塞林隘口已被攻克,向西绕道塔莱便可轻取卡夫,第二场战斗马上就要上演。邓费准将急于挡住德军的攻势,派遣了英军的一小支部队殿后,便从塔莱南下,直取凯塞林。

结果已经注定。2月20日中午,第8装甲团经17号公路,向凯塞林隘口以北两英里的英军发起猛攻。在接下来的6小时里,英军占领的山头一一失守。"我们节节败退,在每座山头都会丢下几辆坦克,有些还在燃烧。"一名士兵写道。一名记者描写大兵逃离燃烧的坦克时的景象,"犹如毛毛虫落进着火的巢穴,烟熏火燎的脸上瞪着一双白色的眼睛,被一束束机枪子弹撵着,左冲右突。"连长A. N.比尔比少校从一辆坦克溜到另一辆坦克,指挥手下反击,最后身中数枚弹片阵亡。

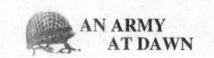

截至下午 6 点，已经没有坦克可供炮兵军官指挥了，他们一个接一个地倒地阵亡。生还者"迈着僵硬的步子，左轮手枪套不时撞击着腿"，被雪亮的曳光弹撵着，向北逃窜。

隆美尔再次掌握了主动权，但随后就面临着一个问题：现在该怎么办？他在位于凯塞林附近的指挥部里研究了地图，又乘摩托车穿过隘口察看了阵地。他两次兵分两路，一次是在斯贝特拉，一次是在凯塞林。"我分为二，敌分为十。"他事后解释道。但他有没有实力在北上进击塔莱的同时对西边的泰贝萨发动攻击。虽然塔莱扼守北上卡夫的要道，战略意义十分重要，但隆美尔不敢小觑包括 B 战斗群和埋伏在西部，以及巴希雷·夫塞纳外伺机反扑、企图从凯塞林截断轴心国退路的美军。第 2 军虽损失惨重，但还有 150 辆坦克。

2 月 21 日上午 11 点 25 分，一份侦察报告让隆美尔决定展开第三次行动，由此为凯塞林战役画上了一个句号。参差不齐的哈姆拉山横跨南北，位于隘口以西 20 英里，与阿尔及利亚的边界平行，夯土路基的 13 号公路横穿而过。德军侦察兵汇报，未在哈姆拉山以东发现美军的大部队。巴希雷·夫塞纳浅盆地中也不见人迹。隆美尔不等纳粹空军飞行员确认盟军的左翼是否有重兵把守，便命令第 10 装甲师沿 17 号公路北上，主攻塔莱。非洲军团向哈姆拉推进，以封锁泰贝萨和布齐布卡这两个方向的隘口，保护德军侧翼。

然而侦察兵错了。美军占据有利地形，密布哈姆拉山和附近的各座山头。在哈姆拉山南段，特里·艾伦率第 16 步兵团把守着布齐布卡隘口。"喂，小伙子们，"他宣布，"这是我们的阵线，我们要在这打。"山北段，山脊东面，罗比内特率 8 个营，11 个炮兵连，近 50 门大炮，以及包括塞内加尔步兵和 700 名戴罪士兵在内的杂牌军，在巴希雷·夫塞纳布下了一道稀疏的屏障，拦截漏网之鱼。隆美尔在紧靠 13 号公路的指挥部，掠过其间散落着梨园和沙漠农场的雾蒙蒙的平原，远眺 20 英里外的凯塞林隘口。他依然那么自负，确定这是敌人的必经之路。

第 9 章 凯塞林之战

罗比内特事后说:"这其实都明明白白地写在路上了。"

就在这个星期六,安德森还说"美国人缺乏斗志",他认为美国指挥官尤其"如此",美军上下都在蛮干。艾伦注意到了这种情绪,他向在南线警戒敌军渗透的比尔·达尔比发去电报:"我们的阵地乱作一团……你能不能派一个连长生得膀大腰圆的加强连来?"达尔比派出了C连,该连的上尉的确具有这个生理特征。随后,达尔比告诉手下的官兵:"分开前进,如果有坦克过来,愿上帝保佑坦克。"

敌军坦克果真来犯,但遭殃的是罗比内特。2月21日下午2点,布洛维斯将军出动了40辆装甲车,车载步兵紧随其后,沿哈塔卜南岸展开进攻。从插了羽毛的遮阳帽和独特的行军步伐就能看出,意大利第5狙击兵营也参与了进攻。但不到一个小时,大规模的美军榴弹炮就证明了自己的实力。炮弹飞向无处藏身的轴心国部队。88毫米口径火炮在河对岸还击,可惜布洛维斯手下大炮不足,无法还以盟军颜色。下午4点,来犯者进入美军坦克的埋伏圈,隐蔽在岩石后的反坦克炮倾泻而下。连非洲军团也没见过这种阵势,下午6点,布洛维斯放缓了进攻节奏,这时德军离哈姆拉山还有4英里。顶着羽毛和煤斗头盔的人影在暮色中消失,出了无孔不入的炮火射程。布洛维斯损失了10辆坦克,罗比内特却只丢了1辆。

右翼失利,隆美尔命令布洛维斯分散包抄左翼。他要旁敲侧击,绕到敌后予以致命打击。布洛维斯冒着大雨摸黑穿过泥淖。21日破晓时分,他手下的官兵成了落汤鸡,士气低落、溃不成军,不仅如此,他们还迷了路,跑到了哈姆拉山以南7英里的地方。

但德军并不气馁,摸清方向后,两个掷弹兵营从布齐布卡正北方发动进攻。截至上午8点,两个营缴获了美军5门榴弹炮和3门小炮,外加30辆车。美军敌不过,只好弃守那云雾缭绕、遍布着欢呼的德军掷弹兵的812号高地,落荒而逃。

初战告捷后壮志凌云,不依不饶地乘胜追击,一举攻破脆弱的防线,这是再熟悉不过的一幕了。而非洲军团发动进攻的这个节骨眼，碰巧是罗比内特权力的终点、艾伦挂帅的开端。在35英里外，第2军继续巩固君士坦丁和卡夫的防线，唯恐库维夫失陷。一名英国兵称德军进攻引起的恐慌为"星期天恐慌"，军官们戏称，自己正收拾去战俘营的行李。

但这支军队已经经历了磨炼。即使全军伤亡惨重，官兵们仍然坚守阵地，如铜墙铁壁一般。非洲军团到泰贝萨的直线距离为23英里，但没能再接近一步。上午9点，云开雾散，太阳照耀着812号高地上的数百名孤立无援的官兵。布洛维斯出动24辆坦克和第5狙击兵营从西北佯攻哈姆拉山，为受困的步兵解围。这支救兵在山脊线两英里处被美军三面夹击。

"空中硝烟弥漫、弹片横飞，炮声震天。"克利夫特·安德勒斯事后说。说到幸运，非他莫属，这位人称"薯条先生"的第1师炮兵主任戴着一副眼镜、叼着一个烟斗、拿着一根手杖、嘴唇上蓄着一撇小胡子，一副冷静、总是在思考的样子。

艾伦说过："论技术和经验，窃以为无人能与克利夫特相比。"他没有辜负这句褒奖。美军手上有不少炮，但苦于无能人指挥，安德勒斯集中昏头昏脑的炮兵，将他们带上前线。"瞄准敌人的后脑勺、下巴，和穷寇的足迹。"他如是描述一个炮兵阵地。接到美军要反攻的命令，"他们多半如释重负地大声欢呼"。炮兵们抡起斧头，砍倒山前坡上一棵棵松树，用于整理阵地。这是多么壮观的战场。"炮兵的梦想，"安德勒斯说，"谷底到处都是目标，从坦克、88毫米口径高射炮到步兵和卡车。"

仅第27野战炮兵营就配发了2 000余发炮弹，对别的单位同样也不吝啬。下午2点，已经被打得团团转的非洲军团全线溃败，惊恐万状的士兵向东逃窜，在巴希雷·夫塞纳留下了一具具尸体，如同铺路石一般。第16步兵团赶跑了812号高地上的掷弹兵，成功夺回了当天早上丢掉的每一门大炮和车辆。又沐枪林弹雨的亨利·加德纳说："最振奋人心的一幕……一名坦克兵端着冲锋枪押着一队高举双手的俘虏绕过一道旱河湾。"

一个美国兵端着头盔在临时战俘营收集了一头盔的铝星（意军列兵的领章和肩章），然后向罗比内特报告，他"俘获了一窝意大利准将"。罗比内特从中摘了两个，按在自己肩上。自从圣诞节前荣升将官后，他一直在找星章。

"Lay Roughly on the Tanks"
★★★

凯塞林传奇陨落

西边战场的战斗已经谢幕，凯塞林传奇的最后一幕在17号公路上拉开了帷幕。隆美尔的主力血洗殿后的英军，长驱北上。在过去的两天，这位筋疲力尽的元帅心头的快意，堪比作为一名青年军官在"一战"期间体会到的快乐。说到隆美尔21日星期天亲自上前线，一位副官说："像过去一样，他突然出现在最前线，在步兵和坦克中间，和士兵们一同冲锋陷阵，敌军的炮兵开炮时，他就像炮兵一样卧倒在地！"

下午3点左右，这种快意消失殆尽。隆美尔看出，手下这支非洲军团早已适应了随心所欲的沙漠战，根本不了解山地作战，更不懂得要选择占领高地，避开挨打的山谷这一要领。以30辆坦克、20门大炮和35辆步兵半履带式作为前锋，沿塔莱公路推进的第10装甲师也迟迟不见进展。德军情报机关以为美军只在凯塞林隘口以北，谁知半路杀出了一支英国装甲兵，将德军拖了半天，却迟迟不发起决战。隆美尔事后指责布罗伊希等装甲师指挥官，"他们好像没看出和自己交火的是盟军后援"。隆美尔和布罗伊希各乘一辆指挥车，分列公路左右，

4个多小时内,德军进展缓慢。戴着头巾、身穿毛袍的阿拉伯人忙着在山间抢夺死者的财物,就连袜子都不放过,留下一地四仰八叉的惨白尸体。

英国人也有自己的问题。被安德森派来监督邓费等守军的尼科尔森准将碾着齐车轴深的污泥,花了6个小时,于星期日凌晨3点15分赶到塔莱。他一来就发现安德森并没有下"死命令",仅仅是一道含糊其辞、听起来让人十分恼火的指示,"展开攻势",但不能冒着损失"各处紧缺的"坦克的风险。邓费的50辆坦克多半是过时货,难以与装甲车匹敌。他手下人数最多的一支步兵——即第5莱切斯特郡团第2营——刚从英国抵达这里。"一时还摸不着头脑,"尼科尔森事后指出,"难以让他们产生紧迫感。"除了5辆参战的美军反坦克装甲车,一名英国军官汇报,用美国军官的话说,他没办法集合以"如常言所说的唯一生还者的速度"飞奔而过的掉队兵。这一整天,都有数百名斯塔克手下的残兵游勇从塔莱经过,喊着"他追上来了!"谁都不用问"他是谁"。

安德森没下死令,尼科尔森命令邓费:"你要不惜一切代价,将来犯你方阵地的德军装甲兵挡在塔莱城外。"下午4点,邓费在塔莱以南12英里处反守为攻。1英里外,用一名英国兵的话说,敌军遍布山头,"场面壮观,但令人生畏"。

有隆美尔亲自坐镇,装甲车隆隆穿过败下阵来的掷弹兵,德军战斗部队一拥而上。山间坦克炮声震天。坦克威力不敌敌人,往往因为过早还击、回火爆炸,反而暴露了己方阵地的位置。英军格外英勇地战斗了一个小时,邓费损失15辆坦克,下令收兵。

英军在仙人掌地中左冲右突,总算到了一座位于塔莱以南3英里处、由莱切斯特兵把守的山头。"路上的机枪子弹像蛇一样追着我们,"一位军官回忆,邓费"笔直地站在侦察车上,通过无线电,镇定自若地指挥这场战斗",后来才随最后一辆瓦伦丁步兵坦克穿过滚滚浓烟,进

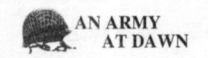

入了防御圈。随后,夜幕和雨幕笼罩了战场。

邓费是职业炮兵,事后才发现炮兵被部署在了远离前线的地方,但为时已晚。他手上的大炮差不多已经损失殆尽。负责把守塔莱的是一个不中用的法国营,外加为数不多的援兵,他们都住在"人去楼空、散发着浓烈劣质香水味的"妓院。塔莱海拔3 300英尺,宛如一座高原要塞,但这支弱小的军队恐怕抵挡不住敌军破釜沉舟的进攻。该镇以北是一条笔直的公路,地势平坦,通往40英里外的卡夫的道路上没有一兵一卒。"我非常担心,"朱安事后承认,"因为如果隆美尔攻破该镇,整个北非将在劫难逃。"

另一支由一辆瓦伦丁步兵坦克带队的装甲兵部队紧跟着邓费,开向17号公路边缘的英军阵地。那些躺在挡泥板上抽烟、丢盔弃甲的士兵显然是掉队了。一个散兵坑才挖了一半、还没来得及布地雷、刚挨尼科尔森骂过的莱切斯特兵放下手中的铁锹,抬头望着熟悉的炮塔。视野好的话,说不定还能看到坦克车身上印着的"阿普尔·萨米"。"阿普尔·萨米"于3个月前在泰布尔拜成为了敌人的战利品。"离我的战壕远点,"一个步兵冲经过的坦克喊道,"别轧坏了。"

掷弹兵犹如跳出木马的希腊人一样跳下坦克,扑向吓呆了的守军。8辆装甲车和假冒"阿普尔·萨米"冲进英军的阵地。德军扔着手榴弹、端着冲锋枪,冲进莱切斯特的战壕。几发坦克炮弹摧毁了营通信车,发出的求救信号定格在空气中。德军来回摆动枪身,组成了一张火力网。"举手,出来!"黑暗中,一个德军操着一口蹩脚的英语喊道,"缴枪不杀!"几分钟内,莱切斯特兵就被缴了械,300名发蒙的俘虏消失在夜色中。

往北2 000码,邓费仅剩的几辆坦克隐蔽在小镇正下方一道杂草丛生的山谷中。下了坦克的兵坐下来正准备吃饭,就见"德军曳光弹飞过我们的头顶,"一名士兵写道,"一颗照明弹飞上空中……两辆德军坦克的机枪口喷射着黄绿色火焰,向我们直冲过来。"一辆爆炸的燃料车将山谷照得形同白昼，映在山上的影子仿佛鬼魅。

"给我狠狠地打这些坦克！"一位连长下令，杂草丛生的地面上，喊杀声持续了3个小时。"这是一场射程不到20码的坦克战。"邓费说。许多英勇的英国士兵往过来的装甲车上扔"黏性炸弹"——即粘了胶水和引信长度足够燃烧5秒才爆炸的手榴弹。晚上9点30分，司令部文书在作战日志上奋笔写道："情况混乱。"邓费通过电台告知尼科尔森，莱切斯特郡团遭血洗，坦克也面临着悲惨的命运。但等他提出退守塔莱城外，尼科尔森却一口回绝："务必不惜一切代价守住。"

他们不惜一切代价在坚守，但代价惊人。到午夜，德军最后一辆坦克撤退前发射的最后一发炮弹为止，邓费手下最初的50辆坦克只剩下21辆，隆美尔占领了一度由莱切斯特人把守的山头。莱切斯特郡团仅集合了40名身体健全的官兵，800名士兵伤亡。邓费把塔莱的炊事员、司机和马夫都送上前线。不到1英里外，仅损失9辆装甲车的隆美尔集结了50辆坦克、2 500名步兵和30门大炮。就这一夜双方的较量来说，"佯攻频繁、弹药浪费过多，"一位史学家指出，英国人准备殊死一战，但肯定要等到天明再说。

★★★

天色大亮，大战却没有打响。一个美国炮兵从天而降，这对英国人来说不啻一个好消息，他带来了2 200名官兵、48门大炮和一颗杀手的心。第9步兵师炮兵司令斯塔福德·勒·罗伊·欧文准将4天驱车735英里，翻越沟壑纵横的阿特拉斯山，终于抵达这里。欧文星期天晚8点抵达塔莱，简直是"天降神兵"，邓费事后声称。欧尔则认为塔莱的局势"极为严峻"。

欧文是艾森豪威尔的西点同窗，他曾是一位骑兵，身材魁梧，长着一头褐色的头发。比起猜测喂马的草料配方，校准枪炮似乎更具挑战性，他便于1917年转行去当了炮兵。这位弗吉利亚人幽默风趣、谈吐优雅、还是个心灵手巧的水彩画家，喜爱调兵遣将，也爱吟诗作赋。2月22日，天刚破晓——尽管地图不管用、天气恶劣，再加上英国人误判了敌军的方位——欧文已摆开了一道长3英里的弧形炮阵，以便早上当德军发动第一轮炮击时还以颜色。两军对垒，相隔不足1 000码，狙击手虎视眈眈，导致无法上前观察，美军重炮只能盲目开火，数百发炮弹白白落到了对面山头背后。

美军开始动手了。早上7点，布罗伊希致电已返回凯塞林的隆美尔。装甲师本已准备好进攻，但盟军弹如雨下。此外，凌晨5点，美军装甲部队向德军右翼发动攻击。（"对不起，"英国坦克连长对手下的士兵说，"我们势必要殊死一搏，不知道我们中能否有人生还。"）进攻受挫，英军10辆坦克中7辆都被摧毁，但这次出击表现出了他们格外坚强的意志。敌人可能要发动大规模的反攻。他们要不要再忍一忍？隆美尔倒是很赞成。

隆美尔已是弹尽粮绝。虽说缴获了物资，但手下这支部队紧缺弹药，口粮只够维持4天、燃料甚至已不足以支持车辆行驶200英里。阿拉伯间谍和空军侦察兵来报，盟军的援军正赶往塔莱。接到布罗伊希的电话，隆美尔又驱车赶到前线。他在仔细察看了塔莱郊外被炮弹翻过的地形后，返回了掩藏在舍阿奈比山和哈塔卜河之间的一片灌木丛中的帐篷。中午时分，凯塞林乘自己那架小型施托希式飞机抵达凯塞林，又乘隆美尔的指挥车去指挥部。

果然名不虚传，凯塞林仍然十分乐观。周末早上，他还担心进攻不过是打嘴仗。但前一晚传到他设在罗马附近的司令部的消息似乎不错，"甚至有望大获全胜。"不错，阿尼姆不肯派出整个第10装甲师是个"不可挽回的严重错误"，凯塞林为此责备过他。但凯塞林相信，盟军撑不了多久。

隆美尔没工夫纠正他这个观念。在为时一个小时频频被刺耳的电话铃声打断的会议上，他坚持"停止进攻，鸣金收兵"。隆美尔将矛头指向阿尼姆、德国空军、意大利人，甚至称自己手下"战斗意识薄弱"。他的左翼受到来自西面的美军攻击，而这些美军部队十分"善于"防守。下午1点，突袭塔莱的计划被一推再推。一位参谋记录了隆美尔冷静的分析：

> 不可再继续进攻，敌方援军源源不断，加之天气恶劣、除了柏油路之外，其他路段寸步难行。而且，因山区不适合调派装甲部队，这一问题产生的矛盾日益被激化。上述种种因素都不利于我军发挥优势。

"隆美尔意志消沉，"凯塞林说，"他甚至不加掩饰地表达迫切想要回归南线，他自己部队的意愿……倒不如和他推心置腹，帮他回忆从前在更加恶劣的情况下取得的战绩，鼓舞他重拾信心。"蒙哥马利的大军"还很远"，根本不足为患。"主动权掌握在我们手中，"凯塞林又说，"泰贝萨唾手可得。"

然而这一切都是徒劳无功。号角再也振作不了这匹老战马的精神。他"尽失一贯号令三军的斗志"，凯塞林注意到，"隆美尔身心疲惫。"沙漠之狐"俨然变成了垂暮老人"。

塔莱已经是轴心国北非战役的末尾了。在这个阴雨绵绵的星期一，双方炮击不断。截至傍晚，美军炮兵的105毫米口径的炮弹只够打15分钟。欧文认为1943年2月22日是"二战"期间，他所经历过最艰苦的一天，这位还要继续在未来的两年中经历多次战斗的军人会说出这样的话，未免会让人觉得有些偏激。但峰回路转，记者A.B.奥斯汀写道，在塔莱逃过一劫的英国士兵"如同在马球赛后泡个热水澡"，嘻嘻哈哈、幸灾乐祸。

凯塞林回到罗马后，才正式批准撤兵。星期一晚上，轴心国部队走出战壕，不声不响、于心不甘地越过凯塞林隘口。第21装甲师负责

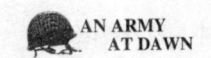

断后，但实际上已经无后可断。"敌人追也不是，不追也不是，"非洲装甲军团2月23日的作战日志记载，"当天无战事。"布罗伊希在凯塞林村附近一直等到最后一辆车通过了隘口附近刚布下的一个雷区，工兵又在出口堵上最后几枚泰勒地雷。隆美尔早就快马加鞭，上了经加夫萨返回位于东南部的马雷特的路。他抽空写了封家信："一连数日苦战，我目前安好。可惜我们没能守住夺下已久的阵地。"

★★★

敌人追也不是，不追也不是。2月22日，艾森豪威尔给弗雷登多尔发了一封甜言蜜语的电报："在你英明的领导下，敌军目前的进攻终将不能得逞……时间一旦成熟，你部将担当重任，一举将敌人赶出突尼斯。"

当天晚上，总司令又打来电话，称"时机"已经成熟。截获的德军电报表明，德军全面撤兵。弗雷登多尔"大可以放心"地发动反攻，一举擒获隆美尔。艾森豪威尔认为万无一失，才提出"担负全责"。

弗雷登多尔迟疑不决。敌军"还留了一手"。他认为，为小心行事，最好还是再守一天。陆军情报官招募突尼斯密探侦察敌军的动向，谁料"阿拉伯人多半目不识丁、不识数，甚至不会看表"，侦察能力十分有限。无人知晓隆美尔身在何处。

第2军和第一集团军都犹豫不决。挨了一个多星期的打，高级军官恨不得远远躲着敌人。亚历山大将军在君士坦丁足不出户，想不通3天前惹来的麻烦。没人顾得上掌握主动权。

几项人事大变动又耽搁了盟军乘胜追击的步伐。艾森豪威尔一直在考虑弗雷登多尔免去沃德职务的请求，他本已准备答应，却听特拉斯科特说，他已"整顿了"撤退期间部队的秩序。总司令从摩洛哥招来了巴顿在"火炬行动"中的一名部下，欧内斯特·N.哈蒙少将。哈蒙到了阿尔及尔，艾森豪威尔既想要他担任第2军军长，又想委任他第 1 装甲师师长的职务，一时难以取舍。人高马大、一度被人称为"无人管束的眼镜蛇"的哈蒙打断了他："你看着办吧，我总不能身兼两职。"他转身上床，不料又被艾森豪威尔叫了起来，替他系上鞋带，这才打发他去突尼斯前线。

2月23日星期二，凌晨3点，哈蒙赶到库维夫，出任弗雷登多尔的"高级助理"。艾森豪威尔也致电弗雷登多尔，直截了当地说："我没想到你要撤换沃德，在我看来，至少在两次实战中，他表现出色。"弗雷登多尔一屁股坐在火炉旁的一把椅子上，提笔写了份委任状，任命哈蒙为副军长，负责指挥第1装甲师和英国军队。一周之内，哈蒙就被擢升为盟军第八大战略指挥官。"拿去，"弗雷登多尔说，"这支部队是你的了。"哈蒙断定此人是喝高了，把委任状往兜里一揣，乘一辆吉普车去了塔莱。

他找到并不为委任状所动的尼科尔森。尼科尔森不亢不卑地解释，他打算"决一胜负"，再次之后，哈蒙才能接过指挥权。"哈蒙最初稍显意外，但很快便鼎力配合，"尼科尔森说，接着又补充道，"我们昨天狠狠地教训了他们一顿，今天早上还要再过把瘾。"哈蒙大声附和，然后去见沃德。"鬼才回来呢。"哈蒙公开说。

2月23日早晨，一名青年军官冲进塔莱的一间地下室，向尼科尔森和邓费报告："德国人跑了！"指挥部顿时炸开了锅，开始议论这激动人心的消息。两位准将不放心，乘一辆巡逻车前往那座曾由莱切斯特兵把守、已被血洗的山头。一名军官说，除了趁火打劫的阿拉伯人之外，"眼前只有空荡荡的阵地"。尼科尔森一时还不敢相信手下这支部队逃过了一劫，突然想起了吉卜林（Kipling，1865～1936年，英国作家、诗人。——译者注）的诗句：

    人们难以说出，但真主知道，
        那些隐藏在另一面的伤痛。

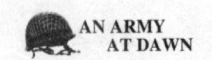

按照惯例，隆美尔总会留一支部队把守隘口，用于伏击忘乎所以的追兵。上午 11 点 30 分，事后怪自己胆子太小的尼科尔森派侦察兵去探情况，但"不得仓促行动"。经他首肯，这队侦察兵等到下午 3 点才慢慢摸向凯塞林。

隆美尔早不见了踪影，但盟军花了一天多，才分批翻过大东塞尔。"我们行动迟缓，"哈蒙事后承认，"才放跑了他们。"沃德慷慨地任命哈蒙为自己的参谋，然后提笔给盟军联合司令部的比特尔·史密斯写了封短信。他再难同弗雷登多尔共事。互相猜忌已到了不可调和的地步。手下只剩下两名参谋和一名司机的沃德，垂头丧气、不声不响地在罗比内特的指挥部附近搭了顶帐篷，等候阿尔及尔回话。一位副官注意到，沃德"情绪低落，需要休息"。

★★★

2 月 25 日早晨，小雪纷纷扬扬地洒在小心翼翼地穿过凯塞林隘口的英美联军身上。放眼望去，满目都是"德军和美军飞机的残骸、焚毁的车辆、被丢弃的坦克和散落一地的弹壳"，罗比内特说。一只罐头盒、一封没来得及写完的情书、一双拳击手套都是战争胜败的见证。戴着插了黑羽毛头盔的意大利俘虏为已经膨胀得认不出面目的尸体掘墓。一名看守俘虏的美国大兵坐在吉普上，一边嚼口香糖一边看超人漫画。盟军下令严厉打击趁火打劫的行为，雪地上不时传来阵阵嘶哑的冲锋枪声。突尼斯人夺路而逃，或中弹倒地。

就算盟军想要奋起追击，也不敢触隆美尔麾下狙击手的霉头。和凯塞林附近的 13 座桥一样，斯比巴和斯贝特拉之间的 9 座桥梁被悉数炸毁。德军埋设了 4.3 万枚地雷。在隘口以东，盟军的"车辆从四面八方进入雷区，"一位英国军官说，"是最无聊的事。"遇到雨天，靠电池供电的探雷器短路，工兵只得带上刺刀探针，像"球童或高尔夫球手寻找丢了的球似的趴在地上"。大兵们还要留意那些骆驼的残缺不全的尸体，因为骆驼蹄的压力足以引爆一枚 11 磅 TNT 的泰勒地雷。

盟军一直统计不出凯塞林一战中准确的伤亡人数，主要原因在于法、意和突尼斯人的伤亡总是不清不楚。参战的 3 万美军损失了 6 000 人，其中一半人失踪（德军的记录始终较为精确，共俘虏盟军 4 026 人）。弗雷登多尔的第 2 军损失 183 辆坦克、104 辆半履带式装甲车、200 余门大炮、500 余辆吉普车和卡车。除了倒霉的莱切斯特兵和数十辆坦克，英国损失相对较小。德军阵亡 201 人，伤亡总人数不到 1 000。

几个美军单位损失惨重，如第 1 装甲团的 2 营和 3 营，以及合并后仍不满编的 23 营。在"预备役行动"期间，第 6 装甲步兵团在奥兰惨遭重创，凯塞林一战又遭血洗，750 名官兵仅剩 418 人。幸存者犹如衣衫褴褛的福吉谷大兵（Valley Forge，1777 年冬，费城陷落，华盛顿率领败兵残将在这里修整，被冻死的士兵不计其数，是独立战争中最艰难的一段时光。华盛顿利用这段时间重新训练军队，冬天过后，又杀出谷来，重新与英军较量，最终赢得了独立战争的胜利。因此，美国政府在费城规划建造了国家独立历史公园。——译者注），多半光着脚。"我军上下都明白这非同儿戏。"艾森豪威尔告诉马歇尔。

"不可一世的美国人如今因我军史上最大的一次战败而蒙羞，"哈利·布彻在日记中写道。"无疑垂头丧气。"从法伊德隘口到塔莱，美军一周内被逼退了 85 英里，远超过两年后在比利时阿尔登的那场臭名昭著的"突出部战役"。由此看来，凯塞林战役可算是美军吃过的最大一次败仗。

虽说和十天前一样惨痛，但美军只是暂时后退，而不是战败。隆美尔没能夺下盟军的补给站，也没能将英国第一集团军逼出突尼斯北部，盟军并未遭到重创，元气未伤。久经沙场的德军足智多谋、杀气腾腾，轴心国军队的指挥官也高风亮节，带头冲锋陷阵。但轴心国最高统帅部内你争我斗、效率低下，帮派林立，比盟军内部还要糟糕。

双方都违背了重要的作战原则，没有乘胜追击，也没有善加利用

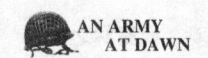

敌人内部的混乱。轴心国军队在西吉·布·吉特和塔莱一错再错。此外，隆美尔两次违背了"集中兵力攻击一点"这一基本原则，他选择兵分两路、长线出击。阿尼姆是对的："没有我的鼎力相助，以一支士气低落、疲惫的部队远征山国实属眼睛大肚子小。"

盟军再次出现了严重的失误。在凯塞林附近作战的5个美军师几乎是各自为战。领导走马灯似的频繁调动，有时候甚至一天换俩。简直就是盲人骑瞎马、陌生人指挥陌生人。多年来，弗雷登多尔因美军的拙劣表现饱受苛责，和他的几位部下一样，已经力不从心，跳不出一战的老套路，适应不了现代化的机动战。然而罗比内特认为，不能"一概"怪罪弗雷登多尔。他写道："翻遍史书，怕是也找不出比此次行动中盟军的指挥机关还要混乱的机构了。"

这个错应该算到艾森豪威尔头上。2月20日，隆美尔大军进逼隘口，艾森豪威尔还在阿尔及尔召开记者会，说"吃了败仗，我担全责"，之后却又矢口否认。他承认自己高看了法军，盟军把战线拉得过长，不堪一击。他后悔没在11月坚持将法军纳入盟军，以便统一指挥。此外，他在战后写道："倘若能在11月末忍一时之辱，转进攻为防守，敌人恐怕讨不到一点便宜。"

就像他在2月中旬，只是建议但没指示第1装甲师集中兵力发动进攻一样，他建议但没指示弗雷登多尔大举反攻。37毫米"小口径步枪"和75毫米口径半履带式"紫心勋章盒"远比不上德军的装甲车，2月末，他甚至为此感到意外，尽管在几个月前就看出了这些缺陷。西吉·布·吉特之行后，他度过了"漫长、坐卧不安"的一周，期间大部分时间都在口授参谋长联席会议内容，最后还是马歇尔斥责他："局势艰难，你却将时间花在我们身上，这让我感到不安……你不妨把心思放在这场战争上，我们的工作是支持你，而不是折磨你。"

当然，他依然功不可没。他调派第2装甲师和第3步兵师增援前线，并派处第9师的炮兵驰援塔莱。他致力于重整法军；设计美军训练方

第 9 章 凯塞林之战

法;大刀阔斧地改革情报战;和总是发来令人头疼的电报、坚持要在 3 月结束突尼斯战役并于 6 月出兵西西里的丘吉尔周旋。"我们要准备打一场苦战，"2 月 17 日，艾森豪威尔对首相说，"战争不是你我所想象的那样，说结束就能结束的。"

他反省了错误，并从中吸取了教训——这是艾森豪威尔秉持一生的美德——为将要在意大利和西欧打响的战争积累了大量经验。他锻炼自己的意志，准备迎接未来更加险恶的每一场大战。他在给儿子的信中写道："他们不定哪天就会给我安个莫须有的罪名，把我撤掉，继而降级……我不会伤心，你也无需烦恼……现代战争错综复杂，政府只能拿人当棋子。"

美军指挥官一旦学会联合作战，将装甲兵、步兵、炮兵等作战部队合而为一，艾森豪威尔就可以重振精神。这就好比联盟内部行动，只需在国内训练，就能迅速解决这些问题。大兵们要是在战场上学会这些，往往要付出惨痛的代价。

不过，地面部队和空军仍然各自为战。双方不顾"除非遇袭，否则不得向飞机开火"这一禁令，导致多起误伤时间发生。仅 3 支盟军战斗机大队，就被友军击毁或击伤了 39 架飞机。2 月 22 日，迷失航向的 B-17"空中堡垒"轰炸机偏离了凯塞林隘口的打击目标 90 英里，炸死许多突尼斯平民，重创了苏克阿尔巴附近的英军机场。空军之后道歉，并赔偿了几千美元，以了却"官司"。

除了增进了各兵种之间的默契，形成了联合作战的雏形这一成就之外，凯塞林的惨败折射出了三个耀眼的希望。首先，美军炮兵在斯比巴、哈姆拉山和塔莱的战斗中展示出了非凡的能力。其次，美军指挥官在炮火中表现出了英勇气概，如欧文、罗比内特、安德勒斯、加德纳、艾伦和许多英军指挥官。第三，能够明确看出，就连埃尔温·隆美尔这种强敌都不是常胜将军，他也会犯错。令人惊奇的是，在"垂头丧气"的凯塞林之战和突尼斯大捷之间，仅仅相隔两个月。

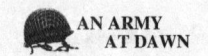

爆破工兵除去了泰贝萨临时补给站上的硝棉和引信。筋疲力尽的官兵倒头睡了一个没有一丝梦魇的觉。10天刺耳的喊杀声过后，阴森的战场一片寂静。早晨，副官的帐篷里间或传来敲击键盘的声音，文书彻夜未眠，用一份失踪和伤亡人员名单解开了牺牲和命运的谜团。

第 10 章
早已名存实亡的世界

一心要整顿军纪的艾森豪威尔终于重新起用了他又爱又恨的巴顿,后者回到了第 2 军,继续用粗话鼓励着他的弟兄们。与此同时,乐观过头的阿尼姆将军又策划了几次军事行动,但都以失败告终。德军的形势不容乐观,元首纵观全局,终于下达了一个愚蠢得令隆美尔无比头疼的命令……

THE WORLD WE KNEW IS A LONG TIME DEAD

Vigil in Red Oak
★★★

雷德奥克的不眠之夜

　　西南部艾奥瓦州被战争洗礼的第二个冬天刚刚过去，盛开的报春花和下午的太阳透着春意，大着胆子往北方蔓延。对于雷德奥克、维利斯卡、克莱林达和国内其他地方的人们来说，即便听过关于美国抗击德国，以及从非洲挥师西进的报道，战争仍然不过是个抽象的概念。艾奥瓦州人通过新闻、电影和家书了解这场战争，以为自己能够感同身受，但这都不是亲临战场。蒙哥马利县的专科学校因生源不足而关门。美国利津公园内的棒球场因为人迹罕至，长出了大量杂草。护士和青年医生一走而空，退了休的老医生赖利经动员出山填补了空缺。雷德奥克出租车公司首次聘请了女司机，但个个都难得出车，因为就算有汽油配给卡，除了农民和其他急用，一周只能加4加仑油。

　　全民皆兵。雷德奥克电影院差不多每晚都要播放电影，周末加映一场。放学后，孩子们涌向市中心的绿鹦鹉商店买汽水。J.C.彭尼商场的货架上空空荡荡，但顾客还是不时会进来逛一逛，仿佛购物是一种思维运动，不是买卖。雷德奥克潜行虎队——当然，没人真正看懂这

第 10 章　早已名存实亡的世界

支球队吉祥物的意义——准备参加区篮球赛。学校体育场内正在上演学生剧《十人组》,吸引了一大批人。播种季节临近,多亏州战时委员会英明,增加了蒙哥马利县的犁和中耕机的配额,解决了农机不足的燃眉之急。

即使前线远在天边,但爱国热情仍然高涨。"凯旋日"图书募捐活动已经募集到了 500 本书,雷德奥克的学生要买 900 美元的战争债券,为军队认购一辆吉普车,买得多则可认购九辆。"一战"老兵精心筹划了一场活动,准备将 1943 年 3 月 9 日作为纪念日,以纪念 M 连于 1918 年的同一天"跳出战壕冲向德军"第 25 周年。

借喜讯之名,突尼斯传来了第一条坏消息。2 月 22 日,《雷德奥克快讯》以"穆尔率众突出纳粹重围"为题,在头版刊发了一条合众社的报道。在这篇电头为"发自突尼斯前线"的文章中,将这位前娃娃上尉描绘为"眼睛发红、形容憔悴、因缺粮缺水而四肢无力",还历数了他是如何带领手下一众官兵,突出遭德军包围的山头,转移到安全地带。在蒙哥马利县,人人都认为罗伯特·穆尔是一个非常优秀的军人。在之后的两周时间里,除了关于一个遥远的凯塞林发生的战斗的简讯之外,又陆续披露了其他一些详情。

3 月 6 日夜,雷德奥克接到第一条电报。截至午夜,不断有几乎如出一辙的电报发来:"国防部长让我代为转达他的歉意,你的爱子自 2 月 17 日在北非参战,至今下落不明。"小镇上,穿着工装裤或华达呢西装的人们围在紧邻西联公司的约翰逊饭店大门口,靠着一对爱奥尼式立柱抽烟、交谈,竖着耳朵听位于库伯大街法院的大钟报时声。

收件人并不难找到。一手拉扯八个孩子长大的寡妇梅·斯蒂夫尔就是这家饭店的领班。15 分钟内,她收到了两封电报,她的两个儿子——弗兰克中士和二等兵迪安失踪,第二天早上,第三封电报送到了她手中,连女婿达雷尔·沃尔夫也没能幸免。"他们不信祈祷,"她说,"但我天天为孩子们祈祷。"维恩·比尔鲍姆家也失去了两个儿子,外加他的女

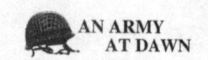

婿和女婿的兄弟。吉莱斯皮的两个儿子双双失踪，他们开饲料店的父亲将电报夹进了家用《圣经》。不在本县的人比较难找，比如洛伊丝·布赖森，她在奥马哈的马丁轰炸机制造厂上班，从下午4点工作到午夜，主要负责装配液压管路。她丈夫弗雷德失踪的电报几经辗转，好不容易才送到她手上。17岁那年，弗雷德就在维利斯卡加入了F连。

3月11日，《快报》刊登了一条人们公认正确的消息："西南艾奥瓦州被重创。"仅雷德奥克失踪大兵的照片就占了头版第一页的四栏。文章第一句话就是："战争的氛围越来越浓郁，本周纷至沓来的电报触目惊心。"镇上最忙的人恐怕就是为西联送电报的一个小伙子，16岁的比利·斯马哈。"他们怕见到我，"事后，比利告诉《周末晚报》，"我从不戴西联的帽子，怕上门时吓着他们。"

一时间谣言四起，说艾奥瓦州的谢南多厄失去了500人，而在北非服役的官兵还不到这个数字的四分之一。但事实相当残酷：克莱林达损失41人、大西洋城46人、格林伍德39人、康瑟尔布拉夫斯36人、谢南多厄23人、维利斯卡9人。雷德奥克总计共损失45人，近M连的三分之一，M连损兵153人，其中包括一名连长和六名中尉。第168步兵团共损失109名军官和1797名士兵。"就我所知，在这场战争中，恐怕还没有一个面积相对较小的地区能有这么大的一支部队。"一位军官在接受《康瑟尔布拉夫斯报》的记者采访时说道。

再一次全民皆兵。老兵取消了"一战"周年纪念活动。信件从战俘营转来，小镇人才知道失踪者多半（有幸）成为了俘虏，许多人最后和法国、俄国、荷兰大兵一起被送到III-B战俘营，但军官都被送去了西里西亚的战俘营。"爸爸妈妈，除了衬衫、内裤、鞋和作战服，我一件衣服都没有，直到几天前，我已经穿着它们度过了一个月，"来自雷德奥克的杜安·A.约翰逊中尉3月时在信中写道，"先寄食品来，我不管是否全是巧克力。"侥幸逃过被俘或死里逃生的官兵也寄来了信，"我就剩下步枪、新自来水笔、铁锹和小命一条，"威利斯·R.达恩中士写信给维利斯卡的父母,"谢天谢地!"

女子星期一俱乐部加紧举行书籍募捐活动,募捐箱很快就占据了镇广场四角。美国海外退伍军人协会为德国战俘营募集剃须刀。参战军人父亲协会这个日后被称为声援大队的组织也在日渐壮大。艾奥瓦州的一位大学教师在埃及工作期间遭德国人拘押了7个月,他举办了一场演讲,于3月中旬一个礼拜天的晚上为卫理会教堂吸引了900名会众,来迟的人只好站在唱诗席身穿长袍的歌手身后。

电报纷至沓来,比利·斯马哈忙个不休。《生活》杂志刊登了一篇小镇的这场灾难的报道,短短的一篇文章配了两页的小镇航拍照片,并标上失踪、被俘或阵亡士兵家的位置。《纽约先驱论坛报》的一位记者计算,"如果战斗发生在纽约市,并蒙受同一比例的损失,伤亡数字将高达1.7万人"。在人口仅有5 600的雷德奥克,麋鹿俱乐部和考兹艾尔锅炉公司为阵亡官兵铸造了小的胸章,全镇家家户户的壁炉台和钢琴上都摆着一身笔挺的军装、满脸笑容的士兵照片。华盛顿小学教师弗兰西斯·沃利在剪报簿上列了一个光荣榜,她就像在优秀学生的作业簿上贴星星一样,在每一个失踪大兵的名字前贴了一枚金星。

转眼就到了第二个春天。橡树萌发了绿芽、大雁北归,小溪一路欢歌。草儿为镇东山坡上墓碑林立的公墓披上了一层绿色。小镇人照例去忙各自的事,但战争仍然深入了他们心中。"雷德奥克和美国任何一个镇子一样,深知战争的本质。"当地一位史学家写道,这话说得千真万确。

"We Know There'll Be Troubles of Every Sort"

★★★

巴顿"驾到":第2军的福音还是噩梦?

隆美尔不声不响地出了凯塞林,穿越突尼斯中部高原,直奔东多塞尔。在2月和3月交替之际,对阵双方又回到了在险些将美军打回阿尔及利亚的"情人节攻势"之前,各自盘踞的阵地。轴心国在突尼斯南部的势力范围变成了一个脆弱的突出部,突出的部分西及一马平川的斯贝特拉和加夫萨。隆美尔明白,如果敌人决一死战,自己绝对是抵挡不住的。双方指挥官都看出,非洲战场的最终决战将在这片不断缩小的地盘上打响。在这片宽50英里、长300英里、近似于长方形的地盘上,两支盟军部队要对阵两支轴心国大军,为控制这片大陆和地中海南部一决胜负。

在北方,阿尼姆的第五装甲集团军正悄悄备战,旨在夺回自入冬就被安德森的第一集团军占领的地盘,扩大突尼斯和比塞大附近桥头堡的辐射范围。隆美尔在南方重整非洲装甲集团军,思考着如何截住这4个月来从埃及出发,取道利比亚西部、辗转上千英里向突尼斯挺进的蒙哥马利第八集团军。

第 10 章　早已名存实亡的世界

中部，仍属于安德森部下的第 2 军埋葬了阵亡的官兵，出了凯塞林隘口，想看看是谁来带他们上阵。

★★★

古时的迦太基人——那些臭名昭著的失败者——常常用酷刑惩罚败军之将。艾森豪威尔是否能记住突尼斯人的前车之鉴还不得而知，但他确实是一个认真学习布匿战争的好学生。为避免遭遇同一种命运，凯塞林的硝烟还没散尽，他就物色好了替罪羊。他致电马歇尔，振振有词地说，在大规模的非洲战役中，"这不过是偶然事件"。美军的伤亡人数已经高达 6 000，加之多场败仗，令士气一落千丈。60 辆救护车在奥兰机场和医院之间来来回回，马不停蹄地疏散伤员。"这令人相当气馁，"艾森豪威尔的副手埃弗里特·休斯在日记中写道，"我甚至还理不清这一战的头绪。我们群龙无首，简直就是一盘散沙。"由于新闻审查，国人仍然不知道盟军的具体损失是多少，但艾森豪威尔明白，真相终将大白天下，恐慌也将在全世界蔓延。

第一个被艾森豪威尔拿来开刀的是他手下的情报官，埃里克·E. 莫克勒·费里曼准将。艾森豪威尔认为他为了揣测敌人的意图，过于依赖"超级机密"。这位准将黯然离开。"如果你已不被需要，"他说，"争辩也改变不了局面。"艾森豪威尔请伦敦派一个"洞悉德国人心理和思维"的人。军衔略低的指挥官不久也都走人了，其中就有斯塔克。他于 3 月 2 日回国，之后战死太平洋。接着是麦奎林。用保罗·罗比内特的话说，突尼斯顿时成了"职业生涯的坟场，尤其是对处于指挥系统中上层的人士"。亚历山大强烈要求革除安德森的职位，由于无法说动蒙哥马利放弃第八集团军参谋长一职，来填补这个空缺，他改变了主意，留下安德森，但需"严加监视"。

奥兰多·沃德也在等着挨这一刀。用他在日记中的话说，"已经没有我和 F 容身的地方了。"当然，这个"F"是个难题。几个月来，艾森豪威尔一直当他是马歇尔的人，并以礼相待，尽管他后悔没把巴顿派到突尼斯。总司令还两度致信马歇尔，不厌其烦地褒奖第 2 军军长凯塞林一战的韬略，称他是一位"顽强"的、名副其实的三星战将。按毛奇的说法，如果一位将军要损失一个师才能"成钢"，弗雷登多尔恐怕真可谓是"百炼成钢"了。

但也不能完全无视前线的汇报。厄尼·哈蒙毫不客气。"他无才无德，" 2 月 28 日，他在返回摩洛哥的路上向艾森豪威尔报告，"你应该撤了他的职。"弗雷登多尔是个"平庸无能的杂种"，哈蒙还说，"肉体和精神上都是懦夫。"特拉斯科特说，"有他指挥"，第 2 军打不了一场"好仗"。连亚历山大也随声附和。"我敢说，"他告诉艾森豪威尔，"你必须要一个比那家伙强的得力干将。"

一名军官刚刚抵达非洲，奉命来做他的助手。该名军官与艾森豪威尔同是第 15 届西点毕业生，他出了一个主意，艾森豪威尔认为很合适。3 月 5 日，在泰贝萨附近举行的一次作战会议间隙，艾森豪威尔请奥马尔·N. 布拉德利少将上门廊待一会儿。

"你怎么看这里的指挥？"艾森豪威尔问道，狠狠地抽了一口烟。

"相当不妙，"布拉德利答道，"我和这里所有的师长都一一谈过话。他们都对弗雷登多尔这位军长丧失了信心。"

在莱班吉（Youks-les-Bains）机场匆匆见了一面后，艾森豪威尔不声不响地解决了这个问题。弗雷登多尔被升为三星中将，去田纳西主管新兵训练，也算是荣归故里。艾森豪威尔当然懂得痛下杀手的道理，但他知道，现在还不是时候。他给弗雷登多尔来了一个软着陆，并告诉哈蒙，这是为避免动摇最高统帅部的人心——其中当然也包括他自己。他致电马歇尔，说弗雷登多尔"用兵不善，消极应战"。

3 月 7 日，弗雷登多尔把私藏的酒分给手下的参谋后，于凌晨 3 点 30 分悄悄离开了库维夫。他没有为了赌一把而飞往阿尔及尔，而是乘坐一辆普通的别克汽车，趁着夜晚敌军战斗机发现不了的情况下出发，但"减震器坏了,我们颠簸了一路",他的副官说。弗雷登多尔和随行人员在路上吃了一顿K级口粮,把带在身边的一瓶法国勃艮第葡萄酒给喝了。

"活该。"沃德写道。但没有人比比特尔·史密斯更为尖锐:"在战前,他是位优秀的上校。"

★★★

传令兵骑着摩托车,风尘仆仆地赶到,并将调任他上前线的命令传达给他时,巴顿正在摩洛哥内地猎野猪。几个小时后,他飞抵阿尔及尔郊外的布兰奇大厦,和艾森豪威尔坐在一辆车的引擎盖上,进行了一次简短的会议。总司令只给了巴顿3个星期的时间整顿第2军,随后便要准备出兵西西里。"你无须向我证明你自己的勇气,我要你担任军长,不是要你去做个伤号,"艾森豪威尔说,"凡身居要职者,只要发现他没有能力胜任自己的工作,就绝不能姑息……我希望你能铁面无私。"

巴顿一直在为他至今生死未卜的女婿发愁——他亲自爬上勒西达山,遍寻约翰·沃特斯的坟墓——总之,无情不是他的本性。"在一次短会上,他声情并茂地痛斥德国人,三度潸然泪下。"布彻说。艾森豪威尔承认,这位军人痛恨敌人,"犹如魔鬼痛恨圣水"。

巴顿在库维夫小学初次露面,给奉命担任他副手的奥马尔·布拉德利留下了深刻的印象:

> 3月7日半上午,警笛发出一阵长啸过后,一支由装甲侦察车和半履带式装甲车组成的车队驶进了库维夫山作为第2军司令部的校舍对面的泥泞操场……迎风挺立在第一辆车中的巴顿就像古时战车的驾驭者。他皱着眉头,印有两颗将星的钢盔的帽带紧紧地扣住他的下巴。

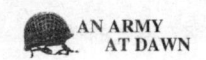

"他果真英气逼人。"沃德在日记中写道。一名上尉道出了许多青年军官的心里话:"他吓得我们屁滚尿流。"

以上两种反应都让巴顿赶到满意,他甚至顾不得去司令部小坐,就开始发表演讲。他说,军队的士气就是一心要上阵杀敌的意志,这种意志甚至要胜过对生存下去的渴望,美国人尤其要振作精神。巴顿"头顶将星、端着枪,发表了一通马西人式的演讲,就像给我们唱了一首仇恨的歌",罗比内特说。他一口一句"我们要把那帮杂种踢出非洲"。为此,他同时鼓励军官们要"肯流汗、敢打敢拼、善于思考","对德国人同仇敌忾"。

第2军上下倒是很快对巴顿"同仇敌忾"。为整顿军纪,巴顿连连下达的命令引得全军上下都对他不满。按令,尉官一律要佩戴金或银质的帽徽领章,这可是敌军狙击手射杀军官时最钟爱的"靶心"。如果汽车的轮胎漏气或油压不足,被斥为"巴顿的盖世太保"的宪兵有权力惩罚司机。不打绑腿罚款15美元,"我连内衣都没有,更别说绑腿了"。一个大兵叹道。不戴领带罚款10美元。如果在战斗中阵亡的官兵没打领带和没裹绑腿,殡葬单位则不得将其下葬。不擦皮靴、不系帽带也要受罚,就算在厕所也不得违反这些规定。每晚回到学校,巴顿都要带回一堆没收来的毛线帽,他认为这是代表纪律涣散的邋遢装束。

他果断、利索,却粗俗、出口成脏,让人搞不清楚他是要严肃军纪,还只是因为性情乖张。"特里,你的散兵坑呢?"一次,在去第1师视察的时候,他问艾伦。艾伦指向帐篷外的一条浅战壕,巴顿"嗖"地拉开裤锁,在里面撒了泡尿,以示对被动防守的不屑。在库维夫,一次与大红一师20名军官讨论战情的会议上,哈欠连天、烦躁不安的巴顿突然大骂军官们是懦夫,要"这帮黄腹鱼……去和敌人打一仗"。艾伦手下的参谋长指出,如果系上头盔的帽带,炮弹爆炸产生的冲击波可能会折断士兵的脖子,巴顿顿时口沫横飞,高声吼道:"我需要上校提出意见的时候,他妈的自然会说,否则你他妈的就给我闭嘴。"另一名军官和敌军巡逻队交手后,巴顿当着众人的面说,"你还不如被打死,什么时候要你去死,我会告诉你的。"

如果巴顿是一块磁铁,那么外号就犹如铁块一样纷纷飞向他:可爱的乔治、假戈登、领带巴顿、无聊鬼。最奉承的昵称莫过于"血胆老将",继而又变成了"犟牛"、"我们的老将"和"猛将"。钦佩他的人说他天生神武,用一位军官的话说,"他足智多谋、桀骜不驯、身强体壮、令人过目不忘……可惜生不逢时。官兵们犹如避开敌人的正面进攻一样,尽量躲着他。相信来世的人,也许会认为他是威廉·特库姆塞·谢尔曼转世,用沃尔特·惠特曼的话说,他喜欢"故作威严"。布拉德利认为,巴顿不过是"我见过最丑的一只小鸭子"。

但无论如何,第2军士气高涨,也不知是不是巴顿的功劳。从3月8日起,第2军不再隶属于安德森的第一集团军,而是直属亚历山大和第十八集团军群,作为这位元帅整编部队的一部分。第1装甲师和第1步兵师、第9步兵师以及第34步兵师等美军单位团结一致、密切配合,这是在过去4个月的战斗中前所未有的。为防止敌人重新发动进攻,美军一边密布雷阵——3月每天都要布下1.2万枚反坦克地雷——各师调整部署,专项训练了数周。"他们给了我们一个湿漉漉的球,"喜欢用橄榄球打比方的艾伦说,"看着我们在泥泞的战场上抱着跑。"

特德·罗斯福在3月1日的日记中写道,自1月14日以来,他第一次换了衣服。干净的内衣、热乎乎的食物和及时的信件令罗斯福感觉重获新生。他开着他的"莽骑兵"吉普车从一个兵营到另一个兵营,从一座帐篷到另一座帐篷,亲切地给士兵们提出建议。官兵们用汽油搓下制服上的污垢,排队灭虱后,他又帮忙分发勋章,用雾号似的嗓子吼着"认可",而后便驱车去下一个军营。

"我始终认为,说美国人不喜欢勋章纯属一派胡言,"他写信给埃莉诺,"我就喜欢,我想得几个,别在身上,在你跟前晃来晃去,说:'瞧你嫁了个什么样的人。'"

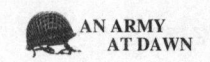

但在其他一些信件中，罗斯福的慎重概括了许多已经了解到自己要与敌军决一死战的官兵们的心情："在我看来，参战国家势必要犯一段时期的错误，才能学会任人唯贤。"他如是写道：

> 我认为这场战争要打5年。要再过一个寒冬，我们才能在这片大陆上站稳脚跟。德国人要再经历一个严冬，战争才能结束……如今我们历经种种磨难，已经明白了很多，这个世界早已名存实亡。

直到到战争结束，如何管理部队人员的问题都一直困扰巴顿和其他美军指挥官。早在凯塞林隘口一役之前，派来补充因伤亡而人数锐减的部队的兵员就带来了类似的问题。如今，随着数千人涌入突尼斯，陆军部面临着重蹈覆辙的危机，就像1918年那样，陆军的人事系统彻底崩溃。士兵就好比是火花塞或垫片，可以更换。这类零件一旦磨损或毁坏，势必需要新的零件来替换，以保证一个单位能够发挥最大的工作效率。虽然从理论上说是可行的，但这种生产线式的管理模式有几种致命的弊端。2月中旬，兵员告急，陆军部只好从驻扎在摩洛哥的第3步兵师和第2装甲师抽兵调将。这其中不乏精兵强将，而且少数几位指挥官借机把笨蛋和捣乱的家伙给筛掉了。

更要命的是，陆军部认为空军减轻了步兵的负担，使得他们的损失还不及"一战"。值得注意的是，谁都不曾料到，步兵的消耗竟远比炊事员和文书大。此外，作战也消耗军队。高级将领们逐渐认识到，各师在前线每作战30个小时到4天，就需要休整。以没有经验，甚至没能与战友建立感情的兵员补充各个单位，对作战来说根本不是什么好事。在突尼斯，这些弊端逐渐显现出来。由于很需要战斗兵员，许多士兵尚未完成基本训练就被派上前线，其中不乏体能低下和目无法纪的家伙。艾森豪威尔的后勤主任承认，他们就像"一袋袋小麦"似的送了过来。一份研究报告表明,其中80%的人甚至不会使用基本武器。被派到第34师的2 400人中,有相当一部分人已经超龄,导致体能不足。在一批250人的兵员中,有119人已经39岁以上。1.9万名经过训练的美军装甲兵补充兵员即将赶到突尼斯,但由于后勤单位迫切需要,他们中多半的人要担任司机、搬运工和弹药管理人员。与其相信陆军人事军官的异想天开,精明的指挥官宁愿选择派干事到新兵站挑选新兵,一位军官写道:"就像去买马似的。"

士兵们精神崩溃也是一个令人头疼的问题。用一位英国记者的话说,长时间作战的人个个"谈炮色变"。在凯塞林战役前,战场上五分之一到三分之一被疏散官兵都患有"精神性虚脱"。1943年春,仅第95综合医院的精神病科就接收了1 700名官兵,另有数千名官兵出现了各种不稳定的症状。艾森豪威尔为"这种目前不断增加的病例"感到寝食难安。

至于"炮弹休克"一词,是因为"一战"期间,人们误以为神经紊乱是掩护炮火造成的脑震荡,在突尼斯,这种症状更名为"战斗疲劳"。大兵们也称其为"战争疲劳"或"老兵综合征"。陆军的精神病主任医师这样描述患有该种病症的病人:"垂头丧气、脸色苍白、昏昏欲睡。他神情沮丧,有时泪流满面,手不住地发抖或抽搐。"到战争结束,仅地面部队就有50万名官兵因精神疾病被遣散,大大超过征兵体检的比例,当时1 500万应征士兵中,因心理原因不合格的占12%。每6名伤员中就有1人发展成了精神病患。

个别病例非常严重,简直骇人听闻。第1师的一名士兵"用头撞散兵坑,直撞得额头皮开肉绽,像个疯子似的口吐白沫"。一名21岁的步兵是一辆遭迫击炮摧毁的卡车上唯一一名幸存者,他拿着一副背带,跑进夜色四处找树上吊。另外一名21岁的大兵也精神错乱了,他颤抖着说,在一次炮火掩护下,他只能拿一名德军和一名美军的尸体当掩体。数百,继而是数千名官兵四肢颤抖或麻痹、脏腑功能失调、

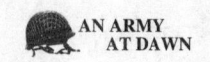

目光呆滞。有人手脚并用地要在医院病床上挖散兵坑,涕泪横流地说"德国鬼子"要闯进病房来。

一开始,重病患者被疏散到后方,他们往往是美国或英国人,已经和各自单位失去联系,自尊心一落千丈,总喜欢夸大自己的问题。陆军的一份研究报告表明,指挥官和"旧时的清教徒对待性病一样,总是持鸵鸟心态,'我们不讨论这个'或'情况并非如此'。可情况确实如此……前线战士在战斗中惨遭折磨"。

医生很快发现,要尽量用前线的方法治疗这些病人,如电休克疗法;给士兵注射大剂量的巴比妥酸盐,让他们熟睡几天;或者用硫喷妥钠逼出他们压在心头的郁结。在接受治疗的士兵中,近四分之三的人回到了军中各个岗位,但重返前线的还不到2%。

陆军部的精神病医生这样总结:"普通士兵在最初90天战斗力最高,180天后,精力消耗殆尽,差不多已经无力继续在战场上执行命令。"另一份研究报告指出,"除非丧失战斗力,任何人不得擅离岗位。步兵认为这一条有失公允……如果这样,那他们只能求死、求伤或精神崩溃"。紧绷了几个月的神经,经历了死里逃生,见够了说不口的悲伤之后,连最勇敢的军人都不免怀疑——用一位战斗机中队队长的话说——"难道我胆怯了?"现代战争可以毁掉任何一名士兵。

美军不能接受这个结论,第2军的新军长肯定要破口大骂。巴顿可容不得别人的能力"低下"。按他的说法,"战斗疲劳"只是一个包庇临阵退缩的胆小鬼的借口。

抵达突尼斯后不久,巴顿在视察一所靠近菲利亚纳的野战医院时发了一通脾气,几个月后,在西西里,他将因此丢掉军权,当时他粗暴地抽了两名住院士兵的耳光。他从一张病床走到另一张病床,轻声安慰受伤的士兵,他问起一名士兵是如何受的伤。这个大兵答道,他是在准备投降时被击中。巴顿旋即转身,一脸的鄙夷。"他活该,"他厉声说,"这是他要投降的报应。"

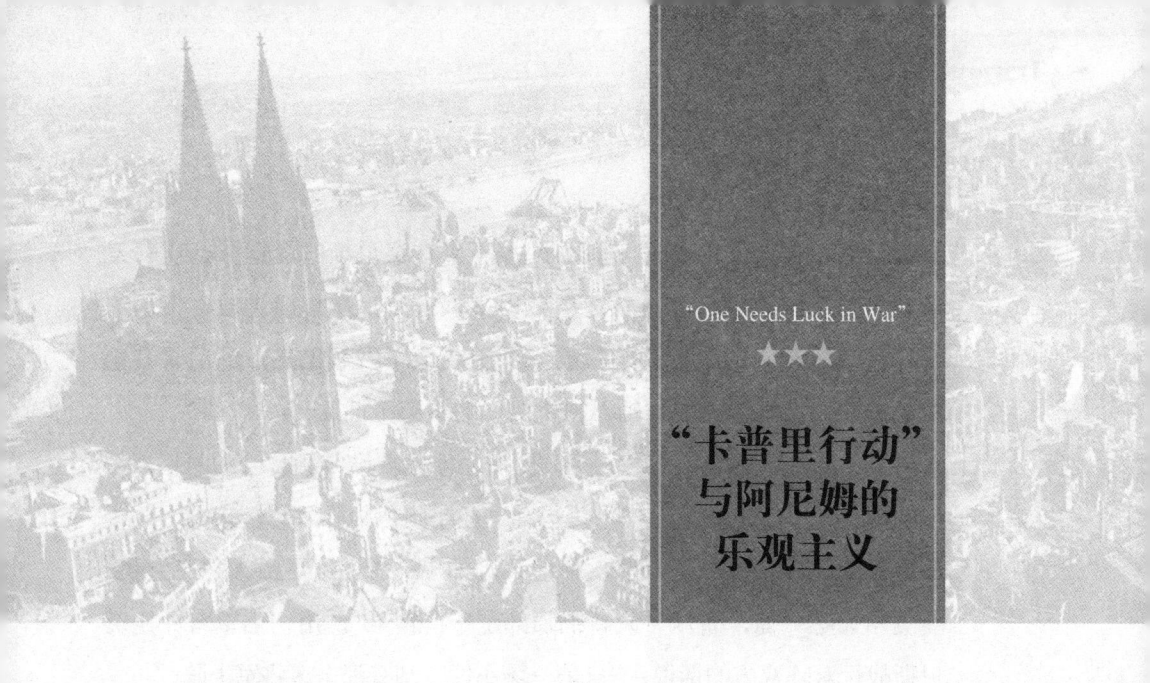

"One Needs Luck in War"
★★★

"卡普里行动"与阿尼姆的乐观主义

2月26日，东方刚露出一抹朦胧的光线，装甲车的履带发出咔咔的声响，翻过长满鼠尾草的石灰石山峦，驶向西迪恩西尔这座村民们世代务农的小村。按照盟军的叫法，"冷笑市"位于连接马特尔和巴杰的11号公路中间，是北至位于70英里外海滨小镇开普赛雷特、南至麦杰尔达河谷的布阿拉代的英军阵线的中心。

黎明时分常能听到的百灵鸟的歌声和奶牛哞哞的低吟，但这些令人心旷神怡的美妙音乐到6点30分就戛然而止，德军4个营一举冲进英国守军的阵线。泥灰墙在掩护的炮火中轰然倒塌，急促的机枪声被墙体轰然崩塌时发出的声音淹没。截至上午10点，英国炮兵已经被圣诞节当天占领了长停山的鲁道夫·朗上校手下的30辆坦克（其中包括15两虎式坦克）包围，包围圈半径已经缩小至600码。"只剩我和3名士兵，"一名中尉通过步话机报告，"我们守不了多久了，再见。珍重。"

在这次代号为"牛头"的行动中，德军向英军阵线八个不同的地方发起了进攻。虽然德军在西迪恩西尔等地取得了局部胜利，但这次

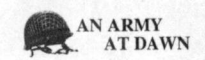

突袭计划不周，反而葬送了轴心国接下来在突尼斯的命运。这次行动最初由阿尼姆策划，准备对迈杰兹巴卜展开一次小规模进攻，但因凯塞林过分乐观，此次行动的目的摇身一变成了占领巴杰，到后来甚至变成了扩大突尼斯周围的轴心国桥头堡的覆盖范围。

身为新的非洲集团军群司令，隆美尔刚刚获准统领自己和阿尼姆手下的两支大军，但知悉他"牛头行动"还是阿尼姆临时想起来的。其中最重要的一项缺失和几天前攻打塔莱时如出一辙，给了敌人喘息之机。隆美尔大吃一惊，痛斥"最高统帅部是一群傻瓜"。用一名军官评论突尼斯战役对阵双方的话说："只是一场小仗，却有那么多将军上阵。"

当然，送死的不是傻瓜，而是国防军中的少年和没长胡子的英国大兵。两个多星期内，阵线上爆发了一次次交锋。奥尔弗里将军在第5军前线疲于奔命，四处驰援。截至3月1日，朗手下只剩5辆可以参战的装甲车，手下的士兵称他是"坦克杀手"。

但远在北方的德军打得还可以。阿尼姆亲自督阵，出动8个营，冲出贾夫纳的壕沟，踏过头年11月于格林和鲍尔德两座山头阵亡的士兵的枯骨。鲁道夫·维齐希率领意军和德国的伞降工兵，巧妙地包抄了驻扎在一座叫做塞杰南的、以采矿为主业的小村庄的英法联军，并于3月3日攻陷该村。将毫无作战经验的第46师逼退了10英里后，阿尼姆乘胜追击，又将他们逼退了10英里，所在位置距离巴杰以北的门户阿比奥山仅几千码之遥。安德森想弃守迈杰兹巴卜，因为如果德军包抄美军左翼，该镇失守"几乎在所难免"。亚历山大不仅不同意弃守迈杰兹，还下令不得再退。

继而就是一场在凄风苦雨中展开的残酷山地战。狙击手几乎消灭了所有英国下级军官，那些不屑于巴顿给美军立下新规矩的排长和连长们扯下铜制肩章，把左轮手枪换成步枪，望远镜被塞进制服，尽量掩饰身上能表明自己是军官的特征。

阿尼姆力不从心，因为兵力过于分散，无法继续扩大战果。英军北部阵线后撤 20 英里,中部阵线后撤 10 英里,南部阵线移动的距离微乎其微。在重新对突尼斯发起攻势之前,盟军要一座山头一座山头地夺回那些丢掉的地盘。英军伤亡惨重,有 2 500 人被俘,损失了 16 辆坦克。但阿尼姆的损失更加惨重,因为他输不起。尽管他自称伤亡不到 1 000 人,但英军俘虏德军 2 200 人,或许伤亡人数与其不相上下。

此外,"牛头行动"中出动的装甲车近 90% 被毁或损坏。桥头堡的覆盖范围确实稍稍有所扩大,但轴心国的阵线已经危如累卵。这次进攻最大的效果就是让隆美尔大为光火,令安德森如坐针毡,至于战果,可谓微乎其微。

"那段日子真不好受,"安德森事后承认,"总是出乱子。"

★★★

3 月 5 日下午 2 点,隆美尔的侦察车驶上盘山道,扬起金色的尘土,他仍然非常愤怒,大骂那帮傻瓜。塔莱完败——胜利原本近在咫尺啊!——已是 10 天前、身后 200 英里之外的事情。如今,他又回到了心旷神怡的沙漠,和非洲军团一同眺望东方的天际,寻找蒙哥马利大军的踪迹。这是一个美丽的国度,阳光明媚,旱地一望无际,远不同于他的祖国,甚至不同于凯塞林。他长时间地驻足,欣赏着果农灌溉果园的景象和返青的麦地,感叹道:"这是多好的一块殖民地啊!"

从这座无名的、在地图上标注为 715 号高地的无名山头的山顶望去,北方 20 英里外,翠绿的地中海面波光粼粼。往东 70 英里是利比亚,但英国人离更近,兴许只有 15 英里,部队已经形成了一条横贯南北的阵线,据守四通八达、树木葱郁的贸易重镇梅德宁。"这世界本应是人间天堂,"隆美尔在两天前给露西的信中写道,"可做的事情非常多,特别是在非洲这片广阔的土地上。"

不错,他本可以在这里开拓出一片美丽的殖民地。但这位元帅深知,这里并非天经地义是属于德国的,当然也不属于意大利,尽管他们对

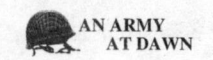

这片土地垂涎已久。他再次敦促放弃突尼斯这里和身后的马雷特防线，将他和阿尼姆目前部署的长达400英里的防线缩减到100英里。但那帮傻瓜不会同意的，他们在柏林和罗马抓耳挠腮，隆美尔却执意一搏。

"卡普里行动"是一次破坏性进攻，意在捣毁第八集团军的集结区，在英国展开攻势之前，来个先下手为强。"卡普里行动"一旦失败——北部的"牛头行动"已拖延了他们两天时间——"就是我军在非洲的末日，"隆美尔将丑话说在前面，"没有理由抱任何幻想。"在山下的平原上，3.1万名官兵、215门大炮和135辆坦克（包括第10、第15和第21装甲师）都严阵以待，准备与黎明发动进攻。坦克兵在无动于衷的英国哨兵眼皮底下踢了一场足球赛。

如果说安德森在北部"总是出乱子"，那么蒙哥马利在南部却是一帆风顺。自从1月23日占领黎波里后，除了在凯塞林战役期间那几场意在骚扰隆美尔的小规模进攻之外，第八集团军前线几乎无战事。为慎重起见，蒙哥马利打算再等一个月，才进攻马雷特防线，继而挥师进入突尼斯中部。

但"超级机密"于2月末破译的情报表明，隆美尔有意进攻梅德宁。英方情报机关为补救盟军在凯塞林一战中差强人意的表现，监听人员很快弄清楚了"卡普里行动"出动部队的规模，以及发动进攻的准确时间和地点。蒙哥马利当即不再催赶手下的人马去增援那个在梅德宁担任先锋、腹背受敌的师。为加强防备，他沿长达25英里的前沿阵地布下了300辆坦克、817门大炮和反坦克炮，其兵力两倍于隆美尔的空军和3个身经百战的德国师。

一夜风雨，久久不散的浓雾掩护着冲出旱河的装甲车。3月6日清晨6点，英军官兵刚饮了茶，吃了香肠，无数六膛火箭弹就遮天蔽日地从他们头顶飞过。然而，进攻一开始，德军的进展就颇为不顺。第21装甲师的指挥官不知是计，以为那些在梅德宁以西5英里外的区域里冒充地雷的牛肉罐头是真家伙，指挥部队掉头向左，进入了英军的火炮射程，将部队侧翼暴露在了猛烈的排炮炮火之下。12辆坦克着起火来，全部被丢弃——这一切都发生在于高处观战的隆美尔眼皮底下。面对密集的反坦克炮火，位于以北两英里处的第15装甲师和位于以南两英里处的第10装甲师同样大吃苦头。"这是一份厚礼，"蒙哥马利写道，"那家伙一定是疯了。"截至上午10点，德军装甲车停止进攻。据英国第201近卫旅汇报，逃过一劫的装甲车"像无头苍蝇"一般在钢雹中寻找隐蔽处。

炮火渐渐变成低沉的轰鸣。下午2点30分，1万名轴心国步兵发动第二轮进攻，步兵是进攻主力，不知这算不算是一份殊荣。一名冷溪近卫团士兵汇报：

> 对面山头上出现了一大批身影，队形整齐划一。一声尖厉的啸声过后，全军的炮弹倾斜而下……硝烟散去，露出一批抬着担架奔逃的身影。

在苏格兰高地团史中，此役被称为"漂亮的一仗"，穿灰军装的官兵"像保龄球球瓶一样倒下"。蒙哥马利办公桌上保存着一张隆美尔的照片，他看不出此次进攻有何过人之处。"元帅搞砸了，我要给他写封信。"他不屑地说了一句，回到拖车，说干就干。

梅德宁一役是"第一次完胜"，一位英国少校喊道。不用劳烦英军坦克出击，3万发炮弹和反坦克弹就已经令非洲军团元气大伤。蒙哥马利损失了130名士兵，这简直微不足道。隆美尔手下士兵共伤亡635人，52辆坦克被摧毁，是装甲部队三分之一的兵力。苏格兰近卫团的侦察兵当晚悄悄潜入阵地，炸毁了已经残破的装甲车，留下的残骸"还大不过小牌桌。"

在返回715号高地驻地前，隆美尔冒险来到阵地察看。伤亡情况明显是一边倒，英国人显然已经提前预知了这一战的部署，元帅怀疑

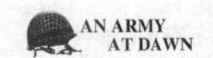

有内奸，说不定是意大利人，凯塞林也持同一观点。两位元帅都不曾想到盟军破译了他们的信件。"从我们不能出其不意地发动进攻那一刻起，此次行动就已经变得毫无意义，"隆美尔说，"全军上下意志消沉。"

祸不单行，柏林最高统帅部当晚又驳回了元帅大幅度缩短轴心国防线的请求。"把两支大军调到这个位于突尼斯和比塞大附近的拥挤的桥头堡，简直就是自取灭亡。"希特勒下了死命令。

虽然在意料之中，但这个决定仍旧是毁灭性的。对留在非洲的集团军群来说，"这无疑是自杀"。隆美尔称。3月7日，在从715号高地上下来的路上，他打定主意，这就请一次已经拖了很久的病假，去奥地利的阿尔卑斯。突尼斯没人需要他——最高统帅部中策划这场战争的高层肯定不需要。"在驱车回司令部的路上，"他的指挥日记中记载，"总司令打算这就去治病，立刻就去。"他花了一天时间和非洲的老部下道别：黄疸染黄了他苍白、瘦削的身影，脸和脖子上布满了火疖。"总司令深情道别，"他手下的副官写道，"一切都变了味。"

"几个星期不见，他的脸色令人害怕，"他手下的侦察兵指挥官汉斯·冯·勒克事后说，"他虚弱不堪……身体彻底垮了。"作战地图散落在拖车里，让人不禁联想到他输掉的事业。隆美尔起身，与部下一一握手，泪如泉涌。"一位伟人此刻洒下的泪水，"勒克补充说，"是这场战争中最令我动容的。"

3月9日7点50分，他在斯法克斯登机，飞往罗马。在一个多月的时间内，盟军一直不知他的行踪，只能追着他的影子打，但他再没踏上非洲一步。"他渐渐被内心燃烧的火焰吞噬。"他的参谋长写道。连凯塞林也难以继续保持乐观。梅德宁是"我们在突尼斯的最后一张王牌"，他之后总结，"我们不能再指望战火会迟一年才蔓延到欧洲和德国。打仗需要靠运气。幸运肯定早就不再眷顾隆美尔了。"

一次，隆美尔造访希特勒设在乌克兰的秘密指挥部，趁着喝茶的工夫，他催促元首，希望缩小突尼斯桥头堡的覆盖范围，组建一个易于防守的核心要塞。希特勒一通咆哮，断了他这个念头。"如果德国人打不赢这场战争，"元首声明，"那他们可以就此腐烂了。"隆美尔对儿子说出了心里话："我有时候觉得他不是正常人。"

"致阿尼姆将军，"3月12日，隆美尔写道：

> 目前不得撤退……元首驳回了我立刻返回非洲的迫切请求，我只能深表遗憾。他命我立刻就医。我一如既往想念和关切非洲。
> 元首万岁！

他心知肚明，一切都已注定，包括他为之奋斗一生的事业。"我们的辉煌一去不返，"隆美尔事后告诉儿子，"我已误入歧途。"

★★★

3月12日星期五，就在隆美尔怨天尤人之际，艾森豪威尔写信给在西点求学的儿子："我常说，才华出众的人不是在肩负重任时能说会道，而是一往无前，拿出优秀的成绩。"

目前，美国人的确需要拿出"优秀的成绩"，以体现他们的才干。如果说，在北非冬天发生的战事暴露了艾森豪威尔和这支军队的弱点，春天则是展现他麾下官兵骨气和能力的时候了。艾森豪威尔一度天真、曲意逢迎、优柔寡断、缺乏魄力，不过是个挂名司令。美军曾经懒散、傲慢、纪律涣散，不像一支真正的军队。这种习气不是说改就能改，文韬武略的将军也不是一蹴而就。但无论如何，此战令全军焕发出一种新的活力，这成为了盟军后来取得胜利，并成功解放欧洲的重要因素。

经历了几个月的逆境，艾森豪威尔终于时来运转，身体恢复了健康。亚历山大和巴顿替他分担了许多。轴心国军队暴露出了更多弱点，而盟军的实力正在与日俱增。丘吉尔公开吹捧他"大公无私，不计个人得失"，罗斯福总统要人带话："你告诉艾克，不仅我，全国都为他

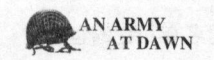

做出的成绩而感到骄傲。我坚信他能旗开得胜。"艾森豪威尔重拾信心，逐渐展现出了其卓越的领导能力。

"我严于律己、稳打稳扎。"3月，他劝马歇尔放心。他看出了自己大力推行的几项规则的力量，虽说官兵并没有严格遵守和执行，但却成为了他麾下这支军队的原则。首先是盟军的团结。"德国人的宣传企图告知天下，英美两国在战场上争执不休，"他在给亚历山大的信中写道，"我们要让他们看看。"他还给人以胜利的信心，用一句简单的话就能表明：天使解决了自家矛盾后，善良终将战胜邪恶。"我们还要打一场硬仗，尤其是在突尼斯，"3月21日，他致信一位老朋友，"而最终的目标是直捣敌人老巢，将他们一网打尽。"他告诉哥哥埃德加，"我们要把轴心国军队赶出非洲……这就是我们的目标！"

他现在更加繁忙，但更加专注。"我不再和从前一样为政治伤神。"他告诉埃德加。他宣布，除非事关战局，否则绝不接待造访阿尔及尔的客人。"美国退伍军人协会指挥官、王子皇孙之流都是讨厌鬼，"他致信马歇尔。"无关赢得这场战争的人我一概不见。"他喜欢性能优越的探雷器、坦克瞄准器以及战场上那些彩色通信烟雾弹。

他不仅谦虚谨慎，而且朴实真诚，为博他一笑，官兵们在所不惜。"艾森豪威尔具有成为领导的优越天赋，"凯塞林战役数周后，一度言辞犀利的记者菲利普·乔丹在日记中写道，"我改变了对此人的看法，他的确有两下子。"3月5日，艾森豪威厄尔给一度分不清他们兄弟六个的小学老师写了一封信："我排行老三，是最不起眼的一个，不知你还记不记得。"对于授予自己的第四颗将星，他告诉儿子约翰："这还抵不上一门小炮，我只关心如何赢得这场战争。"不论和凯·萨默斯比的关系如何，他显然爱慕梅米。"我想念她，她的每一封信都胜过一切。"

他把精力主要花在了"爱斯基摩人行动"上，他暂定于6月中旬的一个满月之夜出兵西西里，他要尽一名总司令的职责，着眼于下一场战役。他组建了一支秘密部队，即141特战队（这个数字是圣乔治饭店一间会议室的门牌号)。几经波折,他为这次突击起草了9套独立行动方案。"制定'爱斯基摩人行动'作战方案是一件复杂的事情,而且困难重重……各种不确定因素和难题让我伤透了脑筋。"他告诉马歇尔。他从"火炬行动"中吸取教训,其中包括关于登陆艇、运输方案、伞兵行动等上百个因素。

除了要放眼西西里,他还要顾及突尼斯的形势。在春季的这场战役中,他主要的职责兴许只是保证完成这项迫切的任务所需的物资供应。战后,人们普遍认为美军之所以能够胜利,完全取决于其绝对的物资优势(简直可称之为"无生命的兵力")。至于撤退,则被归咎于领导无方。但现代战争拼的是政治、经济和军事制度。只有综合工业产能、民族气质和军人教育体制等各方面的力量,才能打造出彻底摧毁敌人的"武器"。

隆美尔说过一句名言:"战斗打响前,军需官就决定了一场战争的胜负。"战斗在北非打了几个月,军需官的作用才真正被承认。美国强大的工业生产力和组织能力逐渐崭露头角。工兵在奥兰港附近建起了一座装配厂,用英语、法语和西班牙语教当地人在9分钟内,把一箱零件组装成一辆吉普车。这个厂向盟军交付了2万辆车辆。附近的一座新厂组装了1 200节火车车厢,是投入北非铁路系统的4 500节车厢和250台机车的其中一部分。

早在1月末,艾森豪威尔就请求华盛顿再送些卡车。不到3个星期,一支由20艘船组成的特殊舰队从诺福克、纽约和巴尔地摩起航,满载着5 000辆重两吨半的卡车、2 000辆货车、400辆自卸卡车和80架飞机。另外,用于压载的货物包括1.2万吨煤、1.6万吨面粉、9 000吨糖、1 000吨肥皂和4 000挺冲锋枪,这些物资均于3月6日送达非洲。"干得相当漂亮。"一份陆军报告不加掩饰地指出。

"一战"期间,美军过半数的补给都是在国外采购(包括几乎全部大炮和飞机)。而在此次战争中,一应物资几乎都来自美国,包括大批送往俄国、英国、法国等同盟国的物资。现代战争对物资的需求量达到了一个空前的高度。虽说当今一个步兵师的规模还不到"一战"的一半，但耗费的弹药却是当时的两倍，战斗一天平均耗费 111 吨弹药。在非洲，一个大兵一个月需要的物资高达 13 吨。

但这根本难不倒美国。从 2 月末到 3 月末，130 艘舰只满载 8.4 万名官兵、2.4 万车辆和 100 万吨物资从美国启程，赶赴非洲。在凯塞林一战中，尽管第 2 军损失的坦克多过德军在此战之初集结的装甲车，但这些损失很快就补充上了。而其他物资似乎补充得更为迅速，如一经请求，不到一天，额外长达 500 英里的电话线即从阿尔及尔送到前线。巴顿请求——其实是要求——为全军上下发新鞋，8 万双鞋几乎在一夜之间送到。送到突尼斯的弹药堆积如山，官兵们在上面盖上树枝，冒充阿拉伯村庄。

美国人的本事"在于能够制造物资，而不是节约使用物资"，英方的一份研究报告巧妙地评论道。看见堆放在货舱空隙间的一箱箱可口可乐，英方后勤人员简直不敢相信。一列为驻扎在巴杰的 5 万名官兵运送干粮的火车到达之后，卸车人员发现，整列火车装载的物资是一袋面粉、一件葡萄汁、一车饼干和 16 车花生酱。车底盘和车头分装到不同船只，就算没被运往不同的大陆，也被运往不同的港口，炮弹和炮药、电台和电池，以及分家后根本派不上用场的其他工具。码头上的货物堆积如山、一片混乱，连压载货物都装不下的船只又带着这些货物返程。舱单简直是一团乱：直到 1944 年夏天，军方才准确列出了运往北非的物资的清单。

"美军不是在解决问题，"一位将军指出，"而是在掩盖。"时间、人力和物资被大肆浪费，虽然浪费，美军却有迅速解决这个问题的能力。凯塞林一战后，美军航空工兵在 72 个小时内在斯贝特拉附近建起了 5 座机场。突尼斯战役期间，这样的机场总共建了 100 余座。突尼斯的敌人不是被"解决掉的"，而是被打垮的。

第10章　早已名存实亡的世界

★★★

德军开创了现代军事后勤的先河，但随着战争进入第43个月，德军后勤部门已经难以维系前线各支部队的补给。由于将大量人力和物力投入东线，外加实力强大的德国海军无暇分身，北非战场轴心国军队的补给全靠意大利舰队维持。

但意大利人根本靠不住。罗马宣布参战，三分之一的意大利商船都被扣留。截至1942年9月，剩下的一半在各处海域沉没。从发起"火炬行动"到1943年5月，意大利要在前往突尼斯的途中损失243艘舰只，多半是遭盟军空袭，另242艘受损。用一位德国军官的话说，西西里海峡是"熊熊的火炉"，在意大利水手的眼里，这是一条"不归路"，是世界上最危险的航道。意大利船长为免遭此劫，常常伪造机器故障。一艘为德军第334师运送600头骡子的运输船三次起航，三次掉头返航，一次都没能成功到达非洲。

就算船只不沉，也往往因缺乏燃料而动弹不得。盟军轰炸机对意大利船厂狂轰滥炸，自始至终都有三分之二的护航舰无法执行任务。"为德国而战"的热情随着一份份新的伤亡名单而日渐消减，意大利人开始为保卫自己的祖国而操心。

春天的脚步如飞，昼渐长、夜渐短，趁夜悄悄横穿地中海变得越来越困难。全副武装号称"西贝尔渡船"的浅吃水船算是救了急，截至1月底，90艘船拼死越过了这口"熔炉"。但德军后勤人员估计，他们需要数量为此4倍的船只，钢材紧缺却导致这支船队的规模越来越小。隆美尔启程前就有言在先，"要在北非组织起防御大规模进攻的必要兵力，"每个月至少需要14万吨补给物资，这相当于在1月和2月两个月收到物资总和的两倍，而且这还是在盟军加强封锁前的数字。相比之下，盟军3月仅借位于奥兰附近的港口转移的物资就高达22万吨。

然而，令德军后勤人员头疼的不仅仅是这些问题。盟军的狂轰滥

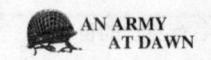

炸吓坏了阿拉伯码头工人，装卸工需要从汉堡引进。由于港口被毁，运输补给的任务要由 200 架容克-52 运输机来完成，但每架飞机的负载上限还不到两吨。突尼斯境内用于运输物资的火车燃料要从欧洲进口。由于物资短缺，机组人员开始使用当地的褐煤，这大大降低了机车的效率。等褐煤也变成了稀缺物资后，唯一的替代品是烧不了多久的油渣饼掺橄榄渣。甚至连廉价的突尼斯红酒都被用于提炼燃料了。

德国和意大利最高统帅部对这些苦难无动于衷，用一份报告中的话说，这些都是"纸上谈兵，各师都货真价实……船只和舰队永不沉没……各部队始终兵力充足"。盟军在凯塞林节节败退之际，柏林派出的一个视察组就汇报，如果轴心国的舰只以目前的速度沉没，到初夏将一艘不剩。非洲发出的警报越来越刺耳。阿尼姆警告，"如果没有补给，到 6 月 1 日，我们在突尼斯的一切就都完了。"他还说，轴心国的桥头堡届时就是"一个弹尽粮绝的堡垒"。

柏林和罗马从未兑现过许下的诺言，宣称要重振意大利海军，却无能为力，也无力可为。"希特勒不顾事实，一心要改变事实，"凯塞林的参谋长说，"凡是要他认清形势的举动，只能惹他大发雷霆。"

"The Devil Is Come Down"
★★★

元首的死命令：
坚守马雷特防线

电影放映机嗡嗡响起，蒙哥马利食堂内的英国军官顿时住了口。他们放下茶杯，将帆布椅摆正，对着临时用作银幕的军毯。军装上的汗味和毛衫刺鼻的味道掩盖了牛肉罐头和饼干发出的气味。耀眼的照明弹勾勒出被干涸的河床隐蔽着的指挥部参差不齐的轮廓，一弯新月挂在空中，晚风送来隆隆炮声。

电影上映了。银幕上的炮火和现实中的战事混在一起，难解难分：电影中的是发生在5个月前的阿拉曼战役，现实中的是当晚第八集团军进攻马雷特防线此起彼伏的炮声。但这帮男人只对电影着迷。丘吉尔亲自为这部《沙漠的胜利》做了拷贝，自伦敦首映两个星期以来，这部65分钟的纪录片在全球掀起了一轮热潮。3月16日，蒙哥马利看了这部电影，但当过了四个晚上，他再一次观看时，仿佛仍然是第一次观看，用一名苏格兰大兵的话说，"这个头戴黑色贝雷帽的小家伙"重振了自滑铁卢以来英军的雄风。银幕发出的光照得他那张狐狸脸发白，除了稀稀拉拉的黑色胡须微微抖动之外，他几乎一动不动。

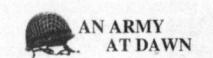

隆美尔出现在银幕上（人们在被缴获的德军电影胶片上见过他），炫耀着自己的皮风衣和遮风镜。接着，蒙蒂用萧伯纳式富有调侃意味的语气说："犹如一盘被压实了的钢筋。"坦克上码着炮弹，军医助手叠起担架。紧接着，工兵匍匐前进，剪断铁丝网，炮长眯着眼睛看了看表，大吼一声："开炮！"猛烈的炮击将黑夜变成白昼。一身宽松打扮的步兵左手提枪，蜂拥上阵。刺刀挥舞，号角长鸣。战斗结束了，若隐若现的太阳晒黑了的德军士兵的尸体，战俘慢吞吞地走向俘虏营，第八集团军继续向西推进。11月13日，英国国旗飘扬在图卜鲁格上空，一个星期后，班加西也被英军占领，1月23日，的黎波里被成功解放。而现在，英军正在前往位于梅德宁路上的火车站的路上，也就是目前的马雷特阵地。"穷追不舍。"解说员说。

在首长一遍遍拍打放映机的工夫，军官们返回各自的军营。他们还有仗要打，还不到消遣的时候，再说战事一直进展得不顺利。蒙哥马利站起身，返回自己的大篷车，他身高5英尺7英寸，穿上高帮皮靴兴许要高一些。他喜欢这部电影。"一部第一流的好片子。"他致信亚历山大。用一位记者的话说："他陶醉于这种征服者的骄傲。"

由于父亲是一位主教，伯纳德·劳·蒙哥马利在偏僻的塔斯马尼亚度过了一个"缺欢少爱"的童年，他渴望成功，认为自己生来就是要征服别人。他的办公桌上摆着隆美尔的照片，旁边放着一本德雷克1587年出征加的斯前用于祈祷的《圣经》摹本，祈求上帝给他"真正的荣耀"。这就是蒙哥马利的追求：真正的荣耀。他洁身自好、滴酒不沾，喜欢诵读《圣经》，而且固执己见。他还喜欢在手下的爱将面前援引摩西和克伦威尔的名言警句，在于几周前举办的一次关于阿拉曼战役的研讨会上，蒙哥马利宣布在会议上禁止吸烟，而且禁止咳嗽（他自诩禁欲而且"100%"健康，丘吉尔回敬他，自己既抽烟又喝酒，身体"200%"健康）。半生戎马让他变得顽强，爱妻早逝让他变得更加冷酷。"人只爱一次，"他告诉亚历山大，"对于我来说已经结束了。"

第10章 早已名存实亡的世界

他时常将《约伯记》中的一句话挂在嘴边："就好似火星飞溅，人生多磨难。"他善于组织训练、排兵布阵和带兵打仗。"杀德国人，随军牧师也不放过，一周一个，礼拜天要杀两个。"他告诉手下的官兵。第八集团军20万名官兵，无人不承认他是自己的首长，也无人认为他会虚掷他们的生命。这就是蒙哥马利的才能。他手下的43个步兵营主要来自英联邦国家和盟军，所以他有足够的政治魄力避免浪费他国的部队。

自从1942年8月中旬在埃及接掌大权，在亚历山大的纵容下，蒙哥马利首先在阿拉姆哈勒法大败隆美尔，第二次，也是决定性的一次胜利也发生在阿拉曼。10月22日，英军出动1 000余辆坦克，势如破竹，横扫长达40英里的轴心国防线。"及时的物资补给弥补了战略失策造成的损失。"一份报告指出。

12天后，隆美尔全线撤退，败走突尼斯南部。在阿拉曼大捷前，英军基本上屡战屡败。埃及大捷虽然付出了伤亡13 560人（敌军伤亡两倍于此）的代价，却给了丘吉尔政府和帝国一线生机。3年来，英国首次所有教堂钟声齐鸣。蒙蒂的粉丝们纷纷写信给自己的偶像，其中不乏求婚信，大兵们当他是电影明星，冲过去只为看一眼他疾驰而过的小车。而他现在就是一位明星。"我们都相信他能赢。"一位旅长如是说。

蒙哥马利光芒四射。他孩子气、小心眼、只顾自己，而且缺乏幽默感，不懂得谦虚，做事毫无分寸。这些都是知名的弱点，换作别人肯定难成大事。"他应该懂得适时承认错误，毕竟都是些无关紧要的小错误，犹如浓烈色彩旁的墨渍，反而衬托出了他不轻易犯错的作风。"战后，一位史学家这样评判他。得益于"他这种颠三倒四的脾气"，他的传记作者罗纳德·列文这样描写他：

在战争中，人类善良的本性已经被无情、褊狭和残忍玷污；

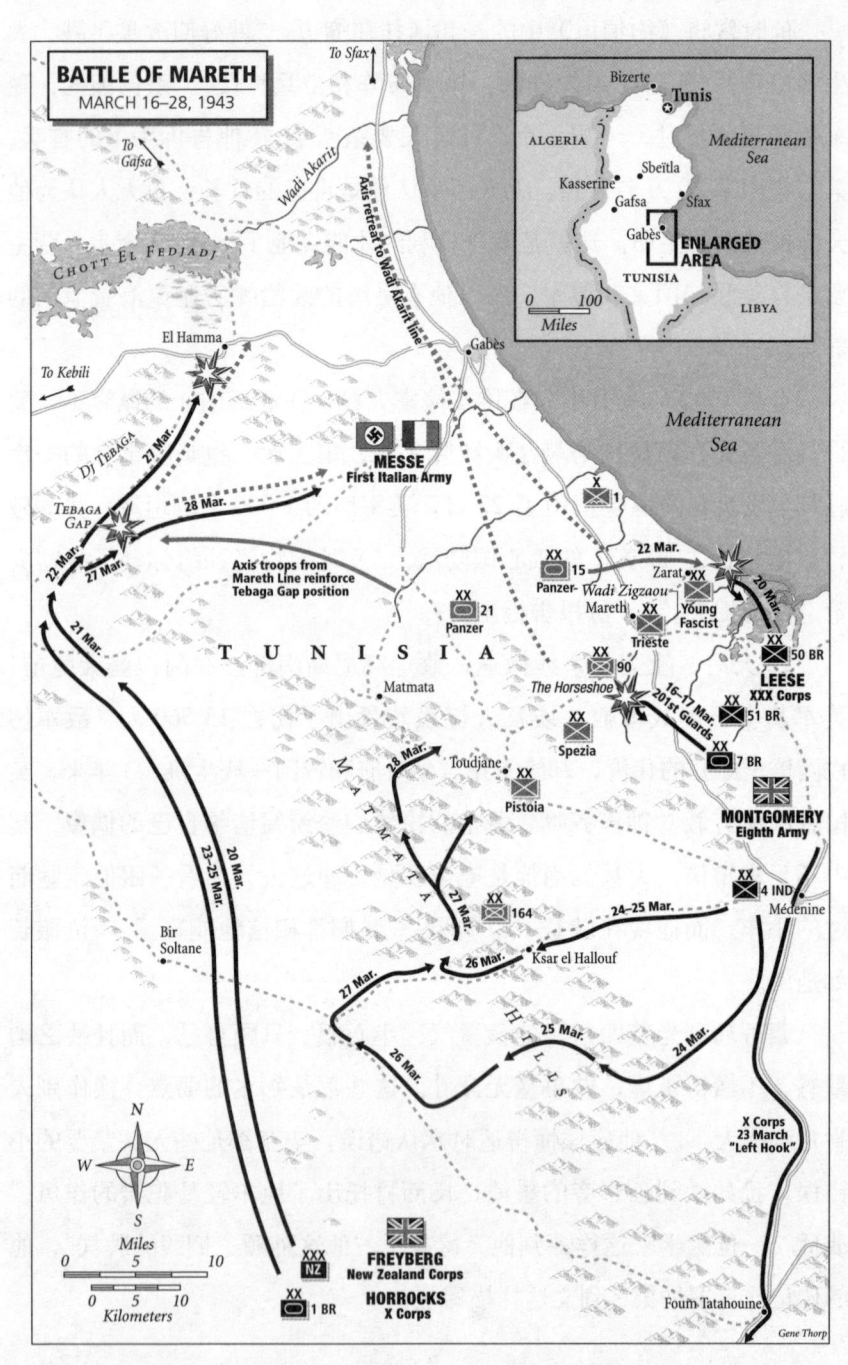

1943年3月16～28日，马雷特之战

第10章 早已名存实亡的世界

16-17 Mar.201st Guards
3月16～17日的第201近卫兵团
Axis retreat to Wadi Akarit line
轴心国部队撤往阿卡里特河防线
Axis troops from Mareth Line reinforce Tebaga Gap position
轴心国部队从马雷特防线增援泰巴加山口阵地
FREYBERG New Zealand Corps 弗莱伯格新西兰军
HORROCKS X Corps 霍洛克斯第10军
LEESE XXX Corps 利斯第30军
MESSE First Italian Army 梅塞意大利第一集团军
MONTGOMERY VIII Army 蒙哥马利第八集团军
To Gafsa 往加夫萨方向
To Kebili 往吉比利方向
To Sfax 往斯法克斯方向
X Corps 23 March "Left Hook"
3月23日,"左钩"第10军
ALGERIA 阿尔及利亚
LIBYA 利比亚
TUNISIA 突尼斯
Bizerte 比塞大
CHOTT EL FEDJAD 费贾杰盐沼
DJ TEBAGA 泰巴加山
El Hamma 哈迈
Foum Tatahouine 塔塔后尼
Gabes 加贝斯
Gafsa 加夫萨
Kasserine 凯塞林
Ksar el Hallouf 艾尔哈卢夫
Mareth 马雷特
MATMATA HILLS 马特马他山
Medenine 梅得宁
Mediterranean Sea 地中海
Sebilta 斯贝特拉
Sfax 斯法克斯
TEBAGA GAP 泰巴加山口
Toudjane 图贾尼
Tunis 突尼斯
Wadi Zigzaou 齐格扎乌河
Zarat 扎拉特

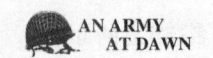

具备着眼大局同时对很多明显的事物视而不见的神奇能力；一个虔诚而且单纯的基督教徒；爱炫耀、野心勃勃，这些都是善恶仙子一股脑儿地送进蒙哥马利摇篮中的礼物。

他瞧不起法国人，"除了防守机场之外，他们一无是处"。战争期间，他还一直受美国人所累。那次在英国一见，仅点一支烟的工夫，蒙哥马利一句"好人，但不是军人！"就把艾森豪威尔打发走了。不久后，在马雷特第二次相见时，他要致信布鲁克，大肆评论这位总司令："他对排兵布阵、带兵打仗一窍不通。要想我们能赢得这场战争，他最好什么都不要管。"他见都没见过美军一面，就公开表示，"对美国人来说，真正的问题在于，军人不愿打仗，他们还没有领悟战争的真谛。"

对英国同胞来说，蒙哥马利是最具争议的一个人。他认为安德森"没能力指挥一个军"。整个第一集团军一文不值。"突尼斯特战队就是杂牌军，"他声称，"缺乏优秀的军人。"他开玩笑说要将"德国人和第一集团军统统赶下大海"。英方一位高级将领认为他是个"不忠不义的部下"。

蒙哥马利率领部队如此大摇大摆地进入突尼斯，显然是过于自信。他希望能横扫突尼斯，憧憬着赢得那不计其数的荣耀，仿佛教堂的钟声正等着他。"我们要挥师北上，打一场漂亮仗。"他告诉亚历山大。丘吉尔严厉指出："败而不馁、胜而不骄，才能无往不胜。"但用康瑞利·伯内特的话说，尽管按蒙哥马利的命令，"全军上下"分发了数万片苯丙胺，热情高涨，但这支军队仍然"像马球场上的马"，行动缓慢。

与《沙漠的胜利》中的神话相反，在阿拉曼战役之后，蒙哥马利并没有"穷追不舍"。尽管英军的坦克和大炮在数量上分别15倍和12倍于德军，而且"超级机密"等情报机关非常了解轴心国的劣势，但隆美尔还是成功带着主力部队逃之夭夭。比起撤退的轴心国部队，第八集团军离利比亚古代海盗海岸更近。这次闲游浪荡，让隆美尔有功夫在凯塞林大败美国人，返回梅德宁自讨没趣，然后又溜之大吉。"蒙蒂一旦赢得了名声，"英国空军少将阿瑟·科宁厄姆指责道，"他绝不敢再拿它去赌。"

★★★

现在又是一个将胜利的战果纳入囊中的好机会，这多亏了轴心国最高统帅部下的死命令。

马雷特是最后一道防线，绵延22英里、连接了地中海和南方地势参差不齐的马特马他山防线。数个世纪以来，这个狭窄的沿海山口一直是那些横跨撒哈拉沙漠、运送奴隶和象牙的商队进入突尼斯南部的主要通道。柏柏尔响马抓住商旅，逼他们喝下成桶的热水，吐出吞进肚里的黄金。

虽说希特勒犹豫再三才下令死守马雷特，但凯塞林无视隆美尔的质疑，认为向这个位置发动攻击，可以一举将突尼斯变成"一个大堡垒"。如果德军退往突尼斯沿海的加贝斯或斯法克斯，就等于是给了亚历山大两支大军会师的机会，同时缩短了盟军轰炸突尼斯和比塞大的路程。按照最高统帅部3月17日下达的命令，马雷特要"坚守到底"。隆美尔远赴欧洲，阿尼姆要负责指挥由北方的第五装甲集团军和南方已更名为"意大利第一集团军"的非洲装甲集团军组成的轴心国集团军群。后者5万名德军官兵和3.5万名意军官兵中，还包括非洲军团的残部，由过去两年带领意军远征俄国的乔瓦尼·梅塞将军指挥。

马雷特防线由法国人于20世纪30年代建造，旨在抵御从东边来犯的意大利人，如今却反了过来，由22个意大利营驻守，由10个德军步兵营和第15装甲师32辆"能动"的坦克负责从后方和两翼支援。旱河到处都是宽100英尺、深20英尺的反坦克壕沟。纵深4英里的前线拉起了密布的铁丝网，布下了17万枚地雷。防线边界是25座破旧

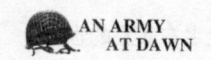

的法国仓库，其中几座水泥墙厚达10英尺。靠近轴心国西翼的山外有一片沙漠盐湖，是一道天然屏障，在法国地图上，这片湖被标记为"复杂地形"。

当然，盟军对的轴心国部队防御工事的情况一清二楚。比特尔·史密斯声称，英美情报机关不仅掌握着马雷特的蓝图，还有可靠消息表明，前法军司令和6名副官正在阿尔及尔鬼混，"一个留给自己，五个给妻子。这五个人经常为夫人借火腿、熏肉和糖。"3月12日，在一封引用了《启示录》第12章中一段经文、含糊但格调轻快的电报中，亚历山大评估了防守马雷特的敌人的意图："魔鬼知道自己时日不多，正气势汹汹地扑向你们。"

蒙哥马利懂《圣经》，而且相信自己懂敌人。第八集团军人多势众，兵力两倍于意大利第一集团军的8.5万人。梅德宁大捷令他更加坚持自己一贯秉持的观念，认为意大利人太弱，抵挡不住他的大军，薄弱的防守根本不值一提。他调遣新西兰军，以不到四分之一的作战兵力，绕道向西、昼伏夜行，深入到敌后，以2.6万人和150辆坦克的兵力突袭敌人腹背，制造混乱。而正面攻势的代号为"拳击家行动"，由第30军沿离海滩数英里的一条长达1 200码的狭窄前线发动进攻。敌军防线一旦被打开缺口，第10军将乘胜出击。"我请客，都是盛宴。"进攻前夜，蒙哥马利要部下放心，"这将是一场盛宴。"

其实，这里由德军第90非洲轻型装甲师的6 500名冷血杀手把守，50余门大炮沿4英里的前线一字排开，这里正是这强大火力网的一部分。马掌形的阵地上驻守着两个掷弹兵营，轴心国军队的工兵利用这三个月的时间加固了马雷特的防御工事。英军发射了2.4万发炮弹，对守军却仅仅起到了骚扰作用，近卫军哑着嗓子嘀咕几句或紧张地咬一口揣在口袋里的饼干，披着月光冲了上去。前线上空的降落伞照明弹仿佛一个个小太阳，将官兵们暴露在凶猛的交叉火力之下。沟底几番激烈的刺刀战后，近卫军留下一地血迹斑斑的羊皮大衣，开始后撤。"这

第10章 早已名存实亡的世界

是我第一次看见人突然倒地身亡,我一时不敢相信。"一名生还者说。一位德国军官跟俘虏讨要香烟,去换凉咖啡和黑面包。"对你们来说,战争是结束了,"他说,"但我还要打。"

冷溪近卫团伤亡159人,掷弹兵伤亡363人,34名军官中伤亡27人。"我总算还活着,在12个小时之前,我甚至想都不敢想。"冷溪近卫团的随军牧师写道。"进攻彻底失败。"蒙哥马利手下的一名中尉承认,这是"最叫人丧气的事"。敌人伤亡不到200人。丧葬队本想从一处火力尤其凶猛的阵地抢回69具英军尸体,却发现在通过之前还要先排除700枚地雷。

胆子稍小些的人或许要重新考虑如何从正面进攻如此强大的防御工事。但蒙哥马利显然不是胆小的人。他不慌不忙地宣布,初步行动"总的来说非常成功"。由于忙于制定登陆西西里的方案,他无暇分身,对"拳击家行动"更是不闻不问,据一份英国官方作战报告称,"放手"让师长"破碎机"J.S.尼科尔斯去打头阵。结果只出动了一个步兵旅,由一个多半只配备了2磅"玩具枪"的瓦伦丁步兵坦克团负责增援,令人扼腕。

成王败寇。3月20日,就在蒙哥马利和军官们看电影的时候,皇家炮兵300门大炮打出了3.6万发炮弹,多半落在了法西斯青年师头上。该师的阵地就在之前被近卫军偷袭过的地中海海滨以北8英里处。"步兵在明亮的月光下欢呼雀跃,就像去野炊。"一名亲历者说。一位军官提着防风灯,引着一队扫雷坦克穿过令人窒息的尘土,来到齐格扎乌河边。不料河岸地势陡峭,而且河水暴涨,有些地方深达8英尺,两侧各有一道修有张牙舞爪的水泥桩的反坦克壕。

英军突击队员扛着云梯,仿佛回到了中世纪战场。他们在反坦克壕上架起云梯,以便步兵能冲入迷宫似的战壕。午夜时分,坦克兵在旱河河床上放了数十捆干草和棍棒,方便瓦伦丁步兵坦克通过。别的英国兵则拿带子标出了雷区范围,或为战友架起人梯,助他们爬上河岸。

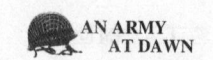

到目前为止，一切尚在井然有序地进行。不久过后，领头的一辆瓦伦丁步兵坦克陷进土质松软的齐格扎乌河河床，挡住了车辆唯一的通路。坦克炽热的尾气引燃了草垛，威利照明弹、朦胧的月光和熊熊燃烧的火焰照亮了天空。在一条仓促间修好的小路上，四辆坦克顺利过了河，第五辆却陷进了泥坑，挡住了雷区的出口。

截至3月21日拂晓，4个步兵营的部分官兵占领了一座宽1英里、纵深半英里的桥头堡。由于天气恶劣，飞机受阻，300门大炮的表现也难以令将军满意，"痛击目标，打晕守军"。白天，意军炮兵发了威，一排排炮火泄进河道。德军掷弹兵和炮兵很快赶来增援法西斯青年师。伤亡人数直线上升。英军士兵花了一天工夫，才将守军赶出碉堡，天黑之后，他们又依靠瓦伦丁步兵坦克在河道中开出了一条道路。工兵原计划在齐格扎乌河开辟三条交叉通道，历经艰险开凿出第一条后，"大兵们才模模糊糊地感觉到出了岔子，"一名亲历者说，"不知是谁给弄糟了。"

3月22日凌晨时分，42辆瓦伦丁步兵坦克通过河道，履带轧坏了娇气的堤道，反坦克炮和其他车辆无法跟进。天空乌云密布，空中增援被限制，一场暴雨令齐格扎乌河水位陡涨，工兵一天的辛苦白白浪费。弹药车拉着沉甸甸的绿车厢冲上前线，担架员来回奔波，连担架都懒得收。"各项行动进展顺利，"22日上午11点45分，蒙哥马利致电亚历山大，"建议你宣布此次行动进展顺利，一切按原计划进行。"

就在蒙哥马利发出这封内容浅薄的电报1小时55分钟后，德军第15装甲师的7 000名官兵从位于齐格扎乌河西北7英里处的集结地出发，兵分三路大举反扑。30辆装甲车和两个步兵营冲进桥头堡，与英军展开了一场肉搏战。天气渐好,赶来增援的盟军飞行员不敢贸然开火，怕误伤友军。装甲车有条不紊地攻下一个又一个据点，在狭长掩体和战壕内横冲直撞。35辆瓦伦丁步兵坦克很快就浓烟滚滚。齐格扎乌翻滚的河谷俨然变成了一座屠宰场，尸体在泥滩搁浅或随波浮沉。袒胸

第 10 章 早已名存实亡的世界

露乳的锡克族工兵冒着噗噗入水的榴弹片，在"上柴草！"的喊声中，用铁丝网和木板抢修堤道。

"一群群受伤和没受伤的官兵们好似阴魂，在雾霭中一闪而逝，"记者杰克·贝尔登写道，"他们或在地上爬，或跌跌撞撞地乱跑。"多半士兵手脚并用地从已经排过雷的区域爬向后方。不合时宜的交谈在炮火声中若隐若现。"如何组织力量，"一个声音透过薄暮，"才是问题。"

夜幕降临，桥头堡失守。仅第 50 师第 151 团的伤亡人数就高达 600。退兵如潮。

★★★

哪怕是好消息，蒙哥马利也反感被叫醒，自阿拉曼一役以来，他的副官从来不敢打扰他休息。3 月 23 日星期二，凌晨 2 点，副官叫醒他，说第 30 军军长奥利弗·V.H. 利斯将军求见。利斯身材魁梧，长着一口龅牙。他在位于战场东南 10 英里处的一辆狭窄的、用于运输地图的卡车上见到了蒙哥马利。利斯汇报，第 50 师幸存的官兵基本已经撤过齐格扎乌河。英军已经取消了后续进攻计划。伤亡惨重，进攻失败。

利斯奉命返回前线，蒙哥马利始终面不改色。第八集团军参谋长"弗雷迪"弗朗西斯·德甘冈准将发现司令头发凌乱、直愣愣地盯着地图，一改往日的冷静作风，脸上写满了焦急。在过去的 10 个月中，这是第八集团军第一次撤退。隆隆的炮声撞击着卡车，"大炮轰了一夜。"德甘冈事后回忆。蒙哥马利小声问："我该如何是好，弗雷迪？"

答案就在地图上，不到两个小时，蒙哥马利就找到了答案，恢复了镇定。在一名士兵笔下，马特马他山仿佛一朵飘香的"紫色鸡冠花"，与马雷特防线垂直，参差的山脊绵延近百英里，与地中海海岸线平行。狭窄的泰巴加隘口穿山而过，距离马雷特 50 英里，是包抄轴心国防线的必经之路。一个星期前，新西兰军正是奉命沿这个方向迂回到敌后。迂回路线长达 200 英里，新西兰人穿过穴居人贫瘠的土地。这个古老

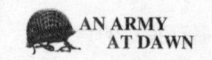

的民族犹如田鼠,住在地下小屋中,希罗多德(Herodotus,约公元前484年~前425年,公元前5世纪希腊历史学家,有"历史之父"之称。——译者注)形容他们奇怪的语言如同蝙蝠的叫声。这支人马还驱车冲过一片蝗灾肆虐的地区:数百万只蝗虫卷起一阵风,从西南方向刮来,刮向挡风玻璃和坦克炮塔。3月21日下午3点左右,这支先锋部队冲进了泰巴加隘口。

多亏了纳粹空军侦察机,梅塞将军和部下才提前知晓了这次危险的夹击。也多亏了"超级机密",英国人才知道此次行动已经被轴心国军队知晓。首先是第164师,继而是第21和第15装甲师,国防军大部队悄悄向西转移。21日夜间,新西兰军以伤亡65人的代价一举生擒850名俘虏。但随后,他们就消极待命、畏首畏尾,没有赶在轴心国援军大批赶到前乘胜追击。与从背后偷袭敌人的大好机会失之交臂。

但这都不要紧。蒙哥马利会重振雄风。3月23日凌晨4点30分,他改变计划,命令新西兰军停止小打小闹,负责主攻。利斯手下的3个师留守沿海,拖住敌方马雷特的守军。但援军要为新西兰人进攻助威,等待利斯在马雷特打开突破口后乘隙而入。白等一场的布赖恩·霍罗克斯中将和手下第10军开始执行代号为"过荷2行动",突袭敌军左翼。"我要霍罗克斯负责,"蒙哥马利在黎明前发出的电报中称,"相信他能明白。"

然而,这位传奇式的新西兰指挥官却"不明白"。伯纳德·C.弗赖伯格中将生在英国,长在西西里,在意识到自己天生是个英武神勇的军人之前,一直在做牙医。在部下中以"小孩儿"闻名的他,长着一颗健身球似的脑袋,蓄着扫把式的胡子,短裤下的两条细腿如枫树杆一般。在"一战"索姆河一役中,他获得了一枚维多利亚十字勋章,曾为鲁珀特·布鲁克这位了不起的朋友扶过灵。他身上弹痕累累,丘吉尔曾劝他露出伤疤,数了数,共有27道。此外,他还是划艇好手、拳击健将、横渡英吉利海峡的游泳健将。20世纪30年代,他因"主动脉瓣闭锁不全"病退，是英国军队中最了不起的人物。一个月前，丘吉尔还称赞他是"大英帝国的火蜥蜴"，然而这句夸奖令弗赖伯格大发脾气，"火蜥蜴是他娘的什么玩意儿？"后来他听闻，在传说中，这种生灵能在火中来去自如。"天真似孩子，狡猾如毛利狗。"弗赖伯格迷信，只是他不肯承认，比如他能从镜中看一弯新月。弗赖伯格酷爱文学，时不时操着糙嗓子，朗诵《傲慢与偏见》中获悉女儿要嫁给阔少达西先生时，博内特太太一段高兴得语无伦次的话："一年1万英镑的收入！哦，天呐！我真乐不可支了！我要发狂了！"

输给了名气没他大、军衔没他高的霍罗克斯，火蜥蜴怏怏不快。弗赖伯格一脸"冷笑、没有半分要出手相助的意思"，据英国官方历史记载，霍罗克斯则"为难气恼"。为弥补自己冒昧之过，蒙哥马利各送两人一瓶白兰地，德甘冈则在电报中口口声声地说"诸位将军"，戏称两人为"兴登堡和鲁登道夫"。

蒙哥马利暂时放下了突尼斯和西西里，专心筹划一个能与他英名相匹配的方案。除了继续展开"过荷行动Ⅱ"之外，他还提出了一个非同寻常的进攻方案：于下午3点，从西南方向发动进攻，到时候，落日会照得守军睁不开眼睛。忙乱了一夜，3月26日报道，4万名官兵和250辆坦克在泰巴加隘口附近一段长4英里的古罗马城墙下部署了阵地。在伪装好的洞口中，官兵们能看见，太阳划过非洲的天际，恰好落到了身后。为打发时间，军官们在战壕内下起了象棋。

下午3点30分，英美轰炸机开始向被炮兵用红蓝两色烟幕弹标注的轴心国目标发动进攻。30分钟后，皇家炮兵开始发威，一阵及时的沙尘暴刮过，令守军眼前发黑。下午4点15分，第一批坦克和紧贴车身的毛利步枪兵呐喊着冲出掩体。一位新西兰指挥官说：

> 步兵爬出掩体，在空无一人的旷野汇成一条长500码的长龙，紧紧跟在坦克身后。下午4点23分，掩护炮火向前移动了

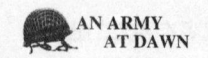

100 码，发射出一排排整齐划一的炮弹。坦克和步兵冲了上去，进攻开始。

他们涌进隘口，冲在前沿的坦克发射了橙色的烟雾弹，方便盟军飞行员辨认。"快，往前冲，不许停！"军官吼道。两个德国营缴械投降，一哄而散。在一座血染的山头，一位准将汇报："遍地都是死伤的德军，自从 1916 年的索姆河战役之后，我还没见过在这么一小块地方就有如此惨重的伤亡。"英国坦克长从敞开的舱盖往外扔手榴弹，子弹打光后，毛利人拿石块猛砸四处逃窜的敌军。东面第 4 印度师的尼泊尔籍士兵"不啻猎犬嗅到了猎物的踪迹"般，吼叫着冲进战场。

夜幕降临时分，英军攻入隘口 4 英里。坦克"蜗牛探路似的"摸黑跑到半夜，探出云层的月亮下，一幕奇观正在上演，英德两支军队并肩赶往泰巴加隘口末端的十字要道，哈迈。

德军赢得了这场赛跑。3 月 27 日一早，11 门反坦克炮犹如猝然放下的一道闸门，将英军拦在了哈迈以东 3 英里外长达一天时间。由于赶来实施封锁的部队反遭敌人包抄，梅塞将军敏捷地将部下撤出了马雷特和泰巴加隘口，折向 60 英里以北、有重兵把守的关卡阿卡里特河。"德军卡车和大炮的队伍犹如一条在地上游过的黑尾巴蛇，"一名英国大兵失望地说，"又一次狡猾地逃脱了。"

蒙哥马利赢得了此战，但不算大获全胜。德军三个师，在意大利炮灰友军炮灰般的增援下，拖住了英国三个军长达两周之久。但轴心国集团军为此付出了惨重代价，元气大伤。在马雷特一战中，英军俘虏了 7 000 人，其中三分之一是德军。第八集团军伤亡 4 000 人，其中包括在突破泰巴加隘口一战中损失的 600 人。这一仗打完之后，可以看见这样的景象：一名英国大兵押着几百名意大利俘虏；意大利俘虏鹦鹉似的叽叽喳喳地问他，要不要帮忙押送他们去战俘营，英国大兵答道，"哦，上帝，不用！他们相信我。"

第 10 章 早已名存实亡的世界

"这是我打过最痛快的一仗。"蒙哥马利欣喜欲狂。的确如此,只是从 1943 年开始,当地经历了 5 年大旱,当地人传说是蒙哥马利逆了天条。

第八集团军打通门户,挥师沿海岸线东进,直捣突尼斯。凡是有些头脑的德意军官都清楚,轴心国的两支军队处境堪忧。

但第八集团军似乎缺乏一击置敌人于死地的天分,用一句成语总结他们的攻势,就是"虎头蛇尾"。3 月 29 日早晨,弗赖伯格将军命先遣队绕过加贝斯,沿海滨公路追击。由于交通严重堵塞,已耽搁了 12 个小时的第 4 印度师只能在加贝斯待命。第 51 高地团穿戴整齐,在风笛手的带领下列队游行。此次追击最终不了了之。"敌人不明白,"第 90 非洲轻型装甲师的作战日记中写道。败军趁机偷桌子、镜子、女装和钢琴。英国人只好退而求其次,缴获了满满 6 车皮的德国香肠。

蒙哥马利的仰慕者认为他随机应变,变正面进攻为侧面袭击,可谓胆识过人。不过,如果一位指挥官足够细致,能够制订出一个大胆的计划,或许能让马雷特一战成败立分。"我们从未丢失主动权,始终牵着敌人的鼻子走。"蒙哥马利于 3 月 31 日声称,"我们要集中兵力,重拳出击。"这个说法令人生疑,实在有违他平日英明的格言。此外,他低估了对手的才略,以及打山区战的手腕。也没把有重兵把守的齐格扎乌河对战斗的影响计算在内。这对在沙漠中转战多年的第八集团军来说是个不祥之兆:这支大军还要在突尼斯北部和意大利面对千山万水。第 4 印度师师长弗朗西斯·图克总结:"第八集团军显然不得要领。"

马雷特一战数月之后,蒙哥马利承认,沿海滨发动攻击已然失利,他本应制定出更优化的方案,随机应变并不丢人。但没过多久他就改口,称会安排左翼部队发动致命一击。可能是因为反复重复的缘故,到战争结束,连他自己都对此信以为真。也许是因为蒙哥马利容不得自己犯错,所以刻意在自己的字典中抹去了像"失误"、"悲叹"和"出师

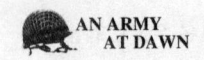

不利"这类词汇。突破加贝斯,直取突尼斯,这才是他要做的事。他手下的官兵们已经振作精神,准备迎战山川、河流和凶残的敌人。

第 11 章
分崩离析的联盟：
英美联军的内部危机

从加夫萨到丰杜克，盟军一路挺进。可是队伍内部并不和谐。哈罗德·亚历山大将军频频越权，巴顿对他的行为提出抗议。艾森豪威尔甚至开始拿败军之将"开刀"，越来越多的将领被解职。虽然北非战事已到尾声，但盟军还能走得更远吗？

OVER THE TOP

"Give Them Some Steel!"
★★★

特德·罗斯福的勋章：血战加夫萨

一首阿拉伯老歌这样唱道：

加夫萨是片苦海，
它的水是血，
空气是毒药。
哪怕你待上一千年，
都交不到一个朋友。

这的确是一片苦海，一座有1万人口的产磷小镇。由于天高地远，于公元前2世纪带领努米底亚人反抗罗马的朱古达（Jugurtha，公元前156年～前104年，努米底亚国王。——译者注）曾将财宝藏于此地。加夫萨几经易手，如今已经满目疮痍。含苞待放的石榴树和杏树都遮掩不住战争造成的创伤。就在蒙哥马利着手于马雷特东南120英里处开战之际，亚历山大命美军再次解放加夫萨。此次行动的代号为"意

第 11 章　分崩离析的联盟：英美联军的内部危机

大利人"，只为给占领该镇和附近山头的 7 000 名半人马师官兵一点颜色看看。大兵们为此还编了一首下流的小调："我们三进加夫萨。"

攻打加夫萨怕是满足不了巴顿手下第 2 军的胃口，第 2 军的人数已激增到 88 473 人，其规模和南北战争结束时谢尔曼在卡罗莱纳州的部队相当，之所以把这项小任务安排给他们，说明亚历山大根本瞧不起美军的作战能力。亚历山大手上有两套作战方案，一是出动第 2 军和安德森的第一集团军，把东多塞尔上的轴心国大军切成两截，孤立北部的阿尼姆和南方的意大利军。二是派蒙哥马利的第八集团军，将敌人赶进突尼斯附近的桥头堡，并一举歼灭。

亚历山大最终选择了后者。他认为美军缺乏经验，抵挡不住在攻击桥头堡时，装甲师势必要发动的反攻。"我可不想美国人碍手碍脚。"蒙哥马利在背地里告诉亚历山大。他还说，这些兄弟应该"为我们扫雷修路"。

蒙哥马利照例憋不住气，但在凯塞林一战后，亚历山大总是对美军留有余地：他对被吓坏了的美国大兵在塔莱公路上狂奔的一幕依然记忆犹新。虽说已得艾森豪威尔首肯，但他两度要巴顿不得"猝然和敌人激战"，免得惹火烧身。亚历山大认为巴顿是匹"烈马"，不想让他挡了蒙哥马利的路。比起蒙哥马利和安德森，巴顿更要被严加管束。艾伦手下的第 1 师奉命到加夫萨修建一座临时军火库，在蒙哥马利攻打斯法克斯和突尼斯期间，负责从南方保护左翼，"为第八集团军助攻"。不过，侦察兵要从加夫萨东南深入加贝斯，如果一切顺利，沃德手下的第 1 师在此之后就要东进，取道舍涅德车站，攻打马克纳西。由巴顿手下第 9 和第 34 这两个从没上过阵的师断后。

被排挤到增援这个可有可无的小角色，巴顿于心不甘，但他只好忍气吞声，准备参战。3 月 12 日，授予他三颗将星的消息传来，"我成了中将，"他在日记中写道，"现在我想要得到第四颗将星。"一天后，他似乎重新审视了自己的身份，又写道："虽然我成为了中将，但

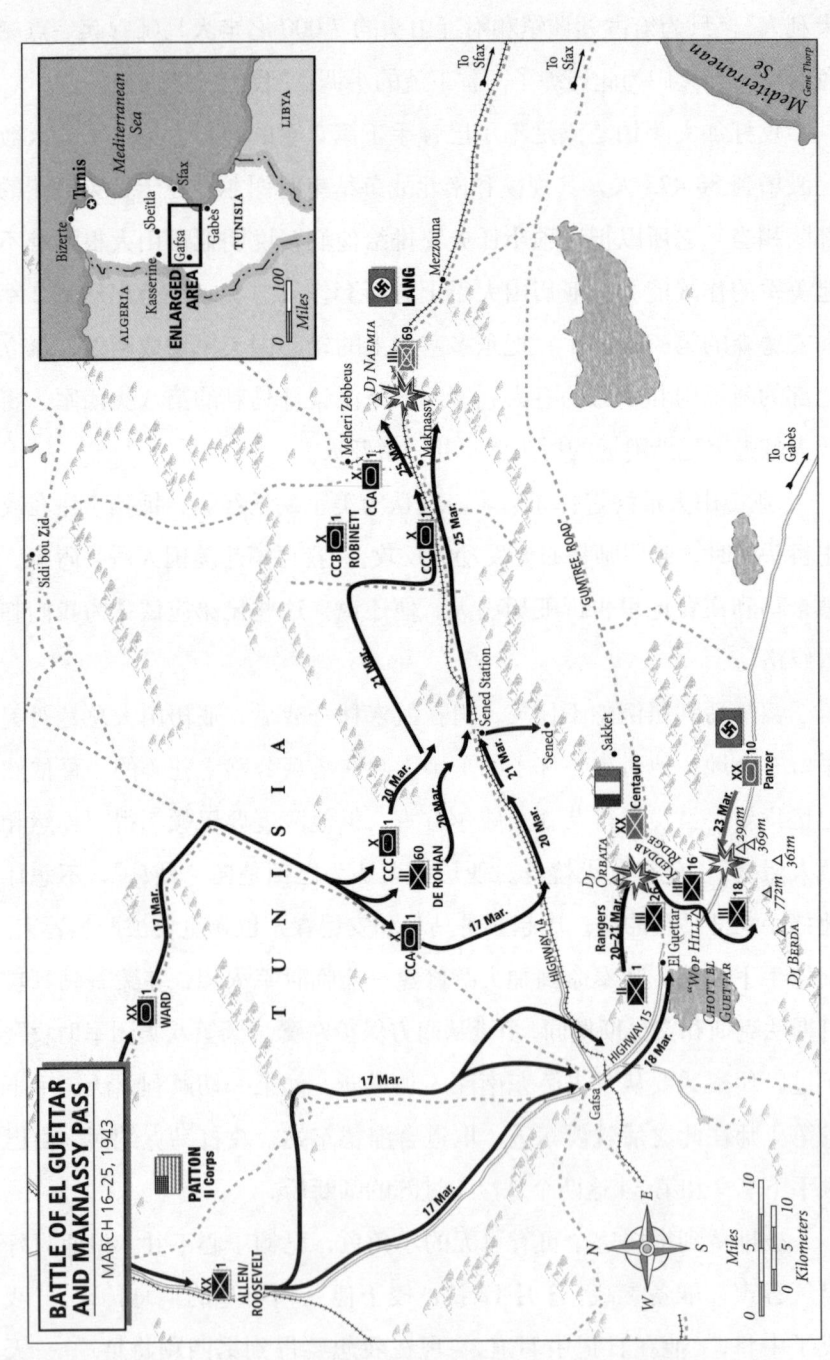

1943年3月16～25日，爱尔圭塔和马克纳西隘口之战

第 11 章　分崩离析的联盟：英美联军的内部危机

ALLEN/ROOSEVELT 艾伦第 1 步兵师 / 罗斯福第 26 步兵团
CCB ROBINETT 罗比内特第 13 装甲团战斗群
Centauro 意大利"半人马座军团"
DE ROHAM 德·罗翰第 60 步兵团
HIGHWAY 14 14 号公路
LANG 鲁道夫·朗第 69 装甲掷弹兵团
Panzer 德军装甲师
PATTON II Corps 巴顿第 2 军
Rangers,20-21 Mar. 3 月 20～21 日游骑兵
To Gabes 往加贝斯方向
To Sfax 往斯法克斯方向
WARD 沃德第 1 装甲师
ALGERIA 阿尔及利亚
LIBYA 利比亚
TUNISIA 突尼斯
"GUMTREE ROAD" "胶树路"
"WOP HILL" "意大利人山"
Bizerte 比塞大
CHOTT EL GUETTAR 爱尔圭塔盐沼
DJ BERDA 博尔达山
DJ NAEMIA 奈米亚山
DJ ORBATA 奥尔巴塔山
El Guettar 爱尔圭塔
Gabes 加贝斯
Gafsa 加夫萨
Kasserine 凯塞林
KEDDAB RIDGE 科德卜山
Maheri Zebbeus 梅赫尔
Maknassy 马克纳西
Mediterranean Sea 地中海
Mezzouna 迈祖奈
Sakket 萨克特
Sbeitla 斯贝特拉
Sened Station 舍涅德车站
Sened 舍涅德
Sfax 斯法克斯
Sidi bou Zid 西吉·布·吉特村

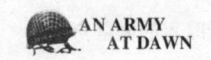

我还是和从前一样。"见到他的人都会联想到过去的将领，巴顿用1862年第二次马纳萨斯战役来比喻进攻加夫萨，"石墙"杰克逊从侧翼增援朗斯特里特。他脚蹬褐色高筒靴、反披羊皮大衣，对手下的指挥官说，他想"美军和德军尸横遍地"。对手下的大兵，他慷慨陈词：

    所幸敌人不辱我们军人之名。德国人久经沙场，自信、勇敢、残忍。而我们凶悍、装备精良、身强力壮，上帝和列祖列宗都与我们同在……我们要奋勇杀敌，做个战神凯旋，与妻儿团聚，这何尝不是一件美事？

  他已经开始行动。3月16日，巴顿将手下参谋召集到设在菲利亚纳一家潮湿的、弹痕累累的旅馆里的指挥部。他板着脸，因为上唇起了水泡，所以显得愈发严肃。他宣布："先生们，我们将于明天发动进攻。如果吃了败仗，别回来见我。"说完，他起身告退，回到卧室祈祷。他在给比阿特丽丝的信中写道，"打仗前夕我总是胸闷气短。"

  当天晚上，宪兵挥舞着蒙了红胶膜的手电筒，指挥一队人马上了泥泞的15号公路，跋涉45英里，前往加夫萨。每辆车的底盘上都装了防地雷的沙袋。在朦胧的月光下，山腰上的阿拉伯人的帐篷如同蛛网。"对将军来说，最痛苦的事情莫过于下达命令后苦等战斗打响。"巴顿在日记中写道。晚上11点，他听到了隆隆的炮声。"好，战斗打响了，"他笔走龙蛇地写道，"我要脱鞋上床了。"

  战斗没有打响，虽说美军急于上阵，并愿意忘掉凯塞林一战，相信"意大利人行动"就是第二个马纳西斯。1 200名意大利人和一个德国侦察营据称悄悄逃走，沃德的A战斗群却没发一枪一弹。A战斗群被大雨所阻，没能按计划斩断敌人逃往舍涅德车站的退路。轰炸机轰炸加夫萨，侦察兵赶着羊在路上排雷，特德·罗斯福却在一座小山上苦等。听电台发了几个小时的噪音，罗斯福终于耐不住性子，冲了上去。

第 11 章　分崩离析的联盟：英美联军的内部危机

骑兵领着一队吉普车，"仿佛一小支舰队渡过小河，"一名亲历者写道。部队终于进了加夫萨，却扑了个空。凌晨 0 点 30 分，盟军宣布占领这座小镇。

"意大利人逃之夭夭。"巴顿写道。下身穿着马裤、上身套着野战夹克的他和艾伦驱车从菲利亚纳出发，却碰见了从地窖里钻出来的目瞪口呆的意大利人。一位一身黑衣的老太太在倒塌的露台上痛哭，已经变成一片废墟的小镇上空回荡着她的哭声。轴心国军队的破坏，再加上早晨的狂轰滥炸，都令这个被在凯塞林一战撤退期间的美军摧毁的小镇变得更加破烂。阿拉伯和意大利土匪洗劫了加夫萨 500 名法国人和 800 名犹太人的家：他们砸毁家具、撬开房门，抢走地毯、水龙头和浴缸，牵走牛和骆驼。商队已经几个月没来丰杜克，谷物交易所内空无一人。至于那些没被偷也没被砸的物品，都被统统扔下了河。轴心国占领此地后，法军曾将阿拉伯土匪枪毙示众。这时候，他们又开始围捕惯犯。

几个小时不到，这个小镇又落到美军的手中。随军牧师为圣帕特里克节举办了一场弥撒。周末，巴顿将司令部迁到了黄色砖墙、蓝色地砖的警察局。一队巡逻兵在一个废弃的矿井中发现了几节矿车，便坐了上去，矿车沿铁轨呼啸而下，他们像乘过山车似的，开心地尖叫。拉宗佳夫人很快便带着几个"女儿"从泰贝萨赶回来重操旧业，为突尼斯白人士兵 3.4% 和黑人士兵 45.1% ~ 100% 的性病发病率贡献自己的绵薄之力。巴顿明令禁止美军士兵逛妓院，但法国殖民军却出租头盔和制服给他们做掩护。第 2 军宪兵队长和情报主任双双来报，一旦被哨兵问起是不是没穿制服，头戴法国军帽的客人便用混杂了法语的英语答道："不是，肯定不是啦，我是摩洛哥人。"

巴顿深谙宣传之道，立刻招来了随军来到加夫萨的记者。他风度翩翩、口若悬河，用维也纳牛排和上好的咖啡款待来访记者。酒足饭饱后，溜须拍马的记者人手一包香烟和一个"救生圈"。3 月 17 日午夜

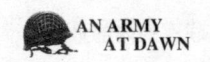

前，一家电台向美国听众告之："乔治·S. 巴顿中将志在必得。他今天首战告捷……纳粹闻风丧胆。"

但巴顿其实根本不相信，这一战能和"石墙"杰克逊相提并论。"我打赢了这场举世闻名的加夫萨战役。"他在日记中写道，不无自嘲之意。面对记者，他则说："要是知道德国人在哪里就好了。只要知道他们在哪，我可不管他们打得有多猛。"3月17日晚，他致电特里·艾伦，不等对方开口，他就抢着说道："你本应该继续前进，找个人打一仗。"

★★★

19日，就在蒙哥马利着手攻打马雷特之际，亚历山大改变了给美国人的命令，要巴顿兵分两路，继续向东，拿下舍涅德车站后，沃德的坦克和步兵团要再推进20英里，到达马克纳西，并派遣一支队伍摧毁位于东多塞尔对面的迈祖奈纳粹空军机场。艾伦手下的大红一师要深入加夫萨以南的山中。达尔比手下的第1游骑兵营已经占领了位于加夫萨东南10英里处，15号公路上的爱尔圭塔。意军沿着一条叫作"胶树路"的石子路逃进了深山，这条路直通往100英里以外的斯法克斯。

凡是见过比尔·达尔比的人都不会怀疑他具备在黑暗中指挥作战的才能。一位军官说，他就有这个能力，"能带人上阵，还能带他们平安回来"。他英俊帅气、为人随和，经常开玩笑说自己出生在阿肯色州的一个穷人家庭，父亲用猪槽喂养他们几个孩子。除了11月在阿尔泽和2月在舍涅德执行过几次小任务之外，这个营几乎没参过战，不少百无聊赖游骑兵生怕和这场战争擦肩而过，申请调往常规单位，还有不少士兵在阿尔及利亚卖掉山地靴，去买酒或逛妓院。现在，特里·艾伦要交给他们一个夜间执行的任务，令他们后悔不迭。数千名意大利人撤出加夫萨，盘踞在爱尔圭塔以东群山中一道易守难攻的山谷中。大红一师从胶树路发动正面进攻，伤亡数百，沿石子路转道东南的美军各单位则侧翼受敌。艾伦问过达尔比，还有没有别的办法可以避免

第11章 分崩离析的联盟：英美联军的内部危机

和敌军正面交锋，绕到他们背后。

3月20日夜，500名游骑兵和70名炮兵在爱尔圭塔3英里外下了15号公路，折向东北。他们用胶布裹住狗牌，免得发出响动，又用唾沫和着泥巴抹了脸，沿一条漆黑的小路摸上了山。1 000多只靴子踩着石头发出轻轻的嘶嘶声，一名士兵将其比作"大海的呜咽"。

游骑兵们绕道10英里，翻过了高逾3 700英尺的奥尔巴塔山沟壑纵横的山肩。他们翻山越岭，下沟过涧，爬上沙石悬崖，手挽手连成"链条"。他们的手磨出了血，疼痛驱散了疲惫。凌晨1点左右，一轮明月升了起来。在这支队伍中还有一位社会名流，他就是拉尔夫·M.英格索尔，《财富》杂志和《纽约客》的总编，日后还将成为《时代》杂志社的总经理，而当时他不过是个工兵中尉。

> 谁都不会相信，当月亮升起后，这一路上有多美……深谷、参差不齐的群峰，以及山谷中婆娑的月影，淡淡的流云拂过月亮，划过穹庐，这一切都被一抹柔和的银灰色调笼罩……翻过山脊，就可以看见，在数百码外，有一列披着银甲的身影蜿蜒绕过山脚。

21日破晓时分，英格索尔和炮兵远远落在了后头。他们拖着笨重的大炮，汗流浃背地跋涉了数英里，这一夜似乎并不令人回味。但游骑兵已经到了目的地——位于胶树路上方1 000码的山头——俯瞰沉睡的半人马师营盘，盘踞在这道狭窄的峡谷中的意军两翼毫无防备。等待进攻命令的游骑兵中有人打起了盹，达尔比叫醒他们时，"一个个爬起来……睡眼惺忪，像孩子一样拿拳头揉眼睛"。他仔细观察了下方的帐篷和工事，说了一声："好，兄弟们，给我冲。"游骑兵装好刺刀，开始往山下冲去。"你等着瞧，"一个大兵小声说，"他们不会带一个俘虏回来。"

曙光中依然黢黑的山岭回荡着清脆的"冲锋"号声。晨曦用蓝色

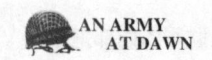

的笔触勾勒出山谷。"给我杀！"达尔比喊道。游骑兵分散开来，吼叫着冲了上去。子弹打烂了意军军官食堂桌上已经摆好盘的早餐。大兵们还穿着内衣，就被手榴弹赶出了帐篷。"打得好，"达尔比在步话机上喊道，"我们要对南面的山狠点……他们在那里给我们捣乱。"英格索尔赶来，迫击炮刚刚开火。跪在岩石后的游骑兵让他联想到一幅描绘内战的画作上"躲在弗吉尼亚倒塌的石围墙后"射击的士兵。

山谷北坡上飘起了白旗。俘虏被擒获，一名会说意大利语的随军牧师还在劝其他人投降。蓝色的烟雾笼罩山谷，空气中弥漫着"大炮掀起的尘土和火药味"，一名游骑兵说。阵地上尸横遍地，惊讶的神情凝固在士兵们蜡黄的脸上。德军大炮零散地还击，中午时分，战斗结束。迟来的迫击炮火给了敌人逃跑的机会，不少意大利人逃上了公路，但仍然有许多衣衫褴褛、腰上系着粗麻绳的大兵被俘。1 000余名俘虏分散在沿胶树路行军的游骑兵和艾伦的部下中间。

炊事车送来一桶热乎乎的乱炖，大兵们用水杯或头盔做容器大吃起来。下午4点，游骑兵返回自己的营地。艾伦的3个步兵团在爱尔圭塔绕了15英里，才扎营宿夜。

"第2军阵前没什么德军，"巴顿手下的情报官"修道士"迪克逊汇报，"隆美尔和第八集团军交手后，或许要孤注一掷，对我们发动进攻。大概会在3月24日以后。"

美军5天内行军75英里，以伤亡57人的代价，占领加夫萨、爱尔圭塔和舍涅德车站，解放了2 000平方英里的土地。"就好像一场演习，"特里·艾伦沉思，"有点不对劲。"

★★★

3月23日星期二，一阵急促的机枪声吵醒了特德·罗斯福。56岁的他膝盖残疾、患有关节炎和心房纤维性颤动。罗斯福掀开毯子，费力地坐起身子。为了保暖，他连睡觉也不脱靴子。几个月来，他冷得

第 11 章 分崩离析的联盟：英美联军的内部危机

要命，称这该死的天气为"沙漠的寒冷"。3 天前，他在给埃莉诺的信中写道："我心里只有一个念头：我是不是太老了，不能上阵杀敌了？我们难道就不能重新燃烧如火的青春，共浴阳光？"

他挂着手杖，迈着斗鸡式的步子爬上山顶。一听那猛烈的机枪声，他就分辨出是来自德军。枪声中还夹杂着美军的还击，哨兵吼叫着用口令盘问对方："三？"

"进攻！"对方回答道。

月光如水银一般洒遍山川，雾霭飘过脚下的沙漠盆地。东方出现了一抹瑰丽的红晕，表明拂晓即将来临。炮火仿佛愤怒的闪电。罗斯福找到设在 336 号高地（"意大利人山"）上的第 18 步兵团的团指挥部，探身进了齐胸深的战壕。

"脚下那片方圆 7 英里的圆形平原就是战场，"两天后，他写信告诉埃莉诺，"我们看得清清楚楚。"美军阵线的形状如同一枚长约 15 英里的鱼钩。第 1 师下属的 3 个团约 1.6 万名官兵从北向南，占领了科德卜山。第 26 团负责防守靠近胶树路的北翼，正好位于罗斯福阵地的左侧。第 16 步兵团的一部分兵力和第 18 步兵团的一个营居中，位于罗斯福阵地右侧几百码处，此处山势渐缓，被 15 号公路一分为二，形成一道狭窄的山谷，蜿蜒 8 英里穿过美军阵线，与爱尔圭塔相接，通向遥远的加贝斯。在公路南侧，山势较为陡峭，由美军把守。就在几个小时前，罗斯福派第 18 步兵团的两个营在博尔达山高达 3 000 英尺的一处地势稍低的斜坡上布下阵线。因为地势崎岖，达尔比的游骑兵帮助这两个营把大炮运上了阵地。达尔比的防线向西弯折，是美军鱼钩形阵线上"倒钩"的部分。

工具碰撞岩石发出的声音引起了罗斯福的注意。大兵们顾不得山脊上肆虐的蚂蚁和蝎子，拼命地在岩石上开凿战壕。山坡上开满了的白色的小雏菊，一朵朵抬头向着朝阳。亚历山大再次改变主意，命令大红一师当天早上就发动进攻。第八集团军在马雷特遇到的困境，令

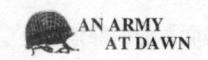

蒙哥马利改变了对美国人的态度。就在 3 天前,他还在日记中痛斥美国佬"纯粹是外行"。眼下,他却需要他们的协助。

巴顿奉命沿 15 号公路向加贝斯发动进攻,攻击轴心国侧翼。夜间,美军炮兵负责掩护艾伦的步兵,就在这个时候,情报部门警告,装甲兵来势汹汹,准备一举歼灭第 2 军。头顶传来炮声,越来越密集,罗斯福猜到敌人一定会抢先一步发动偷袭。凯塞林看出,突入加贝斯公路的美军意在围歼马雷特的意大利第一集团军。阿尼姆奉凯塞林之命,派遣三个师中最强的第 10 装甲师赶在巴顿行动前予以反击。

在第 336 号高地上,响彻"他们来了"的叫声。罗斯福瞥了一眼弥漫的灰尘和耀眼的光线,他患有弱视的眼睛顿时流出了泪水。加贝斯公路沿线地势开阔,除了杂草和几丛橄榄树之外,几乎毫无遮拦。装甲车仿佛是灰尘幻化出来的,突然就出现在人们眼前:排成长方形队列,沿着公路滚滚而来。数百名德军步兵跳下紧跟在坦克后面的卡车,左手擎着步枪,紧随其后。一位军官形容这一幕犹如"一座巨大的钢铁堡垒冲进山谷"。

队伍前方,一束束橙色炮火绽放。"敌人的坦克数量高达三位数,"一名中士事后回忆,"但没人有心思去数具体有多少。"但罗斯福有这个心思:在烟幕遮住他右侧的敌军梯队前,他数了数,共有 24 辆装甲车冲向了位于 15 号公路上方的隘口。其实,第 10 装甲师的坦克只剩 57 辆,外加数量相当的装甲车和半履带式装甲车。余下的坦克兵分两路,一路带着掷弹兵和一辆用于运载弹药的平底大众汽车冲向美军左翼。在纷乱嘈杂的喊杀声中,罗斯福一面为官兵们打气,一面从加夫萨调遣了一个反坦克装甲车营。斯图卡式俯冲轰炸机轮番轰炸,飞扑过来时距离地面非常低,军官朝天打空了手枪子弹,才跳进掩体。"我觉得伸手就能抓住它们。"罗斯福事后告诉埃莉诺。装甲车车身飘起遮天蔽日的浓烟,正好作为自己和掷弹兵的掩护。罗斯福说:"平原上烟雾弥漫、尘土飞扬。"

第11章　分崩离析的联盟：英美联军的内部危机

然而，在美军左翼，困扰他们的可不仅仅是烟尘那么简单。上午8点，美军第5和第32炮兵营暴露在前沿阵地，成了敌军迫击炮的目标。两个营之所以占领这处阵地，是为了进攻，而不是挨打。"一个个身影翻过对面的山头。"一名排长汇报。不知出于什么缘故（一贯是因为混乱），第2军军部命第1师取消多储备弹药的计划。可是该师还是死性不改，没把军部的命令当回事，但最终还是弹尽粮绝。炮手用水罐往发红的炮筒上泼水，其他人则拼命地从后方扛来96磅的炮弹。在浅凹槽间飞奔的德国兵朝他们大吼："缴枪不杀！"炮兵打完最后几发炮弹，拿手榴弹炸掉了炮门，和步兵一同边打边退。

位于罗斯福指挥部左翼的两个步兵营一样大难临头。装甲车碾平战壕，血洗了分别隶属于第16和第18团的第3营。两个营的官兵弃了阵地，翻过科德卜山，才在美军阵地下方的一条大河边上稳住了阵脚。第18营K连的士兵们一边高喊"来啊，你们这帮德国杂种！"一边丢出如雨点般密集的手榴弹，打得敌方掷弹兵不敢近身。截至下午3点，该连共投掷了1 300枚手榴弹，伤亡60余人。在靠近河边的一小片绿洲上，蓬头垢面、早就扯下领带的特里·艾伦从加夫萨搬来援兵，从泰贝萨调集补给。德军坦克炮火越来越近，一名参谋提出转移师指挥部。"我绝不后撤，"艾伦答道，"谁撤我毙了谁。"

虽然科德卜山一线的战斗无比激烈，但从南部沿15号公路攻来的德国人才是第1师将面临的真正威胁。第601反坦克装甲营的阵地距离罗斯福阵地不远，正好俯瞰15号公路。30辆装甲车横冲直撞，一个连伤亡惨重，很快就败下阵来，另一个连打到弹尽粮绝，也仓皇后撤。德军坦克冲进隘口，要从侧翼包抄美军，A连在2 200码外开火，75毫米口径大炮一轮齐射，镇住了敌军装甲车。装甲车掉头向南，不料却陷进了一片排布在干涸湖床沼泽地上的雷区。两侧的反坦克装甲车和艾伦的炮兵越打越猛。每击中一辆装甲车，山脊上的官兵都要大声叫好，但喊得最大声的莫过于大嗓门罗斯福。截至上午10点，装甲车深入到被美军称作死亡谷的隘口底部。"他们迟疑了一阵，掉头撤退，"罗斯福说，"我身边的人顿时欢呼雀跃。"

第601营的36门大炮损失了24门。该营总计打出了近3 000发75毫米口径炮弹，近5万发机枪子弹。巴顿曾给第601营营长带了句话："如果敌人再来，希望你能舍身成仁。"但该营营长最终逃过一死，并向艾伦汇报，他的营已经不复存在。第899反坦克装甲营损失了7辆崭新的M-10大炮，该营从加夫萨赶来投入战斗，不料却于上午10点在谷底中了敌人的埋伏。"勇敢，但太嫩。"罗斯福如是评论该营。第10装甲师的损失更为惨重。美军的炮兵、反坦克装甲车和地雷摧毁了敌军37辆坦克。德军抢出了几辆坦克，余下的全都付之一炬。德军向东逃窜，美国大兵哑着嗓子，跟在他们后面齐声喝彩。

第一次行动告一段落，但德国人决不会善罢甘休。艾伦和罗斯福打扫了战场。伤员在担架上辗转反侧。新的大炮被调来了。19辆吉普车躲过俯冲轰炸机和远程大炮的攻击，到后方去取弹药。13辆载着成箱子弹和炮弹的吉普车如同超载的驳船，一路颠簸，好不容易才回来。

★★★

在开道摩托车的警笛声中，巴顿从菲利亚纳驱车上山，在此之前，他不顾一名士兵刚从阵地上下来，就让他去扛弹药，喋喋不休地训斥他不修边幅、没打绑腿。巴顿不知道德国人身在何处，这会儿他终于知道了。"我要打一场胜仗，"他说，"要是你输了，就无法成为冠军，简直是奇耻大辱。要是你赢了，你就是冠军。"

下午3点，一支隶属于第2军的英国电台窃听小组破译了第10装甲师侦察队的一条电报。德军6个营将于下午4点重新发动进攻。下午3点45分，另一条被截获的电报显示："进攻将推迟到下午4点40分。"这样一来，德军炮兵就有时间重新部署阵地。巴顿认为情报太急，已经来不及编码，只能用明码电报通知下属，德军即将发动进攻。下

第 11 章　分崩离析的联盟：英美联军的内部危机

午 4 点 15 分，艾伦命电报员使用第 10 装甲师的电台频率发一条电报："你们还等什么？我们 4 点就已准备就绪。第 1 师。"早就来到该师师部的巴顿摇了摇头："特里，你什么时候才能学会认真对待这场该死的战争？"

巴顿直言不讳的警告和艾伦的嘲讽，让德军认识到安保失检，第 10 装甲师很快就换了密码。"此次之后，我们在很长一段时间内都无法破解德军的电报。"艾伦的情报官事后承认。英方对美方的轻率大为光火，但美国佬目前已准备就绪。下午 4 点 45 分，德军两个掷弹兵营、一个摩托化步兵营、一个炮兵营和两个装甲营出现在距科德卜山仅 2 英里的 15 号公路路口。巴顿和艾伦登上 336 号高地，找到罗斯福，用一位军官的话说，三个人"在包厢内像看戏似的"，在战壕内观战。

这一次，敌军坦克畏缩不前，在反坦克装甲车射程外的褐色烟雾中徘徊。A.J. 列伯林形容，坦克这样逡巡不前地进攻，"犹如舞会上缺乏信心的胖小子要去邀请舞伴跟他继续跳下一支舞，却因为不够自信而找借口转身回去，鼓足勇气后又走上前去。"德国掷弹兵则毫不迟疑，直接冲向美军阵地。轻武器和重炮打得越来越猛，形成了交叉火力网。"士兵们昂首挺胸，也不隐蔽，"一位营长事后说，"我们就像割草一样，在 1 500 码外就将他们撂倒。"

美国炮兵首次尝试了跳弹射击，故意让炮弹掠过地面，飞进敌人的阵地，杀伤力惊人。他们还玩起了"剪刀"把戏：将一部分炮的射程由远调近，将另一部分的射程由近调远，如同用交叉浇灌系统给花园浇水，简直是在用炮弹清扫战场。达尔比在南侧的博尔达山上观看美军定时引信炮弹——经过设定，炮弹将在阵地上空数英尺处爆炸——雨点般撒向敌军的阵地。"那阴森的黑烟代表那些炮弹是在德国人头顶上爆炸的，"他写道，"不见人跑，只见尸体扑倒在地。"

这一仗更像是一场屠杀。下令使用定时炮弹阻击敌军的罗斯福认为这一仗"似乎不真实"。掷弹兵首当其冲。还活着的人灰尘满面，形

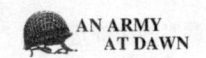

容狼狈，他们终将在劫难逃，归于尘土。罗斯福事后写道：

> 我面前是400名敌军士兵。我们狠狠地打他们，他们匍匐在沙丘后。炮兵的定时炮弹追着他们，在空中爆炸。他们跳起身，冲向后方，头顶腾起黑烟，一个个身穿制服的身影摇摇晃晃地扑倒在地。

敌军士兵黑压压地聚集在一座小山后，盟军炮兵发现了对面的一面山坡。"这个营跳出掩体，跑向后方的一条小河，"克利夫特·安德勒斯说，"但没有一个人能到达那里。"下午6点45分，第18步兵团的一个观察哨汇报："我方炮兵消灭了他们。"每隔7码就会有一枚炮弹落进这支退兵队伍。"老天爷！"巴顿小声对罗斯福说道，"这样屠杀优秀的步兵，是不是罪过？"

生还者和装甲车会合了，趁着雾霭和暮色向东撤退。德军的损失无从估计，但战前就大伤元气的第10装甲师又遭重创。"超级机密"于3月25日发送了一封电报，上面列出的一个有26辆坦克的单位，如今不过是个徒有其名的装甲师。这个星期内，艾伦攻击使德军损失了417人，外加24门大炮，其中一半都损失在3月23日。美军打了场漂亮仗，打败了在波兰、法国、俄国和突尼斯让对手闻风丧胆的老牌德国装甲师。"我们扎扎实实地打赢了德军，是一场毋庸置疑的胜仗。"奥马尔·布拉德利称。诚然，爱尔圭塔的战斗不过是以守为攻，巴顿没有打响一场他心仪已久、横扫千军的装甲战。诚然，纪律涣散和喜欢冲进敌人张开的包围圈仍然是美军一时难以克服的缺点。面对德军来势汹汹的进攻，第1师也证明了其具备避开敌人锋芒的机动力，和强大到足以威慑敌人的火力。"德国佬很快就会知道这支队伍的厉害。"艾森豪威尔发来贺电。

最能代表该师性格的特德·罗斯福获得了一枚陆军优异服务十字

第11章 分崩离析的联盟：英美联军的内部危机

勋章。"我从没料到这场战斗会在我脚下打响。"他写信给埃莉诺。但15个月后，在一个叫犹他海滩的地方，他将因展现了与科德卜山上同样冷静杰出的指挥才能而荣获另一枚荣誉勋章。

这恰恰是爱尔圭塔最后一战中一名阵亡大兵的真实写照。他的尸首旁有一封没来得及写完的家信："好了，父母兄弟们，我们断送了他们最美好的东西。"

"Search Your Soul"
★★★

铩羽而归：沃德的最后一场仗

在爱尔圭塔东南 40 英里以外，一场同样激烈的战斗打响了，最终，轴心国官兵逃往东多塞尔。

对奥兰多·沃德来说，这场战斗无异于开门红，尽管一场突如其来、水位高达 3 英尺的山洪冲走了他的帐篷和步枪。他手下有 2 万名官兵（第 60 步兵团也被纳入他麾下），227 辆坦克（近一半都是谢尔曼坦克）。3 月 21 日，沃德攻克了舍涅德车站，接着又攻占了附近的山顶小村舍涅德，盘踞于此的 542 名意军拒不"投降"，但第一发炮弹就吓得他们拼命挥舞白旗。3 月 22 日拂晓，侦察兵发现，20 英里以东的马克纳西已变成了一座空城。沃德的人马于当天上午 10 点左右进入该镇。

他继而命令官兵停止进攻，但作出这项决定令他感到非常棘手。按照亚历山大 3 月 19 日的方案，沃德占领马克纳西后应当按兵不动，等待发动"破坏者行动"，出动一个坦克营，突袭斯法克斯以东 15 英里的迈祖奈德军机场。22 日星期一上午，在驱车沿 14 号公路去往马克纳西的路上，沃德一直在思考该如何取舍。得益于灌溉水渠，这片

第11章　分崩离析的联盟：英美联军的内部危机

沙漠变成了大片的仙人掌地和果园。马克纳西是一座人来人往的农业集镇，一条长达300码的石板街道旁椰枣树成荫，商铺鳞次栉比。在镇子以东5英里处，果园止于一座高数百英尺、地势参差不齐的山脊，而山脊对面就是迈祖奈和辽阔的沿海平原。

一位法国联络官劝沃德立即拿下高地，否则"要付出惨重的代价"。沃德掌握的情报很少，并不知道14号公路隘口只由几个意大利连队把守，而德军正赶来增援。既然有命令要他在马克纳西按兵不动，他自然无心占领高地或冒险付出无谓的牺牲。取得目前的战果，他手下只伤亡了31人。就在昨天，巴顿还敦促沃德"打起精神"，亲自上阵。

虽然巴顿在日记中表达了自己的恼火，认为在占领马克纳西期间"终日无所事事"，但他还是决定不去亲自督阵，只派了一名和沃德配合默契的参谋。沃德抢走参谋的望远镜，发给手下的坦克指挥官。他总是这么做。

沃德还有别的烦恼：他从第9步兵师借来的第60步兵团毫无建树，这个团十分懒散，与沃德手下的坦克兵结怨已久。该团团长弗雷德里克·J.德罗翰上校为该单位归谁管，和他的副手结了梁子。"这个团分为势均力敌的两派。"一位参谋事后回忆。有的军官居然联名请求撤德罗翰的职。此外，陆军部一位视察员汇报，自从利奥泰港登陆以来，这个团一直被痢疾折磨，总计发病468例，而且缺医少药。

罗比内特也令他头痛。自凯塞林战役以来的一个月时间内，沃德越来越不信任手下这位B战斗群指挥官。"罗比野心勃勃，要置我于死地。"沃德在2月末写信告诉妻子。连罗比内特的参谋也认为他背信弃义，一贯不将沃德放在眼里，和第2军的人合伙暗算他。一位军官称罗比内特是个"小独裁者"。沃德悲叹他是自己的"眼中钉，一个无比自负和自私的家伙"。他虽然怒火中烧，但对抗不是他的做派。他同时

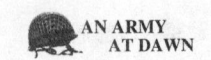

认为，不管罗比内特有多大的野心，他仍是一名能打善战的坦克指挥官。"罗比内特是一个翻版的'我',"沃德在3月9日的日记中写道，"他不好对付，但有能力。"艾森豪威尔也注意到了这一点，3月12日，在给沃德的一封信中，总司令称"罗比内特极其难管，倘若万不得已，只能使用一些见不得人的手段了。"艾森豪威尔也愤愤不平：罗比内特批评军中种种缺点，他甚至在12月泰布尔拜溃败后，背地里向马歇尔打小报告。总司令怒火中烧，在给马歇尔的一封信中，艾森豪威尔称罗比内特是个"莫名其妙的家伙"。但罗比内特的指挥能力在前线指挥官中也算名列前茅，本人也是战功卓著，艾森豪威尔如是评价他："除非他学会管好自己的嘴，否则我决不提拔他。他聪明，但除了作战之外，他做事毫无主见。"

最后，沃德还要忍受巴顿的刁难。"乔治·巴顿凡事都要插一杠,"沃德致信艾森豪威尔，"就个人而言，我是个新人。"一腔热情却没得到新军长的青睐，接替弗雷登多尔一周后，巴顿在日记中写道，"第1装甲师畏首畏尾。"3月18日，他写信给比阿特丽丝，"看来我要撤一位将军的职了。"巴顿对沃德高超的指挥技巧、过人的才智和正派的为人等优点视而不见。"沃德无甚建树,"攻陷马克纳西后，巴顿写道，"而且缺乏干劲。"巴顿的脾气愈发暴躁，要沃德"走人"。

一天晚上，沃德在电话中提到，他在当天的战斗中没有损失任何一名军官，军长顿时勃然大怒。"见鬼，沃德，那不是运气，这有什么好夸耀的？那根本无益于官兵的士气！"巴顿一句话打断了他，"我要你多死几个军官。"

沃德一时语塞："你当真？"

"当真，见鬼，我当真。我要你派几名军官上阵出任观察员，不死一两个不许回来。"

沃德也希望有所建树。3月22日，他在日记中写道："巴顿脾气不好，但说得在理。"

第11章　分崩离析的联盟：英美联军的内部危机

★★★

3月22日，亚历山大下达了新命令，要求第2军赶在第10装甲师进攻前，按照特里·艾伦的方案，先下手为强。为对轴心国侧翼部队造成威胁，第1装甲师奉命继续东进。刚刚决定不占领马克纳西高地的沃德奉巴顿指示，当晚占领各座山头。巴顿说，凡是勇士无不渴望这种机会：指挥300辆坦克抄敌人后路。

晚上11点30分，在36门大炮狂轰了30分钟后，两个步兵营跳出位于马克纳西以东果园内的掩体，趁着月色越过宽逾半英里的草地。星期二凌晨3点30分，第6装甲步兵团第3营没有遇到什么抵抗，就占领了山头的目标。然而，第60步兵团第1营止步不前。地雷和机枪将官兵们压制在奈米亚山光秃秃的山坡上。奈米亚山地势居高临下，正好扼守住了14号公路上的隘口咽喉。日出后不久，该营营长向沃德汇报，他面对的敌人至少有一个营。

其实，他面对的只有80名德军步兵（隆美尔的前贴身警卫）和少量工兵。由于一开始就镇住了10倍于己的美军，德军靠子弹、石头和雨点般的巨石击退了来犯的美军。一门88毫米口径大炮既可用于击退进攻者，也可用于吓唬想投降的意大利人。中午时分，沃德再次发动进攻，这次动用了坦克。4辆谢尔曼坦克被地雷炸毁，但也没能挫败美军的锐气，就在快要攻到隘口时，才被一阵子弹和石头击退。

沃德一开始就没能攻敌不备，之后又连连失误，没有集中兵力重拳出击。战场是一片山区，十分不利于坦克战。坦克冲入突破口，轧上脆弱的路基，又在到处是岩石的地带甩脱了履带。第一波次进攻中，沃德仅出动了6个步兵营。

德国守军的兵力却在不停增加。美军这时候面对的恰恰是鲁道夫·朗上校，他正奉阿尼姆命令，把守马克纳西高地。朗急于要报"牛头行动"中巴杰的一箭之仇，星期二早晨赶到这里，却发现意军士兵都逃到了后方。在向88毫米口径大炮炮手下达了"务必不能放一人一

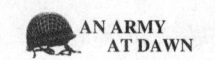

车过关"的命令后，一身汗水、两眼闪烁着已经胜券在握的精光的朗跑进隘口，组织了一场在德军眼中犹如德国"温泉关"的防守战。

8辆虎式坦克赶来助攻。看见这几辆庞然大物从迈祖奈开过来，士兵们个个欢声雷动。一同赶来的还有远程大炮、19辆小型装甲车和两个掷弹兵营。朗很快集结了350名官兵，与一支加强装甲师对峙。对于不中用的盟友，他事后说："意军虽说人多势众，但指望不上。至于那些没逃跑的，敌人一发动进攻就缴械投降。"

23日黄昏，美军第三轮进攻以失败告终，损失惨重，第3营营长腿上中了一枪。当晚，德军照明弹的冷光照亮山坡，光芒四射的照明弹每每升起，上千名官兵都会不约而同地卧倒，在镁嘶嘶燃尽之前，一个个石头人似的趴在地上一动不动。红色和橙色的曳光弹犹如一根根火针，从各个角度扎向这里，狙击手悄悄穿过阴影。纳粹空军飞行员丢下一串串蝴蝶炸弹，"仿佛一串串灯笼飘向大地，"一名士兵说，"漂亮但令人恐慌。"

星期三早晨7点，沃德出动8个营（包括若干坦克），再次发动进攻。德军前哨放美军侦察兵接近到20码内，才拿手榴弹点燃杂草，将他们击退。一部分士兵逃出大火，其余的人在用作战服扑灭火焰的过程中被射杀。沃德走出位于马克纳西以西3英里处的师部，冒着炮火来到奈米亚山山脚与蜿蜒的14号公路平行的窄轨铁路上。官兵们要么大批大批地躲进涵洞，要么三三两两地逃进果园。

他拟订了作战计划，集合手下的官兵。"快！快！它伤不了你！"他喊道，"我们要翻过那道岗，直接到正面。"但只有少部分人跟了上去。在迫击炮和机枪的火力下，士兵们又惊恐地卧倒在地。部队右翼坦克的去路被地雷封死。美军同样是从侧翼——沃德本以为能见到用于掩护谢尔曼坦克避过德军反坦克炮的工事——发动了一次更加彻底的包抄，但最终仍然以失败告终。沃德没看到掩体，只看到了敌军反攻的装甲车。美军4个营屡战屡败，没能收复一寸失地。

第 11 章　分崩离析的联盟：英美联军的内部危机

伤亡人数不断上升，最终达到了数百人。冷硬的石头布满战场，再严厉的恫吓也无法让士兵们从涵洞中挪出一步。美军情报人员找到了一个俘虏的日记，里面这样描述：

> 你在这里才明白，什么是花一整天都是白费功夫。这是一片不毛之地，看不见一棵树、一丛灌木，只有几根荒草，其余的只有沙漠、石头……我们从头到脚都是污垢。

第 1 装甲师的一位军需官说："这是一个靶场，我们是鸭子。"在一座紧邻公路、位置隐蔽的山丘上，已经狼狈不堪的沃德观看了这场战斗，下午才返回师部。

巴顿又去爱尔圭塔和艾伦的师待了一天，见击退了装甲车，他欣喜若狂。回到设立在菲利亚纳校舍的指挥部后，他三口两口吃完晚饭，提笔给比阿特丽丝写信。晚上 7 点，参谋拉塞尔·F. 埃克斯从马克纳西带来最新战报。沃德在 48 个小时内毫无进展。"该死的第 1 装甲师在搞什么鬼？"巴顿勃然大怒。埃克斯稍失偏颇地认为，双方之所以相持不下，是因为沃德存有私心，想要在距离前线 15 英里处的后方设伏。巴顿拿起电话："给我接沃德将军。"说完，他摔下听筒，又回去写信。

沃德的电话打了过来。

"你拿下那座山头了没有？"巴顿听了不到 10 秒，就打断了他，"我不想听什么借口。我要你去拿下那座山头。你要亲自上阵。不拿下那座山头，别回来见我。"他又摔了听筒。

巴顿上床前在日记中写道："我良心不安，担心这是让他去送死。"

★★★

沃德脸色苍白，一副慷慨就义的表情。他松开头盔帽带，拾起一挺卡宾枪，于晚上 8 点返回奈米亚山。

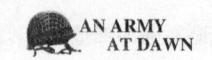

他先到隐蔽在马克纳西以东一片树林中的第 6 步兵团团部。在这顶臭气熏天的帐篷内，他见到了躺在担架上的威廉·B. 克恩中校，作为第 1 营营长，克恩从奥兰一路打到凯塞林。他被一颗机枪子弹打伤了右眼，已经注射了吗啡，伤口上敷了磺胺粉，将被送往后方的野战医院。沃德拍了拍他的肩膀，转身上路。

第 6 步兵团的 3 个营 2 000 余名官兵准备于午夜后发动进攻。为出敌不意，他们决定事先不动用掩护炮火。沃德来到第 2 营阵地，官兵们见一位少将抱着卡宾枪亲自上阵，一个个目瞪口呆。3 月 25 日星期四，中午 12 点 30 分，这支队伍出发前往东北方高大巍峨的奈米亚山。队伍在距离山脊 1 200 码处兵分两路，一个连折向左，另两个连由沃德带队，绕到敌军右翼。前方阵地传来密集的嗒嗒声。沃德训斥一名临阵退缩的中士。"中士，你能回去面对母亲、爱人、朋友，看着他们的眼睛说，你已为祖国尽忠、对战友尽责么？不，你不能，"沃德说，"你要做的是往前冲。"中士冲了上去。

但这位中士没能冲多远。德军的交叉火力打得这个营不得不四散隐蔽。沃德带着 8 个人越过了奈米亚山南坡第一个和第二个山丘。他扔掉了卡死的卡宾枪。"混蛋，伙计们，"他冲身后畏缩不前的官兵喊道，"你们难道还不如一个 51 岁的老家伙？我们冲上那座山头！"沃德的副官欧内斯特·C. 哈特菲尔德上尉怀疑这位将军是有意舍身成仁。

第三个山丘就没有这么容易越过了。"机枪火力太猛，一排机枪火力距离地面 20 英寸，另一排机枪火力距离地面 40 英寸。"哈特菲尔德说。一枚子弹击中了趴在沃德和哈特菲尔德中间一名通讯员的腿。一枚弹片削掉了沃德的眼角和鼻梁。他满脸是血，前襟也沾满了猩红的鲜血。

破晓时分，战斗进入僵持阶段。几名官兵攻上奈米亚山顶，却被德军的迫击炮赶了下去。上午 7 点，沃德爬下山，指挥坦克猛轰德军阵线，但一个小时后，该营已经弹尽粮绝，只好后撤并隐蔽在山脊以下 1 000 码处。伤员潮水般涌向包扎所。沃德下令暂时停止进攻，与两名分别丢

第 11 章 分崩离析的联盟：英美联军的内部危机

了一条腿和被削掉半个脸的大兵同乘一辆救护车前往马克纳西。

沃德于上午 11 点返回师部，罗比内特和奥马尔·布拉德利恰好也在。他的模样吓了两人一跳：满脸都是干了的血迹和磺胺粉；手上和腿上布满了一道道伤口，还有青一块紫一块的伤痕；一枚机枪子弹在他的野战夹克上留下了一道口子，"就像被通红的烙铁给烫了。"就在军医给他包扎眼睛的工夫，哈特菲尔德从野战厨房给他端了一杯茶来。被问到感受时，沃德答道："非常难受。"

当天晚上，巴顿在菲利亚纳看过从前线发来的最新战报后，坐下来又写了一封家信。他的笔迹粗犷遒劲，告诉比阿特丽丝："我把沃德培养成了一名真正的军人。"

★★★

27 日，也就是两天后，巴顿来到该师师部，亲手将一枚银星勋章别在了沃德的胸口。军长"冷静、风趣、有条不紊"，沃德在日记中写道。但在授勋前的单独会见中，巴顿厉声斥责沃德懒散，过于依赖手下的参谋。"我仍对沃德或第 1 装甲师缺乏信心，"巴顿在第二天的日记中写道，"沃德缺乏魄力，而这个师也总是怯阵、容易不安，想打却又怕死。"

巴顿从老铁甲军抽调了一部分坦克，以增援位于南翼的特里·艾伦，但这仍然无法打破马克纳西以东的僵局。沃德在给该师的一封电报中骂道，"七零八落、东躲西闪……给我打起精神，"他说，"要让来犯的敌人付出生命的代价。"

他在突尼斯待不了几天了。从夺回舍涅德车站开始，截至 4 月初，第 1 装甲师有 304 人阵亡、1 265 人受伤、116 人失踪、40 辆坦克被毁。战果方面，该师杀敌 2 000 人，俘虏 960 人，纳入艾伦麾下的第 1 装甲团生擒 2 000 人——当然，这是个夸大的数字。艾森豪威尔致信马歇尔，称沃德"自首战受挫后，尚不能振作精神、坚定决心"，他"心肠太软"。

这话不假。担此重任必须有一副钢筋铁胆，还需具备勇于亲自上

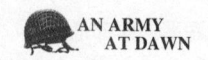

阵的魄力，但沃德太过审慎、软弱了。就连身处奈米亚山对面山头观战的朗上校，见美军在接近马克纳西高地时表现得畏首畏尾时，也不免感到意外。他断定，只要强攻，就可以将突尼斯战役的时间缩短几个星期。朗看出来，在决战中，美军似乎不愿冒付出重大伤亡的风险，即使要延长战事，也宁可利用物资上的优势打垮敌人。如是评价也十分客观。

4月1日，亚历山大给巴顿的一封信决定了沃德的命运。"经再三考虑，"这位集团军司令总结，"沃德不是指挥美军第1装甲师的最佳人选。"（亚历山大在给布鲁克的一封私信中直言不讳地指出，沃德"无能"。）巴顿立刻请求艾森豪威尔召回于凯塞林一战中，在第2军短暂履职后，已经返回摩洛哥的厄尼·哈蒙。巴顿不愿当面和同僚交恶，便将这个差事托付给了奥马尔·布拉德利。"我说，布拉德，你是沃德的好友，"他在早餐桌上说，"你去告诉他，我为什么让他走人。"

几个小时后，布拉德利来到了沃德设在马克纳西果园内的师部。在西点，他低沃德一级，两人同在一个连队实习过。他认为撤沃德的职实在有失公正。

似乎为了适应蒙哥马利，一次又一次地修改作战方案已经令亚历山大没有足够的精力去展现自己的智慧。至于巴顿，他没有给出有用的建议，也没有派遣步兵增援，只会破口大骂。布拉德利认为，沃德实在是生不逢时。但对于一位将军来说，在战争中，运气往往也是一种实力。

沃德似乎早已料到了一切，他只是不露声色地笑着，迎接了布拉德利。布拉德利只将巴顿决定换将的消息告诉了他，只字未提亚历山大的信。他坚信，在国内或其他战场，肯定有沃德的一席之地。

沃德的话很少。布拉德利两眼含泪地和他握手道别后，匆匆返回了菲利亚纳。

"布拉德利传我的撤职令，"沃德在日记中写道，"他比我还要不安。"

第 11 章　分崩离析的联盟：英美联军的内部危机

他离开之前，向部下们宣布："在下特此将这个优秀的师的帅印移交哈蒙少将。恳请诸位像对我一样不遗余力地支持他。"

4月5日哈蒙才正式上任，他在赶来的一路上，先是遭国防军轰炸，继而被巴顿责难。当哈蒙问及自己该负责防守，还是发动进攻时，巴顿吼着答道："你干什么来的，问我这些废话？你要么滚出去，要么照我的吩咐干，小心我送你回摩洛哥！"沃德打好铺盖，在马克纳西等待哈蒙到来。给继任者接风过后，他说："这支队伍归你了，哈蒙。"

沃德表面上泰然自若，内心却翻江倒海。他痛恨英国人、弗雷登多尔、艾森豪威尔和巴顿，他认为让巴顿任坦克连长都是抬举他了。如果在突尼斯一切顺利，他认为自己有朝一日能坐上参谋长的宝座。在接下来的一段日子里，还有其他一系列事情令他不快。罗比内特给他发了一封言不由衷但不失慷慨的道别电报，"感谢你的宽容"，沃德回复，"说句实话，我累了，需要换个环境。"身在阿尔及尔的艾森豪威尔满心欢喜地告诉沃德，他"并非庸碌无能"。

马克·克拉克曾经暗中阻挠，不让因在奈米亚山上表现英勇的沃德顺利授勋。复审该案的委员会认为"事实并不足以证明应授予沃德优异服务十字勋章"（已授予的银星除外），克拉克又致信艾森豪威尔："我同意这项提名。"沃德好歹获得了一枚优异服务十字勋章。

沃德是位优秀的军人，宠辱不惊，他常说，自己心如止水。"我的成绩让人们认为我有勇无谋，"他告诉一位朋友，"或许只有傻子才会陷入这样的困境。"4月中旬，他返回丹佛，先是担任陆军反坦克装甲车和野战炮兵学校校长，继而于1945年4月出任另一个占领慕尼黑的装甲师师长。美军历史上，被解职的指挥官难得有东山再起的机会，沃德是个例外。但他仍需克服自己的弱点。

"在战场上，沃德对上司的批评和下属的失败过于敏感，"艾森豪威尔致信马歇尔，"除此之外，从哪一个方面来说他都是一位了不起的指挥官。"

Night Closes Down
★★★

巴顿的抗议

由于美军无法从马克纳西高地深入敌后，亚历山大只好再次改动本已下达给巴顿的命令。3月25日中午，就在沃德治疗伤眼、蒙哥马利准备取道马雷特，从左翼出击之际，第2军接到命令，将进攻的重心转移到南翼。第9步兵师和艾伦的第1师会合，在爱尔圭塔东南的敌军防线打开了一个突破口，以便从沃德第1装甲师抽调来的坦克能顺利沿15号公路进逼加贝斯。这次进攻意在骚扰为难蒙哥马利的德军，从敌后斩断轴心国军队，围困马雷特的守军。

按照巴顿的命令，艾伦要于午夜前撤下驻扎在美军阵地南缘博尔达山上的达尔比的游骑兵营和隶属于第18步兵团的两个营。这些部队倒是乐于撤走：德军于前一天晚上发动了一场疯狂的反扑，将他们逼退了2 000码。回到加夫萨的游骑兵沐浴着暖洋洋的春日打起了排球。第18步兵团绕道北上前往胶树路，正驻扎在据守15号公路北侧9英里一处阵地的艾伦部左翼。第9师则匆匆接管了位于公路南翼达尔比和第18团腾出的阵地。

第11章 分崩离析的联盟：英美联军的内部危机

就算山顶上的神见到大难即将来临，恐怕也不会自降神格，去掺和军人之间的事。亚历山大朝令夕改，巴顿制定的作战方案也漏洞百出。德军渗透分子占领了博尔达山最高峰和772号高地上一处地理位置非常关键的山嘴，美军的一举一动尽收眼底。美军非但不抢先占领该山峰，打通山脊，反而孤注一掷，绕了开去，依仗15号公路两侧的两个步兵师夹击敌人。

此外，第9师兵力不足、消息不灵、装备落后。该师的3个步兵团中，第60步兵团被借给沃德，在马克纳西逞一时之勇；而在过去的5个多月中，第39步兵团一直在阿尔及尔负责警卫，转移途中因为耽搁，不得已将进攻推迟了一天，直到3月28日星期日，这段时间再一次被德军利用。第9师师长曼顿·S.埃迪少将戴着一副眼镜，脑门突出，下巴下垂，活脱脱一个"乡村小学老学究"。但实际上，他精力充沛、富有创意，为整顿军纪，曾给一名二等兵放了三天假，去对一辆空指挥车敬礼。但他的部队没有大炮、装甲推土机和充足的指南针，甚至不具备攻打堡垒的经验。

第1师一位离职军官发来情报，称盘踞在该阵地的"不过是小股德军"，或者是见到美军刺刀就闻风丧胆的意大利人。这情报显然是错的。1903年法国测量原图显示前方地势平坦，这同样大错特错。尽管3月23日一战大伤元气，但第10装甲师和意大利半人马师重整旗鼓，借长方形峡谷和刀劈斧削的山脊之地利，打起了防守战。德军尤其加强了369号高地的防守。369号高地位于公路以南两英里处，山势险峻，高达500英尺，在沙漠中如鹤立鸡群。工兵从岩石中凿出5个掩体，作为指挥部，每个掩体的面积为10平方英尺，砌上砖和泥土。机枪点据守着该山北坡，路旁的3个高40英尺的土丘，山坡上的战壕内挤满了步兵。这座山附近部署了10门75毫米口径反坦克炮，另外，每隔100码就有一门威力更大的100毫米口径大炮。夜幕降临后，国防军用卡车为守军送去一罐罐麝香葡萄酒。

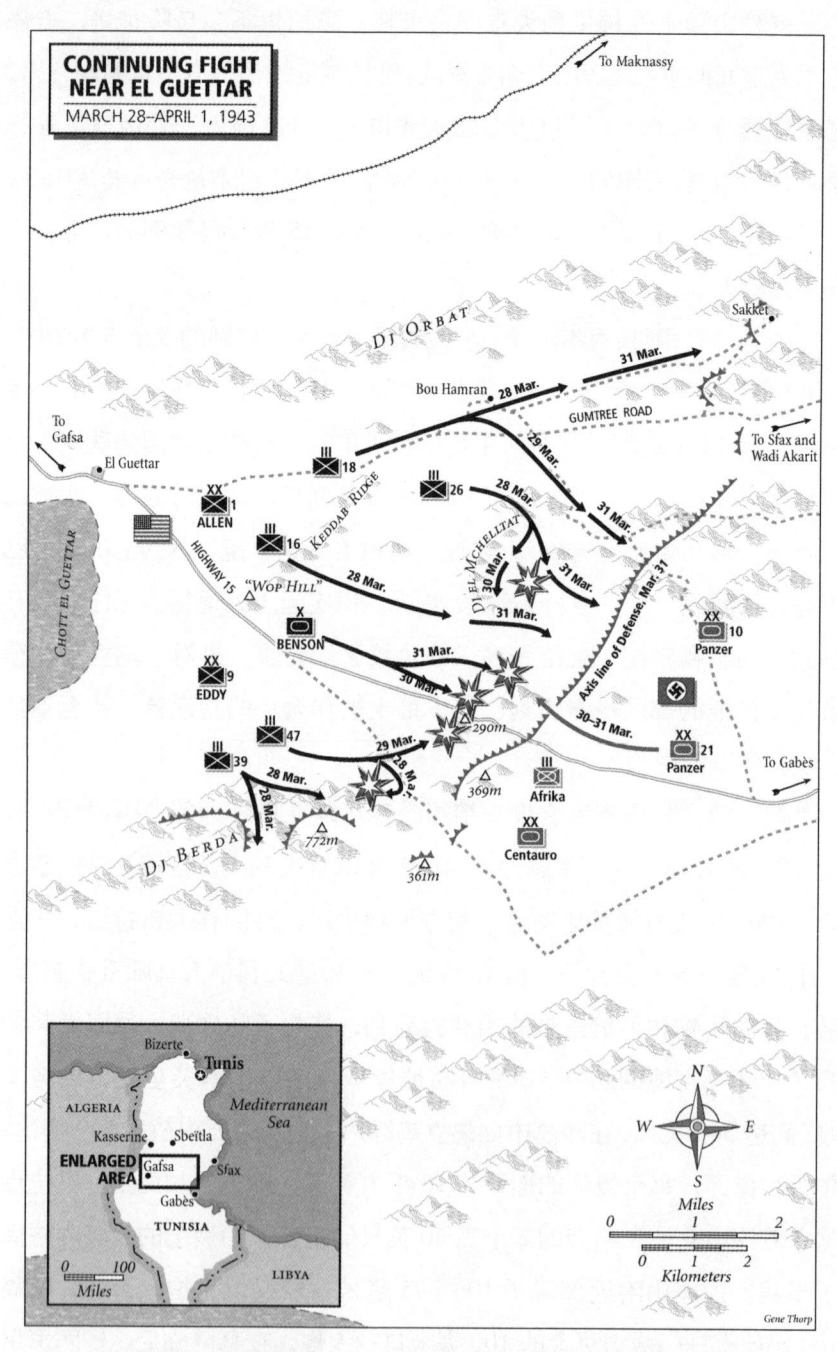

1943年3月28～4月1日，爱尔圭塔附近的鏖战

第11章 分崩离析的联盟：英美联军的内部危机

Axis line of Defense, Mar.31
3月31日轴心国防线
Centauro 意大利"半人马座军团"
EDDY 埃迪第9步兵师
Panzer 德军装甲师
To Gabes 往加贝斯方向
To Gafsa 往加夫萨方向
To Maknassy 往马克纳西方向
To Sfax and Wadi Akarit 往斯法克斯和阿卡里特河方向
ALGERIA 阿尔及利亚
LIBYA 利比亚
TUNISIA 突尼斯
"WOP HILL" "意大利人山"
Bizerte 比塞大
Bou Hamran 布哈姆兰
CHOTT EL GUETTAR 爱尔圭塔盐沼
DJ BERDA 博尔达山
DJ EL MCHELLTAT 麦琪尔塔特山
DJ ORBAT 奥尔巴塔山
Gabes 加贝斯
Gafsa 加夫萨
Kasserine 凯塞林
KEDDAB RIDGE 科德卜山
Mediterranean Sea 地中海
Sakket 萨克特
Sbeitla 斯贝特拉
Sfax 斯法克斯

扼守15号公路要道的369号高地是第9师的目标。3月28日凌晨3点30分,美军来到博尔达山山脚下的小河,4个营呈一列纵队向东转移。一位军医描写这天的曙光"给蓝天下对面的山峦披上了一层金、紫和黑色的薄纱"。这是许多官兵见到的最后一幕美景。凌晨5点35分,德军用手枪发射了一枚信号弹,美军第47步兵团第2营向南行进,无意中进入了"迷宫",中了埋伏。15分钟内,仅打头阵的E连就损失179人。投降的军官将手帕拴上卡宾枪枪口。继续战斗只有死路一条。"我最后见到他,"一名中尉事后说到一名步兵,"他双手捧着肠子躺在地上。"德军俘虏了242名美军官兵,其中包括该营营长、其他8名军官和艾森豪威尔送到前线锻炼的副官。事后,美军的一支巡逻队只在浑浊的河流中找到了僵硬的尸体。第47步兵团团长晃着拳头,狠狠地抽着烟斗,在指挥部里来回踱步,边走边嘟哝着:"这帮杂种,这帮杂种。"

更要命的是,另一个营走错了方向,36个小时杳无音讯。余下的两个营本应突袭369号高地,却攻上了290号高地——一座距离公路1英里、地图上没有标注过的小山头。这座山头被占领,但德军的大炮通过博尔达山上的观察哨,以精确到分米的精度,对这座山头上的战壕进行了轮番炮击。美军官兵钻进所有能隐蔽的地方,用水杯和头盔接尿解渴。伤员祈求救命,军医助理却被会说英语的德军引诱到空旷地带。一名大兵事后在日记中写道:"只能躺在隐蔽处,用拳头擂地。"

亚历山大在视察第2军时,对这一切熟视无睹,还连声说满意。巴顿大为光火,狠狠地教训了埃迪一通。"从军这些年,还是第一次被巴顿这样教训,"这位师长被骂得有点蒙,"说不定我要被解职了。"埃迪保住了职务,但赔了夫人又折兵。他命手下仅剩的一个营,第39步兵团第2营于黎明时分沿15号公路拿下369号高地。

他们又上路了,这次是乘卡车,听说德军打了一天胜仗,已经心生懈怠,意大利那些等着挨打的散兵游勇更是不足为惧。3月30日破晓,

第11章　分崩离析的联盟：英美联军的内部危机

官兵们哐哐啷啷放下卡车后挡板，咔咔整理完随身装备后，翻下卡车，却再一次把290号高地误当成了369号高地。一颗信号弹拉开了敌军伏击的序幕，机枪的炼狱之火接踵而至，该营顿时作鸟兽散。官兵们多半沿沥青路逃回，幸免一死或被俘的，一直躲到夜幕降临才逃了回来。

艾伦手下的第1师在15号公路以北的进展也不算顺利。除了部队左翼的第18步兵团沿胶树路前进了数英里之外，其他各部的进展只能以码和英寸来计。胶树路和公路之间的楔形地带上很快就部署了密密麻麻的大炮，还架设了乱麻似的电话线。3月29日，第26步兵团的军医在日记中写道："狙击手和机枪手封锁了每一条沟壑，我方伤亡惨重，官兵们决定隐蔽到天黑……从上午11点30分开始，我们一直被烈日炙烤到夜幕降临。"白天疏散极为危险，伤员在等待夜幕降临中因流血过多或休克而身亡。夜晚也是磨难。"你在沙漠打了一天的仗，何时是头？"一个大兵写道，"夜幕笼罩着你，让你窒息。"在第26步兵团发出的一封急电中，用五个字归纳了这场战争："这里是地狱。"与第9师毗邻的第16团出动两个营展开进攻，10分钟内就伤亡105人。一位军官说，艾伦"唠唠叨叨、大发脾气，一支接一支地抽烟，神不守舍"。有人说他甚至又犯了结巴。

3月29日晚上，亚历山大第四次修改了美军进攻方案：第1装甲师派出先锋，沿15号公路强攻敌军防线。考虑到轴心国防御工事的坚固程度，这个计划成功的机会十分渺茫，也不知道亚历山大花了多少时间研究该阵地。他下达的命令事无巨细，甚至包括各营如何排兵布阵。巴顿怒气冲冲地给集团军司令部回了封电报：

> 我认为应当恭请亚历山大将军注意，我们美军只会向军官下达任务，而不会教他们如何完成任务，否则，我们就是不信任我们的军官……我认为，为了美军的荣誉和声望，我必须提出抗议。

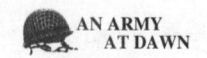

巴顿提交了抗议，挽回了面子，3月30日中午，当天早上才和部下几位指挥官碰过头的克拉伦斯·C.本森上校照旧率7个营发动进攻。"坦克从上百条沟壑冲进山谷，"记者艾伦·穆尔黑德写道，"仿佛一支舰队在碧波万顷的海上战斗……多么壮观的一幕啊。"拉杆天线随着颠簸的坦克摆动，步兵们跳出掩体，紧紧跟在谢尔曼坦克后面。在半英里的阵线上快速前进了5 000码后，本森的坦克闯入雷区，接着又在这片被美军称为"三垒"的地带遭德军炮火猛轰。在300码后抽着玉米穗烟斗的本森很快就看到了敌军的援军，先是非洲军团的掷弹兵，继而是第21装甲师。

"被炮弹击中的坦克腾起大火，"记者约翰·达西·道森报道，"炮塔猛地掀开，小小的身影跳下地，冒着炮火跑向赶来营救他们的吉普车。"穆尔黑德补充道："救护车川流不息，只能听见大炮断断续续的声音。"本森撤退，损失了5辆坦克。他说过，从工事中逐出敌人"就像在挖土豆。"

第二天下午12点30分，本森又发动了一次进攻，但刚有所进展，就被猛烈的炮火给赶了回来，外加损失了8辆坦克。接着，他又召开了战地会议。"我们似乎进退两难。"巴顿在3月31日的日记中写道。

轴心国军队的阵地向北撤了两英里、向南撤了一英里后便岿然不动。美军出动两个营进攻772号高地失败，损失惨重，事后才发现这里是此战的关键点。"这是一场残酷的山地战。"巴顿告诉艾森豪威尔。4月1日愚人节这天，亚历山大第五次改变命令，计划内容回到了原点：由最初的两个步兵师为坦克打开一个突破口。疲惫的步兵冲上去硬啃那几座山头，但收效甚微。4月2日，第9师的作战日记承认："当天毫无进展。"

数万发炮弹落到双方的阵地上。第9师在爱尔圭塔消耗了100多万发步枪和机枪子弹。第47步兵团最初只有16副担架，现在已经增加到91副；第39步兵团增加了60副。夜间，救护车刺耳的刹车声也

第 11 章　分崩离析的联盟：英美联军的内部危机

引来了不少炮火。要被拉到加夫萨埋葬的尸体，像原木一样堆在车厢内。

在不到一周的战斗中，第 9 师伤亡 1 812 人，占该师人数的 10%。6 位营长中只剩下了 1 位。仅第 47 步兵团就伤亡 868 人，占该团人数的四分之一。埃迪事后认为，爱尔圭塔之战是该师在"二战"中打得最艰苦的一战，其艰难程度绝不亚于西西里战役和诺曼底登陆。第 1 师损失近 1 300 人。大红一师作战参谋、最后担任该师参谋长的斯坦诺普·梅森也认为爱尔圭塔之战是"三年战争中最艰苦的一战"，这是对一个注定要走上西西里、诺曼底和亚琛等杀戮场的师最中肯的评价。

★★★

进退两难的僵局持续了一周。眼下一个个士兵都和厄尼·派尔说的一样，"身上每个细胞都疲惫不堪"。第 2 军完成了任务，将敌军两个装甲师从第八集团军的阵地引开。蒙哥马利突破了马雷特，占领了加贝斯，目前已将敌人围困在位于美军部队正东边的阿卡里特河沿岸。但这不过是徒增烦恼。随着打通一个能通往海滨的突破口的希望落空，美军一个个都倍感沮丧，用一位少校的话说，"不知谁指挥谁"。特德·罗斯福写信告诉埃莉诺："我们已错失良机。"

巴顿悲恸欲绝。4 月 1 日星期三上午，他的亲信理查德·N. 詹森上尉视察本森指挥部期间遇空袭身亡，顿时激起了他的火气。8 架俯冲轰炸机冲出云端，炸死三人、炸伤了塔莱的英国英雄邓费准将，一枚炸弹险些击中布拉德利，在距离他战壕 15 英尺处爆炸。詹森当场被冲击波震死。"他身上没有一块完整的骨头，皮肤上却不见一处伤口。"一名军官说。

吉普车运来了詹森的尸体，巴顿正站在加夫萨警察局的门口。他当即驱车上了镇公路，这里还有 20 具裹在垫子里的大兵尸体等候下葬。附近的帐篷里堆着刚运来的十字架和大卫星。巴顿老泪纵横，掀开詹森的裹尸布，吻了他的额头，剪下他一缕头发——要留给死者的母亲。

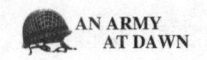

巴顿跪下祈祷后，起身默默地驱车返回办公室。

"先头部队被轰炸了一个早上，"一个小时后，巴顿给盟军最高统帅部写了封言辞尖锐的报告，"我们的作战单位没有空中掩护，德国空军才为所欲为。"

星期四晚上 10 点 45 分，盟军战术空军司令阿瑟·科宁厄姆少将回了一封传单似的电报，连五角大楼史学办公室都收到了一份。巴顿的指控"失实、夸大其词"，纯属"狼来了"，科宁厄姆愤怒地写道。他指出，4 月 1 日这天，盟军出动飞机 353 架次，其中三分之二都是用于掩护第 2 军，他还说，一开始还以为巴顿的电报"是应景的愚人节笑话……就目前的行动来看，只能说第 2 军相关人员不能胜任这项工作"。

科宁厄姆傲慢的态度和结论虽然咄咄逼人，但确实有理有据。不为盟军提供空中掩护，英美空军就可以集中力量打击并大肆破坏轴心国军队的机场、舰只和后方指挥部等目标，但这些显然都不为地面部队所知。2 月 24 日，纳粹空军出动了 370 架次，此后就减至一天不足 75 架次。笨拙、不堪攻击的俯冲轰炸机近乎绝迹。

巴顿可管不了那么许多，他为科宁厄姆的侮辱而感到震怒。在艾森豪威尔的一再要求下，科宁厄姆发了一封共 27 个字的撤销声明，通知当初的收件人，"撤销"他的电报。4 月 3 日中午，北非盟军两位空军要员，空军中将阿瑟·W. 特德爵士和卡尔·斯帕茨中将赶到了加夫萨。巴顿刚刚气得擂了一通桌子，3 架福克-沃尔夫战斗机两翼喷着黄色的火焰，在加夫萨上空 200 英尺处盘旋。飞机向街道扫射了一通，又折回去进行了一轮轰炸，一块直径堪比西瓜的弹片穿透了会议室的墙壁，将军们正趴在地板上。巴顿顶着墙上崩落的泥灰冲到外面，对着扬长而去的飞机打了一梭子子弹。特德掸了掸身上的灰尘，问是谁安排了这场奢华的表演。"我他妈的怎么知道，"巴顿答道，"我要知道是谁驾驶的这几架飞机，我要给他们每人寄一枚勋章。"

第11章　分崩离析的联盟：英美联军的内部危机

第二天，科宁厄姆赶来息事宁人。戴着头盔的巴顿像个严厉的法官，板着脸坐在办公桌后。"你别怪我发脾气，"巴顿拍着桌子吼道，"可我也有自尊心，容忍不得人家管美国人叫懦夫……要是你还这么说，我这就卷铺盖回国，还干我的老本行。"

科宁厄姆之后发表了一封热情洋溢的致歉信。巴顿豪侠仗义、不计前嫌，回电告诉这位新西兰人："在军中，你可是位德才兼备的谦谦君子。"但实际上，他心里仍窝了一肚子的火。在日记中，他将矛头指向两个尤其可恨的英国单位，"我希望德国佬好好教训教训第128旅和第6装甲师。我够了被英国人当傻子耍……艾克应该下台。"

他心怀不平，虽说是只是一时之气，却在一念之间希望盟友灭亡，挚友倒台。

★★★

美军军营也被怒火感染，这种情绪令他们变得残忍、狠毒。厄尼·派尔这时候注意到官兵们在军中"轻松随意地谈论杀人。他们已完成了从当初普遍认为取人性命是罪恶，到杀人是种艺术这一新的职业观的心理转变。"美军战士终于学会了仇恨。

> 他情绪激扬。他为自己的生命战斗，杀戮之于他，就如写作之于我。他想一个个地或大批地屠杀敌人……前线的大兵们想靠歼灭德军来结束这场战争。他真正进入了战争的状态，而不论我怎么努力，都没能进入状态。

隆美尔所谓的"没有仇恨的战争"在这片沙漠流传了两年有余。当然，这只是神话，而非现实（两支不共戴天的军队难免心怀仇恨）。正如一位记者说的那样，他将战争浪漫化了：如果战争中"没有盖世太保、不涉政治、不屠杀平民、不毁坏房屋、正大光明、纯粹、没有

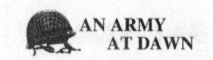

种族偏见"该多好。1942年，连英国都认为要突出敌人的凶残、宣扬屠场的血腥，以此向士兵灌输仇恨，用于作战训练。

美国人缺乏想象力，但效率很高，借各种训诫鼓吹"憎恨"这一价值观。"最终都要杀红眼，何不趁早进入状态？"地面部队总司令莱斯利·J.麦克奈尔中将在11月的一次全国广播讲话中说道。阿尔及尔盟军联合司令部下发的一份训练简章敦促指挥官"教手下的官兵憎恨敌人，不择手段地杀人"。3月中旬，巴顿对第2军说："我们迫切地期待上阵杀敌。"

但三周内伤亡6 000人（其中845人阵亡）并非是夸夸其谈。"美国人突然发威，意识到了自己的能力，"4月3日，亚历山大致信布鲁克，"但他们善变，要么崛起，要么倒下。"

这些善变的人动怒了，德国人刺杀俘虏这一惨绝人寰的消息传来，更是火上浇油。"我们在爱尔圭塔学会了憎恨，"第26步兵团一名中士事后写道，"对德国佬的憎恨贯穿在突尼斯剩下的战役，从西西里到法国，到比利时，到德国，再到哈尔茨山和捷克斯洛伐克。"第6步兵团的一位军官说："士兵只有学会仇恨，才有战斗力。人生的目的一旦变成了上阵杀敌，才能成为一个有价值的人。"

"他们失去了太多朋友，"派尔照例一针见血地指出，"要不了多久，能够激励他们的就只有杀敌。"

仇恨和野蛮行径之间只隔着一层薄纸，枪杀阿拉伯人成了某些单位在北非的游戏。官兵们称土著为东方佬（该俚语源自英国人对突尼斯阿拉伯人的称呼——"严重威胁"），认为他们低人一等，住在狗窝里，和敌人沆瀣一气。

"我们对阿拉伯人毫不留情，"第1师的一名大兵写道，"我们只要发现他们到了不该到的地方，就会像在狩猎季节猎杀兔子一样杀死他们。"另一个大兵解释说："这里到处是阿拉伯人，有的我们见了就杀，有的需要找一找，有的我们抓来换鸡和鸡蛋。"大兵们吹嘘，会把当地

第 11 章　分崩离析的联盟：英美联军的内部危机

人当成游乐场里的靶子，练习枪法，相互比试射杀从山上下来的阿拉伯人。有人则朝骆驼开枪，看骑在上面的人被吓坏了的骆驼掀下来，或者像第 34 师一个大兵说的那样，朝阿拉伯孩子脚上开枪，"看他们吓得乱蹦乱跳"。

在阿尔及利亚的一座集训营中，哨兵接到指示，"凡是身穿白衣，不能立即对上口令者"，格杀勿论。凡是被怀疑是间谍的土著一般要交给法国人审判，但多半没有。"我们让他们自己挖好墓穴，"第 1 师的一名士兵说，"我们让他们排成一排，统统枪毙。"北方格林山附近的英国突击队纵火焚烧有与德国人联系嫌疑的人家的房屋。"围着熊熊燃烧的茅屋，妇女和孩子在外面哭喊，我们心里并不好受。"一名亲历者承认。

在凯塞林战役后，从斯比巴转移到丰杜克途中，"我看见另一个单位的大兵枪击阿拉伯人，他们一跃而起、倒地身亡。"爱德华·贝姆事后说。贝姆来自蒙大拿州，是第 185 野战炮兵团 C 连的一名中尉。"每次听他们大喊大笑，我却无能为力……他们仿佛是在打金花鼠。我听他们喊：'哇，我打中了一个！'那帮家伙都是凶手。"

犯下这种暴行的不过是极少一部分美军，但由宪兵司令和军法官的卷宗来看，美军的纪律极为涣散。一支运送补充兵员去第 2 军的车队在阿尔及利亚艾弗雷维尔附近停车就餐时，有些大兵喝得烂醉，朝 4 号公路上的阿拉伯人开枪。两名男子被一名二等兵打死，一名被打伤。该名大兵还吹嘘："五个阿拉伯人，我打死了三个。"最终，他被开除军籍，判处劳动教养 20 年。

但还有其他一些罪行最终却不了了之。3 月 31 日，吉罗致信艾森豪威尔，列数"美军骚扰、袭击和枪杀土著"的事件。几星期后，盟军联合司令部的一份秘密备忘录汇报，吉罗的参谋长"再次提请我们关注过去一个月中一再出现的情况。前线地区不断出现强奸阿拉伯妇女的案件"。盟军联合司令部一份关于"美军在前线地区犯下的罪行"

的备忘录记录，为维持秩序，往前线增派了一个宪兵营。

其中最骇人听闻的事件莫过于一个位于阿尔及利亚北部、距突尼斯边境 7 英里的名叫塔里夫的村庄被洗劫。4 月中旬，据说一个美军工程兵和一帮喝醉了的官兵在塔里夫连续作恶两天。在法军送到盟军联合司令部的一份调查报告中，证人历数美军轮奸 6 名阿拉伯妇女，其中包括一名 30 岁的斑疹伤寒患者、一名 45 岁的寡妇、一名 55 岁的老妇和她的儿媳。据说一名 15 岁的少女和 40 岁的寡母侥幸逃脱了如狼似虎的大兵的魔掌，还有数名阿拉伯妇女被士兵用枪托殴打。

"在这里，无论是欧洲人还是土著，每天都战战兢兢地生活在战争制造的恐怖中。"当地一位官员写道。据说一名法国调查人员造访驻扎在公路上方两英里处的一个美军连队，有人煞有介事地向他保证，该连队没有涉案。如果美国当局调查了法军的指控（盟军联合司令部档案显示，至少进行了一次初步调查），他们将发现调查结果已经不翼而飞。"二战"期间，有 140 名美军士兵因谋杀和强奸被判刑，但是否还了惨遭蹂躏的塔里夫一个公道，案卷却只字未提。

"I Had a Plan… Now I Have None"
★★★

亚历山大无计可施：易守难攻的丰杜克

　　特德·罗斯福是最先看出敌军要撤退的人。"今早前线静得出奇，"4月6日星期二，他如是写道。在位于第1师和第9师阵地以东50英里处的阿卡里特河，第八集团军以462辆坦克对25辆坦克的优势向轴心国军队的新阵地发起进攻。"狂风、钢铁和火焰，仿佛世界末日一般。"梅塞将军如此描述这场战斗。5 000余名意大利人被俘，英国兵甚至在爬出反坦克壕沟的时候，让俘虏来充当垫脚石。梅塞告诉阿尼姆，他只能守到星期三晚上，但绝对会"将最后一个兵投进火炉"。然而事实恰恰相反，幸存的官兵——几乎全都是德国人——于星期二夜晚趁黑溜往北方，正在和美国人作战的德国人也趁退路没被截断之前仓皇撤退。梅塞长叹："这不是场漂亮仗。"

　　英国人的日子尤其不好过。第八集团军600人阵亡、2 000人受伤，既不曾歼灭敌人，也没堵住敌人的退路。星期二晚上，亚历山大第六次也是最后一次更改命令：第2军须不计装甲车辆损失，于次日一早大举进攻轴心国军队侧翼。巴顿从笔记本上撕下一页纸，用北欧古代

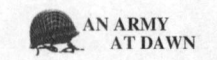

语法给本森上校拟了一封电报:"主动进攻并摧毁敌人。小乔治·巴顿。"

他们扑了个空。敌人作鸟兽散,772号高地和博尔达山终于落入了美军之手。一番狂轰滥炸后,美军又攻下了369号高地。没过多久,在15号公路沿线的沙漠上,"美军坦克、半履带式装甲车、自行火炮、吉普车卡车,如同一支西班牙舰队,旌旗招展、齐头并进地向东驶去。"这一仗,美军生擒1 000名俘虏,第2军在爱尔圭塔擒获的俘虏总计达4 700人。但其中德国人仅占十分之一,大部分敌人不过是东北地平线上的灰尘。巴顿用拉丁语在日记中写道:"这是世界的荣耀。"

马克纳西附近的高地最终也被一一攻克,靠近迈祖奈和胶树路沿线的美军追兵算是走运了。朗上校侥幸逃脱,德军一支负责殿后的部队被6辆美军坦克血洗后,又被盟军战斗轰炸机折磨了一番。在没遮没拦的沙漠中,第10装甲师的克劳斯·冯·施陶芬贝格上校也遭受攻击,这位魁梧、身世显赫的作战参谋在苏联任职期间由于看不惯德军的野蛮行径,2月抵达非洲后就暗中策动兵变,企图推翻希特勒。星期三下午,一架战斗机的20毫米口径机枪击中了施陶芬贝格的指挥车,他身负重伤,被紧急送到斯法克斯的野战医院,军医从腕部截去了他的右手,将手指上还戴着戒指的残肢扔进垃圾桶,并摘除了他的左眼,截去了左手上的两根手指。施陶芬贝格被疏散到意大利,上了一列开往慕尼黑的医疗火车。由于休养时间较长,他才有时间策划了1944年7月20日险些送了希特勒小命的炸弹阴谋。

在施陶芬贝格受伤的一两个小时内,美国侦察兵和英国第八集团军才在沙漠中发现对方。"喂,英国兵!"美国兵喊道,尽管他招呼的是印度人。这是在与轴心国军队的战争中,盟军东西两支大军首次会师。和其他英美两军一样,他们并不像一家人。经历了长达两个星期的爱尔圭塔之战,美军士兵个个衣衫褴褛,好像稻草人。用美国佬的话说,经历了非洲两年的风吹日晒,原本白色或古铜色皮肤的英国兵只穿短裤、光着上身、头戴贝雷帽或头盔,就像"乘坐吉普车的'阿拉伯人'"。

第11章 分崩离析的联盟：英美联军的内部危机

初次见面免不了握手欢笑，却没留下多少难忘的话语。"这肯定是个意外的惊喜。"一名英国中士春风满面地说。对此，来自肯塔基州的二等兵佩里·瑟西回答："这么说吧，见到纳粹之外的人真是让人开心。"

兄弟团聚，没有敌人能将他们分开。

★★★

艾森豪威尔欣喜若狂。"我们终于能在同一条战线上并肩作战，起码能让敌人狼狈不堪，"他在给儿子约翰的信中写道，"我一直在盼着这一天，平心而论，我欣喜若狂。"

突尼斯之战的胜利坚定了艾森豪威尔盟军是正义之师的信念，成为了他以坚定质朴的爱国热情与知心人滔滔不绝谈起的一个话题。"我愿呕心沥血，打垮希特勒的喽啰。"他告诉约翰。他手下的官兵（和所有的战士一样）上阵杀敌首先是为了彼此，但艾森豪威尔却从中看到了另一面："我们是为了神圣的事业而战。"他在4月初写道：

> 野蛮专制，和包含人权、自由、尊严的伟大民主制度。在我看来，在历史上，这是第一场将分别秉持这两种意识形态的参战双方划清界限的战争……我从未像现在一样，感觉自己是一名十字军战士。

他还积极维护盟军的内部团结，认为这关系到即将到来的突尼斯之战的胜利和往后更大、更长远的胜利。"盟军海陆空三军在作战中树立了在今后战争中有益于盟国团结的榜样，"他致信陆军部的A.D.瑟尔斯将军，一再重申，"我不允许任何人批评民族阵线。"

推行这一政策并不容易。与英国人过从甚密反而助长了许多美国将军的仇英心理，如巴顿、克拉克和布拉德利。如果英国人能处理好自己傲慢的态度，美国人说不定会以为自己在受人恩赐。"要想收拾这

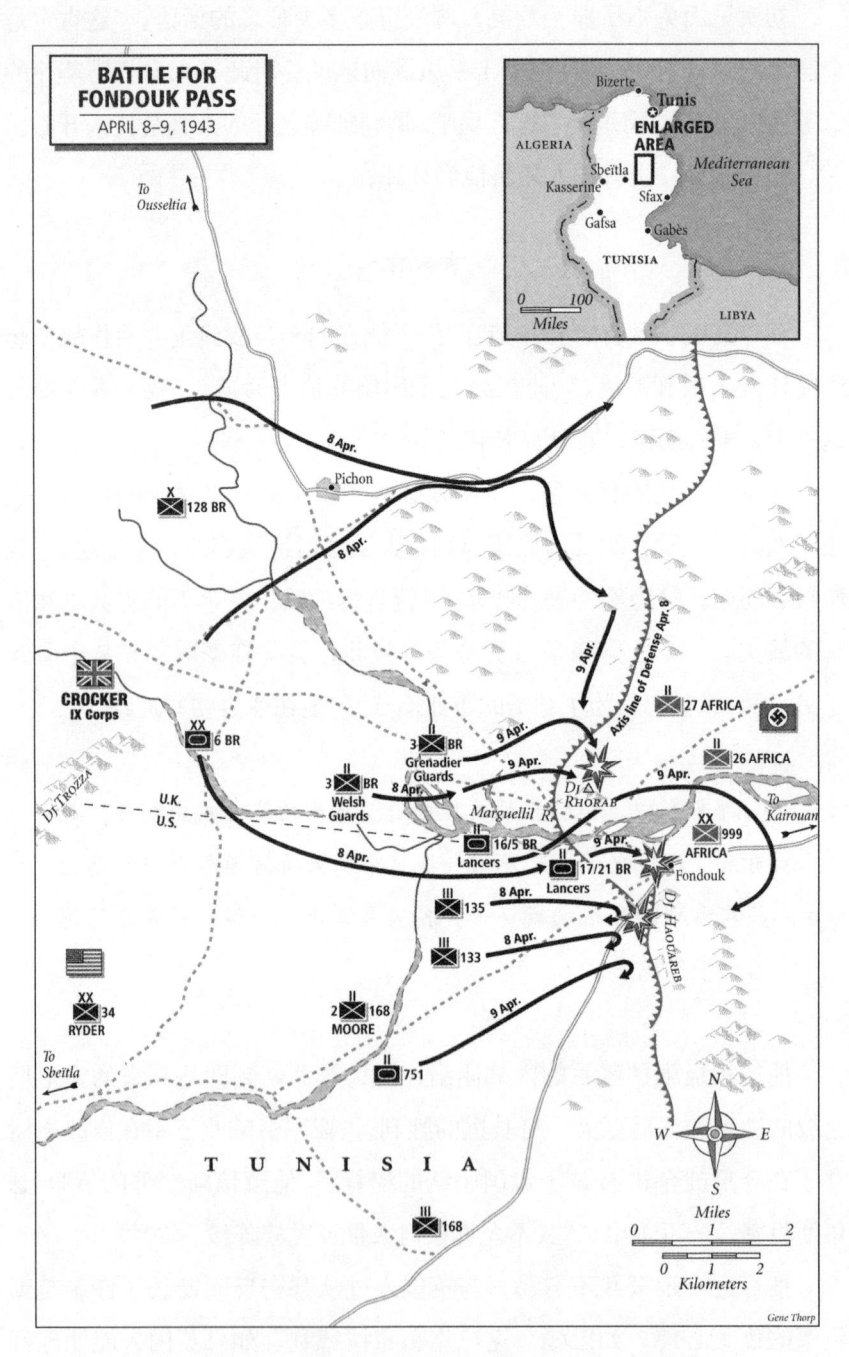

1943年4月8～9日，丰杜克隘口之战

第 11 章　分崩离析的联盟：英美联军的内部危机

17/21 BR. Lancers 英国第 17/ 第 21 枪骑兵队
3 Grenadier Guards 近卫步兵第 3 营
AFRICA 非洲军团
Axis line of Defense Apr.8 4 月 8 日轴心国防线
CROCKER IX Corps 克罗克第 9 军
MOORE 穆尔第 168 步兵团第 2 营
To Kairouan 往凯鲁万方向
To Ousseltia 往乌瑟提亚方向
To Sbeiltla 往斯贝特拉方向
Welsh Guards 威尔士近卫团
ALGERIA 阿尔及利亚
LIBYA 利比亚
TUNISIA 突尼斯
Bizerte 比塞大
DJ HAOUAREB 哈乌勒卜山
DJ RHORAB 洛拉卜山
DJ TROZZA 特洛扎山
Fondouk 丰杜克
Gabes 加贝斯
Gafsa 加夫萨
Kasserine 凯塞林
Marguelil R. 马尔奎利尔河
Mediterranean Sea 地中海
Pichon 毕盛
Sbeitla 斯贝特拉
Sfax 斯法克斯

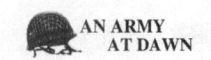

残局，"空军中将特德 3 月 26 日写道，"只有教会美国人使用正确的方法，让他们明白自己的错误。"亚历山大深表认同，并在三天后告诉蒙哥马利："我在他们身上不知下了多少功夫，你要格外小心地和他们相处，因为他们不像我们……我不禁怀疑，这些大兵是否真的尽了职责。"

艾森豪威尔也只能忍气吞声。3 月 30 日，他飞往位于加贝斯以南的第八集团军司令部，和蒙哥马利共商大计。两人当面一团和气，背后却互相诋毁。"他一口土腔、粗门大嗓听得人要发疯，"蒙哥马利向亚历山大抱怨，"他或许精通政治，但对打仗显然一窍不通。"艾森豪威尔则告诉马歇尔，蒙哥马利是个"不见兔子不撒鹰的家伙"。而后，蒙哥马利要美方送一架 B-17 "空中堡垒"轰炸机供他私人使用这个幼稚的要求激化了双方的矛盾，而这只是个开始。蒙哥马利提前占领了斯法克斯，赢了和比特尔·史密斯的君子赌约。"蒙哥马利赢了艾森豪威尔，今晨 8 点 30 分进入斯法克斯，请将'空中堡垒'送过来，"他于 4 月 10 日发出电报。飞机是送来了（于 3 个月后坠毁），但总司令却怏怏不快。"见鬼了，我怎么收拾不了那个小子。"他暗自叫屈。蒙哥马利是"我的心腹大患，我的心腹大患"。

似乎已经下定决心要一解心头之恨，艾森豪威尔好像一个坚持真理的人一样另辟蹊径，他下令："不论是美军还是英军，指挥层的各级人员下达的命令都要不折不扣地执行。"在和亚历山大、巴顿举行的一次会议上，他推心置腹地说没有把自己"看作一个美国人，而是一个盟国人"。巴顿在日记中写道："艾克比英国人还英国人。"

艾森豪威尔醉心于普世主义，却没顾及自己同胞在突尼斯最后一战中担负的责任。第 2 军军官早就怀疑英方有意让安德森的第一集团军占领比塞大，蒙哥马利的第八集团军占领突尼斯。安德森的参谋公布了一项作战计划：假定轴心国军队不断缩小的桥头堡难以同时容纳英美联军，最后阶段的战斗将把第 9 师已被调走的第 2 军排除在外。"巴顿和我都气得无话可说，"布拉德利事后写道，"但既然艾克严令，执

第 11 章　分崩离析的联盟：英美联军的内部危机

行亚历山大的一切命令，所以我们没有提出任何异议。"

巴顿终于没忍住，3月末，他派布拉德利到阿尔及尔，与他的西点同窗私会。艾森豪威尔似乎不知道英方的计划，在布拉德利看来，他也漠不关心。布拉德利提出了3个观点：第一，将美军3个能征善战的师排除在外的战术实在荒谬绝伦；第二，调走第9师，在战术上又回到了各国部队搅在一起的老套路；第三，美国军队只落得个赶晚集的下场。

"这场战争并非一朝一夕就能结束，艾克。战争结束前还有许多美国人要参与，"布拉德利说，"你不给我们下达命令，让我们一展身手，你就永远不知道我们有多么优秀。"

艾森豪威尔点了点头，仔细端详着挂在圣乔治饭店办公室墙上的地图。他当天下午致电亚历山大，敦促他"立刻启用第2军,血战到底"。新方案于两个星期后出台，出动部分美军（不包括第1师，只动用第1装甲师的一半兵力）占领比塞大。艾森豪威尔使出宠臣的本事，驾轻就熟地将这个功劳归到自己名下。亚历山大最初的方案"似乎过于呆板"，他致信马歇尔，"此外，似乎存心要将第2军排除在外……亚历山大和我的看法一致。"

4月5日，艾森豪威尔给巴顿写了一封信："亚历山大将军告诉我，你部不会被排除在即将到来的战役之外。"

方案虽好，却没用于上阵对敌。丰杜克这个尘土飞扬的小村，却是艾森豪威尔礼让盟国这一美景的最大威胁。

★★★

在梅塞将军残部逃到突尼斯防线这个避难所前，盟军还有最后一次截击敌人的机会。

马尔奎里利尔河流经爱尔圭塔和突尼斯中间，贯穿东多塞尔，直通东北方20英里外的凯鲁万，3号公路从只有几座土坯茅舍和一座清真寺的丰杜克横穿而过。在这道宽度不足 1 000 码的山谷北侧，是怪石嶙峋的洛拉卜山，南侧是哈乌勒卜山的悬崖峭壁。一条两岸地势陡峭、水流浑浊的小河蜿蜒穿过这道隘口。高 300 英尺的山上是东一丛西一丛的刺梨和压枝的橄榄，适逢北非春意盎然的 4 月，岩石上铺满了如雪的金盏菊和猩红的罂粟花。

德军在山坡上驻扎了好几个月。他们在岩石中布下炮阵，在悬崖上凿洞扎营，并配备了炉灶、床和临时的十字架。炮兵将大炮对准西面一览无余的来路，不放过山下任何一个死角。这里的守军是第 999 非洲师的两个营，其中多半是受过军法处置、认为可以"戴罪立功"的兵。其中不少人是因黑市交易获罪的犯人、被降职的军官和非法屠宰牲口的"无证屠夫"。由于禁止佩戴国徽，他们沦为一支没有胸章、帽徽、领花、肩章以及刻有"上帝与我们同在"的皮带扣的杂牌军。英国情报机关认为这两个营的战斗力不足挂齿。

这是一个错误，美军可以证明。3 月末，美军敷衍了事地攻打过一次丰杜克隘口。为牵制蒙哥马利的敌人，第 2 军在马克纳西和爱尔圭塔两地发起了佯攻。3 月 25 日，为配合此次佯攻，巴顿命第 34 步兵师"去那里制造声势，但不用占领任何目标"。该师第 133、第 135 和第 168 团终于会师，只是艾奥瓦州人和明尼苏达州人之间仍存在隔阂。这是凯塞林一战在他们的心理和生理上留下的创伤。第 34 师师长赖德少将是个魁梧的堪萨斯州人，他于 3 月 11 日拨通了手下军官的电话，称"我们师懦弱无能"，缺乏"进取精神"。

★★★

第一次突袭丰杜克就证明了赖德的看法。第 34 师出动 4 个营，每辆车前 10 英尺都有一个人点着烟，负责带路。用一名大兵的话说，在漆黑的晚上出发，"伸手不见五指"。3 月 27 日凌晨 6 点，美军在长达 3 000 码的战线上展开进攻。下午 3 点，4 个营冒着猛烈的炮火攻上山，

第 11 章　分崩离析的联盟：英美联军的内部危机

却在距离哈乌勒卜山 500 码处止步不前。第二天，德军的机枪吼叫了一夜，密集的火力呈橙绿色，据大兵们说，就着这光就能看报。和步兵之后三天机关算尽一样，于 28 日一早重新组织的进攻同样失败。在斯贝特拉附近的第 15 战地医院，登记帐篷、仅有的四间病房、两个手术帐篷和疏散帐篷里挤满了从丰杜克前线下来的伤兵，护士还打发走了许多辆救护车。遵照巴顿的指示，该师付出了伤亡 527 人的代价，却没有占领任何目标。损失最大的要数倒霉的第 168 步兵团，该团于西吉·布·吉特一战惨败后刚刚补充了兵员，现在却又被重创。

亚历山大已经意识到，只有派遣一支大部队才能突破丰杜克隘口，可为时已晚。在突尼斯的 6 个星期以来，他的战术谨小慎微、因循守旧：长出短击、正面突袭。亚历山大在东多塞尔 3 个点动用了近 9 万名美军，兵力与其相当的安德森第一集团军却在过去的一个月里无所事事。正如朗上校所言，如果美军大举进攻马克纳西高地，早就可以将那里的守军扰乱，轴心国军队高级指挥官也逐渐承认，如果亚历山大迅速、果断地向丰杜克发动攻击，非洲战役可提前一个月结束。

亚历山大有意将功补过，他将第 34 师拆散，并入英国第 9 军和法军，用于进攻丰杜克的兵力顿时翻了三倍。步兵将负责撕开马尔奎里利尔河沿线的隘口，让英国第 6 装甲师取道沿海平原前往凯鲁万。南部蒙哥马利的溃兵和巴顿要负责截住并摧毁梅塞的部队，不让他和北方阿尼姆的第五装甲集团军会合。

4 月 6 日星期二，上午 11 点，随着一溜烟尘，约翰·克罗克抵达赖德设在丰杜克东南 9 英里一处果园内的伪装帐篷。这位自 1940 年开始，就在法国带过一个旅、声望与日俱增的英国军长几个星期前才抵达非洲。克罗克直爽、稳健，但对美国人多少抱有一丝成见。讽刺挖苦他张口就来，比如"我们的盟友真嫩"，他不喜欢美国人吃饭只用一把叉子和在饭桌上抽烟的习惯。关键是他认为美军装备太重，反而"降低了他们的战略机动性"。而且，美国军官往往"非常无知，参谋不知

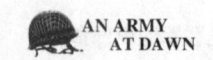

如何调兵遣将"。此外，他还觉得美国人似乎生性喜欢幻想，念念不忘地要将凯塞林一战的惨败奉为胜利。克罗克几周前在给妻子的信中写道，要和美国人打交道，"必须谨小慎微，不能以批评的语气和他们说话，更不能转弯抹角"。他们是帮"有许多优点的怪人……相信我，就带兵打仗来说，他们身上基本没什么可取之处"。

克罗克这么认为着实令人感到遗憾，因为他攻打丰杜克的方案并非无懈可击。早在这周开始，他就提议出动英国第128步兵旅从北翼攻打洛拉卜山，并由赖德率部从南翼攻打哈乌勒卜山，就像他们最近输掉的那场仗一样。但在赖德闷热的帐篷内，15名军官正围着镶在胶合板上的一幅巨大的、以不同色块标注着各营位置的地图讨论战情，他们发现克罗克改变了计划，希望借此加快装甲部队进攻凯鲁万的步伐。克罗克认为，洛拉卜山没有重兵把守，所以英国步兵应绕道向北，等待美军顺利取得战果，再占领这座山头。美军炮兵可以用烟幕弹轰炸这座山，但不得动用高爆炮弹，免得误伤赶来的英军官兵。

赖德大吃一惊。刚刚一个星期前，他才在克罗克要求美军攻打的通道以外500码处的洛拉卜山吃了一场败仗。德军之后肯定派重兵把守这处本就易守难攻的阵地。"几天前，他还和我们商量着制定了一套方案，"赖德平静地说，"但现在我无计可施。"他讲明了自己和手下官兵要面临东北两翼猛烈炮火夹击的难处。克罗克大手一挥，否决了他的异议，认为依靠速度和计谋，可以轻取这道薄弱的防线。赖德努嘴瞪着克罗克，然后耸了耸肩。艾森豪威尔的命令清楚明白：无论美军还是英军，下达的命令下级都要不折不扣地执行。

这时候，另一位军官用法语发话了。法国第19军军长路易斯·马里·凯尔茨将军曾体验过这切肤之痛。德军曾于1月在此击溃他的部下，攻下了他们现在占领的高地。一身蓝制服、头戴金穗红军帽的凯尔茨指出，美军的阵地"除一排仙人掌外，可谓一马平川"。他通过侦察，认为从正面进攻必败无疑。凯尔茨眨了眨那双蓝眼睛，整齐的胡须在

第11章 分崩离析的联盟：英美联军的内部危机

红润的脸上抖了抖，又说道，"我们不妨从北翼攻打洛拉卜山，坦克可在这个区域支援步兵。"比起通往哈乌勒卜山的荒芜地带，起伏的地形和茂密的橄榄树可以掩护进攻的官兵。

克罗克洗耳恭听，然后又重申了自己的方案。"我出言调解是白费口舌，"凯尔茨事后说，"我只会说法语，他们应该听不太懂。"

★★★

结果当然不妙。第34师似乎已经听天由命，当年春天部队总共买下的2 600万美元的人身保险多半是在进攻丰杜克的前夜买下的。随军牧师不是倾听忏悔，就是忙着答疑解惑。近7 000人参加了4月一个礼拜天举办的法事，差不多占了该师人数的一半。亚历山大告诉艾森豪威尔，第34师的官兵"看来对明天的行动相当自信，祝他们一切顺利"。但他却对布鲁克称，他们"吃不了苦、缺乏经验、素质相当低下……难怪他们缺乏斗志"。

正如第135团团长事后承认的那样，该团军官都不赞成发动这次进攻，"只是谁都没明说罢了"。他们嘲弄英方制订计划"只顾自己、生搬硬套……固执己见"。自从出兵阿尔及尔，赖德一直提防着英国人，这时候，他有失偏颇地认为，他们"想靠美军和美国的物资赢得这场战争"。在丰杜克，无异于要拿第34师当炮灰，好让装甲6师不伤一兵一卒地去凯鲁万。

赖德提出了一个万全之策，该师或许可以在拂晓前不声不响地绕过洛拉卜山。他总算说动克罗克，将原定于4月8日凌晨5点30分的进攻提前到3点。他手下的官兵一边练习"杂货店"和"商场"这个口令，一边在头盔的网眼里系上便于在夜色中辨认的厕纸。他们吃了最后一顿硬饼干和"尽是骨头的"牛尾汤，然后一点点地啃着发给每个人作为甜点的白面包。星期三晚上8点，该团挤上卡车，赶往丰杜克以西的集结地。一行车队后面跟着重达半吨、用作运送尸体的卡车，车身

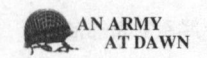

上用白色的粗体字写着："斯图卡山谷灵车——死亡与我们同在。"

凌晨2点30分，步兵们到达了一条浅沟，他们扔下大衣，领了两夹子弹。曾担任过联邦破产仲裁人的第133步兵团团长雷·C.方丹上校告诉手下的军官："据悉会出动空军增援，对敌进行我们迄今还没见过的大规模轰炸。"

大规模也好，小规模也罢，轰炸纯属子虚乌有。由于通信不畅，再加上搞不清楚新的进攻时间，空军最后取消了空袭行动。在两个团沿着两英里的前线向前逼近之际，远在左边的一个营在夜色中迷了路，折向了河滩，打乱了赖德制订的计划，直到原定的H时，即5点30分才展开进攻。

他们发现自己成了敌人砧板上的肉。"我们前面始终是飞扬的尘土和枪弹。"一名大兵事后回忆。到了天明，6 000名美军步兵才发现自己竟匍匐在矮得连猫都藏不住的杂草中。"我们就好像盘子上的豌豆。"一名中士说。上午7点30分，左翼地势居高临下的洛拉卜山和正前方的哈乌勒卜山上的炮火越来越猛，营长下令后撤2 000码，等待永远也无法兑现的空袭。官兵们又冲了上去，德国人这回终于找到了靶子。一阵阵炮弹扫荡着阵地，机枪子弹剪断一株株"长柄罂粟"，反坦克炮弹盘锯似的一发接一发地切割着仙人掌。"我们就像当年往邦克山（Bunker Hill，美国马萨诸塞州波士顿的一座山，美国独立战争邦克山战役就在此附近打响。——译者注）上冲的英国兵一样，挺身继续冲向敌人。"一名青年军官写道。

但好景不长。中午时分，美军在距哈乌勒卜山700码的山下全线停止进攻。官兵拿刺刀或餐具盖拼命地扒出战壕，然后一动不动地躺在里面，希望躲过擦着制服飞过的火红的弹片。"连动一动眉毛都能引来敌人的炮火。"第135步兵团的一名中士说。

情况至少在两天内都不见好转。下午隆隆开上来的坦克让步兵为之一颤，但反而引来了更加猛烈的炮火。几分钟内，4辆谢尔曼坦克着火，

第 11 章　分崩离析的联盟：英美联军的内部危机

余下的全部退了回去。下午 3 点，新的一轮进攻更是无人理睬，官兵们"抬头望天……将战壕挖得更深"，一名中尉指出。下午 5 点，又增加了 15 辆坦克，但步兵没一个愿跟上去，不消一刻工夫，6 辆坦克熊熊燃烧的车身将幽暗的山谷照得通明。

克罗克将军念念不忘何时放第 6 装甲师前往凯鲁万，他自我安慰，觉得要么能拿下洛拉卜山，要么敌人会弃甲而逃。这纯属克罗克一厢情愿。下午 3 点，敌军的散兵在距离山顶 1 英里处截住了英国步兵。4 月 9 日，一个近卫营打了一场"石头战"，两个英国连的军官非死即伤。下午 3 点 30 分，也就是在盟军发动进攻 34 个小时后，洛拉卜山终被攻下，100 余名德军士兵被俘，但还有相当数量的德国人逃脱。威尔士近卫营损失了 114 人，对一个这样不太重要的山头来说，付出的代价算是惨痛了。

赖德手下的官兵度过了一个难挨的夜晚，又迎来了一个难挨的白天。"这座山头似乎比以前更高更大了，"提到哈乌勒卜山，第 133 步兵团一名中尉写道，美军队伍中"不见一个人在动"。官兵们上了阵地，不找出种种借口溜到后方就不会起身。"那里无遮无拦，"第 135 步兵团一位连长说，"炮火太猛，弹片卷起的尘土仿佛一道烟幕。" 3 辆冲出炮兵和步兵掩护范围的美军坦克被逼得仓皇后撤。一位营长请求受军法处置，也不肯再继续战斗 1 个小时，他的要求最终获得了批准。独具一格和勇敢一样引人注目。"我要冲上那座山顶，在德军尸体背上喝茶。"一个二等兵吼道。他的排长答道，"二等兵，你现在是中士了，咱们冲。"

他们冲了上去，但泡茶肯定是不可能，至今都没有。亚历山大自己打破了僵局，撇开临阵不前的美国人，命令克罗克出动一支装甲兵突破隘口。命令层层下达，"隘口犹如出膛的子弹……必须攻破"。"再见，"突击队长对一位战友说，"我恐怕再也见不到你了，我们必定有去无回。"

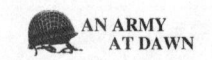

并非每个人都有去无回，但已经够了，其中就有这位有先见之明的突击队长。第17/第21枪骑兵团刚冲出几百码——1854年，该单位曾在巴拉克拉瓦发起过类似的冲锋——领头的谢尔曼坦克的车组人员便呼叫："前方有一大片雷区，看样子有300码宽，我们冲还是不冲？"上级立刻答复："冲，不惜一切代价给我冲。"地雷撕裂了打头的几辆坦克，德军15门反坦克炮击中了其余的几辆。从冒着火焰的炮塔中跳出的坦克车组人员还没着地就被机枪击中。这一仗损失了32辆坦克。两辆幸免于难的谢尔曼坦克带着不知所措的英国兵撤到后方。几个大兵严重烧伤，作战服上阴燃的火星点着了送他们去前线救护所的装甲车里的毛毯。

不论是不是蛮干（这个问题被坦克兵争论了几年），这次大胆的进攻还是取得了胜利。第16/第5枪骑兵团向左，沿着一条汇入马尔奎里利尔河、狭窄但可通航的支流紧跟而上。"坦克仿佛大浪中的拖船，上下颠簸，"一名英国上尉写道，"我们冲了上去，旋转的机器、发出嗒嗒声的布朗宁、隆隆的炮声，前后左右都在颠簸。"坦克冲出沼泽，于当天下午出现在丰杜克村对面1英里处。

南坡之上，远远跟在坦克后面的美国步兵惊讶地发现，英国兵不顾打在车身上的榴霰弹片，躲在谢尔曼背后生火煮茶。惊慌失措的敌军趁暮色踏着小麦和野花逃之夭夭。轴心国军队中，最后有7个营在丰杜克参战，包括那些戴罪立功、已经所剩无几的罪犯。守着大炮的兵一动不动，脚下尽是弹壳。"他们光滑雪白的脸犹如大理石雕像。"一名美国中尉回忆说。

这次突破又为时已晚。4月8日至9日夜，梅塞手下的意大利溃军踏着殿宇和尖塔的影子，穿过了凯鲁万。不畏惧蒙哥马利或巴顿的德国兵于次日天晚上又折了回来，将当地旅馆内的亚麻布、餐具和垫子洗劫一空。获悉第10和第21装甲师埋伏在前方，克罗克非但不趁夜向沿海平原推进，反而下令就地扎营。4月10日上午10点，英军100

第 11 章　分崩离析的联盟：英美联军的内部危机

余辆谢尔曼坦克扫清了丰杜克隘口，擒获 650 名俘虏，摧毁 15 辆敌军坦克。但敌军大部则卷起一阵黄褐色的尘土，逃之夭夭。

凯鲁万于当天晚上被攻克，盟军列队进入 5 座城门。"带凹槽的漂亮圆屋顶仿佛一块猩红色地毯上的白色天鹅绒，地里是密密匝匝的罂粟花。"记者菲利普·乔丹写道。虽说这座城市的历史可追溯到公元 671 年，是伊斯兰教第四大圣地，但一名英国中士的说法实在缺乏诗意："我看它不过是座常见的阿拉伯小镇。"阿拉伯人待在迷宫似的露天市场的铺子里，冷眼旁观着，法国孩子则向解放者们大把大把地抛撒粉红色的薰衣草。听说可以摘下黄星，犹太人喜极而泣。英国兵捡起扔在地上的黄星别在自己帽子上，或递上火柴，让犹太人将其付之一炬。

殡葬队遍寻丰杜克战场，只为赶在劫匪前收回尸体。由于盗墓贼太猖狂，随军牧师不得不带上冲锋枪。除威尔士近卫营的之外，英方损失了 39 辆坦克和数目不明的兵员。"浓烈的尸体焦煳味始终令人胆寒。"第 16/第 5 枪骑兵团随军牧师 G.P. 德鲁伊特写道。他刚刚从一辆谢尔曼坦克的残骸中找到了一具烧焦的尸体。"看来几天内，这一幕都将占据我的脑海，挥之不去。"

过去 3 天里，美军总共损失 439 人，其中包括 100 余人阵亡。裹在白垫子里的尸体等着被送到一处新的墓地。"承蒙上帝的恩典，我今天才能在这给你们写信。"第 135 步兵团一个大兵在给身在明尼苏达州的父母的信中写道。战地医院内的军医通宵达旦地做手术，一道道切口在寒冷的空气中冒着缕缕热气。英国坦克兵的坚韧尤其让医生动容。"哪怕从他们的手和脸上割下烧焦的皮肤，他们都不吭一声。"第 109 医疗营汇报。德军的一枚炸弹炸死了第 168 步兵团第 2 营营长罗伯特·穆尔的电报员，并将他炸到了战壕外。暂时失明失聪的穆尔被送到后方，一周后，一个在维利斯卡就认识他的大兵说他"悲伤、茫然、急火攻心、身心疲惫。他念念不忘妻子多萝西和女儿南希，不知还能不能再见到她们"。

★★★

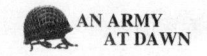

一大良机就这样错失了。梅塞的部下眼看就要到达位于首都以南40英里处的昂菲达维尔了,这是自5个月前阿拉曼失守后,轴心国军队占领的一处最险要的阵地。突尼斯战役即将演变成围城战。至于这场战争到底要持续多久,费尽了各方的心思,仿佛回到了中世纪,就差攻城锤和从城垛上倒下来的滚烫的油来增强气氛了。自从在马雷特、梅德宁、爱尔圭塔、马克纳西和阿卡里特河等地战败后,盟军又在丰杜克丢了颜面。尽管过去一个月俘虏了6 000名德军和2.2万名意军,但一路苦追到突尼斯沿海却无果而终。

不错,盟军确实错失良机,但总有反戈一击的机会。克罗克首先开炮。4月11日星期天上午,他对一帮从阿尔及尔来视察的军官大放厥词,称"美军第34师赖德以下的指挥官远在各自指挥的部队后方","靠下级军官"领导"是软弱无能"。将丰杜克之战的失败全部推给第34师后,他又提出将该师调离战斗位置,留在后方由"美军管教"。来访的美国将军哈罗德·R.布尔听了克罗克"尖酸刻薄"的评论后大惊失色,立刻飞回阿尔及尔提醒艾森豪威尔。

要命的是,克罗克和他的心腹早就对4位战地记者说过类似的话。美国各大报纸很快刊发了电讯,称盟军又被"隆美尔"捉弄了一把。《时代》周刊4月19日的一篇报道称,丰杜克之战打了美国人"一记响亮的耳光","美军和英军形成了鲜明的对比……英国人拿下一座又一座山头,美军终日试探,却始终没对任何一座山头发动进攻。"

赖德没有上钩,只说了一句:"英国人贼优秀。"但全师上下情绪低落。克罗克的作战方案堪比1815年1月,英军在新奥尔良不惜代价地从正面进攻安德鲁·杰克逊将军。"我看英国人并不比我们更懂如何与装甲师作战,"第1装甲师新任师长厄尼·哈蒙说。第16/第5枪骑兵团随军牧师在日记中并没有表现出基督的宽容,美国佬"照例没攻

第 11 章　分崩离析的联盟：英美联军的内部危机

克他们的目标……着实叫人恼火。由于美国人失败，我们只能坐失良机"。一名经过美军车队的英国炮兵作了一个猥亵的手势，吼道："你们不是又要到下一个阵地去捣乱吧？"英国兵在食堂内又编了个小调：

> 我们的兄弟后悔了，待不下去了。
>
> 因为德国人狠狠地揍了他们一顿。

艾森豪威尔又气又恼。战术的确是美国人的短板，但绝不像英国人说的那样不可救药，这令他的情绪"低落到极点"，巴顿说。军方审查员失职，没删除《时代》等杂志报纸上的诋毁报道，让总司令大为光火，当即撤了审查主任的职。但他却没对克罗克动手。他大声质问巴顿和布拉德利，他要美军指挥官迁就英国人的这道命令"是否被不折不扣地执行，他们有没有逆来顺受，又有没有不提出任何异议，一丝不苟地接受上峰的命令"。赖德大概"心太软"，不肯撤换无能的下属，这同样让他大惑不解。另外，艾森豪威尔不止是一点小心眼。"艾克说亚历克斯并不像他想的那样优秀，"他的副手埃弗里特·休斯在日记中写道，"他现在面临着真正的战争。"

这些吹毛求疵都是讽刺，只有站在历史的高度才能看清事态。每天平均有近 1 000 名战俘走进英美联军的战俘营。盟军即将取得一年内的第五次大胜利，这一胜利堪比中途岛之战、阿拉曼之战、瓜达尔卡纳尔之战和斯大林格勒之战，是通往胜利的一个里程碑。20 万轴心国部队如同绵羊，被关进突尼斯一座宽 50 英里、长 80 英里的足以埋葬两个敌集团军的"羊圈"内。盟军很快就要收复一片大陆，地中海即将变成英美联军的"澡盆"。如果有人觉得美军羽翼未丰，只要想想他们从蹩脚的"火炬行动"开始到现在走了多远，就能打消疑虑了。

艾森豪威尔情绪低落，这恰恰印证了威灵顿的格言："败者千般苦，胜者万般愁！"他致信马歇尔："我发现我们和英国盟友间播下了不和

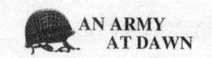

的种子，这样的传统可以追溯到儿时读的历史课本。"其中的意味，就好像艾森豪威尔早先说的："不直捣欧洲的心脏，我们就赢不了这场战争。"到如今，虽历经漫长岁月，但为追求同一个目标而维护盟国团结仍是一大军事难题。沙文主义、自负、挫折和不幸都会成为令盟国分道扬镳的因素。和艾森豪威尔才开始懂得的一样，团结需要时刻警惕和高超的外交手腕。

至于丰杜克的官兵，他们瞥了那一排排裹着白尸布的尸体一眼，扭过了脸。

没有昨天。

对他们来说，只有明天，明天才能上场杀敌，他们必须要迎接下一天。在和平年代，中士小塞缪尔·艾伦曾是一名拥有自己乐队的大学生，他在一封家信中解释顽固的虚无主义，让战争中的年轻人在见到尸体时顿时变得老成起来："我们发现，最好忘了这些朋友，不再提起他们，"他写道，"当他们根本没来过这个世界。"

第 12 章
最后的要塞：
北非战场的终章

对于德军来说，北非战场无疑是第二个斯大林格勒。但对盟军来说，却是一次绝佳的"实习"。装备、单兵作战能力、凝聚力和战斗力等等各方面都得到了大幅提升，涌现出了无数能征善战之辈。然而，战争还没有结束，英雄们匆匆结束战斗，奔赴下一个战场……

THE INNER KEEP

Hell's Corner
★★★

地狱的犬牙：
突尼斯桥头堡

4月11日星期天，10万美军兵分四路，沿四条主干道北上，准备进攻突尼斯桥头堡。灰尘将几支队伍染白，尽管在此之前，他们已经晒得黝黑、衣领也被沙砾染黑。他们需要理发、洗澡、修剪胡须，但最需要休息。用林肯的一句话说，老兵们——现在多半都是合格的老兵了——"累得一塌糊涂"。照例和他们在一起的厄尼·派尔写道："他们浑身疲惫，从他们的背影就能看出。他们身上布满皱纹，就连衣摆上都写着极度疲惫……他们是年轻人，但污垢、胡须和疲劳令他们看起来仿佛人到中年。"一名中士在给艾奥瓦州的家人的信中写道："5个月来，我们一直住在小帐篷里，我5个月都没在桌上吃过饭了。"

他们沿着曾经有迦太基大象、罗马战车和拜占庭战马走过的公路北上130英里，3万部车辆接到命令，按计划每隔37秒准时发出一辆车。沙漠被远远地抛在了身后。他们又回到了许多人曾于11月和12月战斗过的北部山区。4月中旬，小麦已经高及大腿。道路两侧盛开着岩蔷薇和秋葵，漫山如火的罂粟"迎风招展"。不远处蓝色的牵牛花如浓烟

第 12 章 最后的要塞：北非战场的终章

一般——在疲惫的人看来——如同团团迫击炮火。山楂树萌芽、苹果树开花。灌木丛中传来声声鹃啼。

上帝的恩赐与这些军人毫不相干。恰似病理学家能看到头皮下的颅骨，大兵们看到的是满眼春色下的地势。河床不是河床，是峡谷；草原不是草原，是暴露的火力带。月桂丛成了天然的伏击地带，每丛栓皮栎树中说不定都隐蔽着一门德国 88 毫米口径高射炮。见到这起伏的地形，谁都会感到凶险。

连突尼斯的春天都掩不住战争的疮痍。过往卡车腾起的灰尘落在了走在路肩上的难民身上。只有残垣断壁保留了下来，让人能看出这里曾经是西吉·布·吉特、斯贝特拉和迈杰兹巴卜等这些已经有数个世纪的历史的小镇。曾经风景如画、城墙绵延和山顶建有拜占庭塔的巴杰，墙上也贴上了提醒游客们注意斑疹伤寒的黄色标语。

按艾森豪威尔和亚历山大制订的一举歼灭敌人的宏伟计划，他们要直奔巴杰及其附近的地点。该方案大致如下：近 20 个师 30 万美军官兵、外加 1 400 辆坦克和相当数量的大炮，沿从突尼斯以南的昂菲达维尔到比塞大以西的地中海沿岸、横贯 140 英里的弧形阵线，兵分三路发动进攻。蒙哥马利的 6 个师从南部直取首都，同时防止轴心国军队将突尼斯以东的卡本半岛变成可防守数月的非洲巴丹（Bataan，巴丹战役，即 1945 年 1 月 31～2 月 8 日，美军及菲律宾游击队从日本帝国手中解放菲律宾群岛中吕宋岛之巴丹半岛的战役，是解放菲律宾之战役中的一部分，目的是占领马尼拉湾之西的海岸，以使用马尼拉之港口设施及开辟供应线以支援正在进行中的马尼拉战役。——译者注）。安德森的第一集团军从西南，几乎与麦杰尔达河谷平行，以 6 个英国师和 3 个法国师的兵力攻向突尼斯。在盟军前线的最左翼，美军要以 4 个美国师和统称法国非洲军团的 3 个法国营的兵力，从西部攻打比塞大。"我们让他们去了该去的地方，"亚历山大告诉手下，"让他们背水一战。"

要让盟军各师各就各位，还要平息几场手足间的小纠纷。受克罗

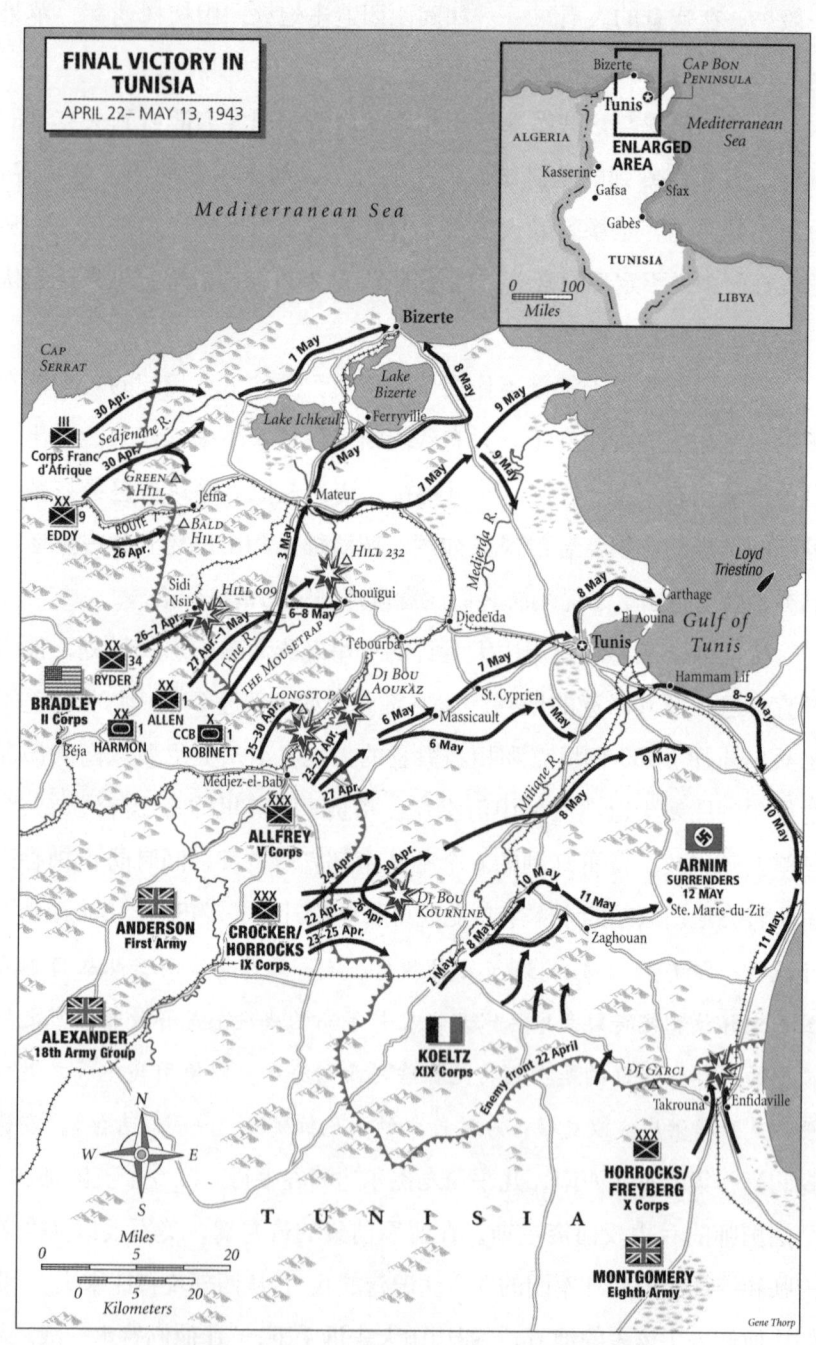

1943年4月22～5月13日，决战突尼斯

第12章 最后的要塞：北非战场的终章

ALEXANDER 18th Army Group
亚历山大第十八集团军群
ALLFREY V Corps 奥尔弗里第5军
ANDERSON First Army
安德森第一集团军
BRADLEY II Corps 布拉德利第2军
CCB ROBINETT
罗比内特第13装甲团战斗群
CROCKER/HORROCKS IX Corps
克罗克/霍洛克斯第9军
Enemy front line,22 April
4月22日的敌军前线
HILL 232 232号高地
HORROCKS/FREYBERG X Corps
霍洛克斯/弗莱伯格第10军
KOELTZ XIX Corps
凯尔茨法国第19军
MONTGOMERY VIII Army
蒙哥马利第八集团军
RYDER 赖德第34师
ALGERIA 阿尔及利亚
LIBYA 利比亚
TUNISIA 突尼斯
BALD HILL 童山
Beja 巴杰
Bizerte 比塞大
CAP BON PENINSULA 卡本半岛
CAP SERRAT 第塞拉特角
Carthage 迦太基
Chouigui 舒维居伊
DJ BOU AOUKAZ 布奥卡兹山
DJ BOU KOURNINE 布库尔宁山

DJ GARCI 加尔西山
Djedeida 朱代伊德
El Aouina 欧韦奈
Enfidaville 昂菲达维尔
Ferryville 费里维尔
Gabes 加贝斯
Gafsa 加夫萨
GREEN HILL 绿山
Gulf of Tunis 突尼斯湾
Hammam Lif 哈马姆利夫
Jefna 贾夫纳
Kasserine 凯塞林
Lake Bizerte 比塞大湖
Lake Ichkeul 伊其克乌尔湖
LONGSTOP 长停山
Massicault 马西科
Mateur 马特尔
Medierda R. 麦杰尔达河
Mediterranean Sea 地中海
Medjez-el-Bab 迈杰兹巴卜
Miliane R. 米利安河
Sbeitla 斯贝特拉
Sedjenane R. 塞杰南河
Sfax 斯法克斯
Sidi Nsir 西迪夏西尔
St. Cyprien 圣西普里安
Ste.Marie-du-Zit 圣玛丽迪济特
Takrouna 泰克鲁奈
Tebourba 泰布尔拜
THE MOUSETRAP 老鼠夹
Tine R. 迪内河
Zaghouan 扎格万

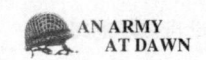

克蛊惑，亚历山大虽然答应让第2军参战，但还是不想给美军第34师机会，要让他们好好"训练"。此外，"鉴于目前该师士气低落、素质低下"，他不肯将第1装甲师全部投入战斗。再说艾伦手下的第1步兵师要撤下来准备登陆西西里的"爱斯基摩人行动"。

巴顿不干了。美军目前在北非的兵力达4.67万，占英美联军的60%还多，多半被用作"爱斯基摩人行动"，或者被归入庞大的美军后勤部门。但亚历山大提出几乎以清一色的英军来取得突尼斯的胜利。"说句老实话，我不高兴。"4月11日，巴顿致信亚历山大。如果美军要"扮演一个可有可无的小角色，影响说不定不那么好"。一天后，他又去信，建议将第34师纳入第2军，使其"重振精神"，并且指出，由于该单位属于国民警卫队，"主要职责是维护政界大佬在当地的利益。"换句话说，艾奥瓦州和明尼苏达州的国会议员不会对英国军官侮辱自家军人不闻不问。应巴顿要求，布拉德利带着第二封信去亚历山大设在哈伊德拉的司令部。"把这个师给我，"布拉德利对元帅说，"我们保证他们能拿下且守住第一个目标。"

亚历山大力排众议，对布拉德利说："拿去吧，他们是你的了。"又经过一番讨价还价，第2军下属的4个师都可以参战：美国后勤人员保证，他们能够在不中断英方给安德森手下大军的补给线的前提下，为自己的军队提供补给，由5 000辆卡车储运巴杰附近的军火，再租渔船从波尼运送弹药。巴顿反对直接向亚历山大汇报才一个多月，如今又要将第2军纳入安德森麾下。安德森并没有要求早已与他分道扬镳的美国佬回来，看到攻打比塞大的方案后，他拿手杖敲着地图说："真是孩子气，真是孩子气。""我非要那个杂种认错，"厄尼·哈蒙事后发誓。巴顿在日记中说："我情愿受阿拉伯人领导。"亚历山大再次勉强同意，如果不服安德森的命令，第2军军长可以直接向亚历山大申诉。这个安排与他一贯严谨的作战规则背道而驰，就算不是离经叛道，也可以说是不妥。

第12章 最后的要塞：北非战场的终章

美国人终于大批上阵了，尽管在安德森麾下的集团军群中，英军仍占了近三分之二。如果说艾森豪威尔一直追求超越沙文主义因而对国家荣誉这类事敬而远之，那么马歇尔可不是这样。4月13日，他以"美军大失颜面"警告艾森豪威尔，"务必密切关注"。美军仍然强烈要求证明自己在战场上并不比任何一支军队逊色，这种冲动可以追溯到"一战"。

★★★

演员各就各位。非洲最后一战的大幕徐徐拉开。英国人从南部和西南部行动，美国人从西部动手，盟军两支劲旅终于要向两支元气大伤的轴心国军队发动进攻。

4月18日，第2军正式换下巴杰附近的英国军队。但当美军司令部进驻位于镇西北两英里处一座农场内的帐篷时，巴顿却没到场。按艾森豪威尔事先做好的安排，巴顿不声不响地辞去第2军军长一职，为接下来不到三个月时间就要开始的西西里登陆做准备。40天内，他一举成为国家英雄，和德国坦克劲旅打了个平手，不仅于此，用富兰克林·罗斯福的话说，他是"一员优秀战将"。但连他自己也看出，要见好就收。虽说巴顿使出浑身解数，但他对第2军的活力和纪律的影响微乎其微。即使亚历山大给了他权力，但他在爱尔圭塔、马克纳西或首战丰杜克中并没展示多少战术才华。他正在发明的出动大批坦克包抄敌军的战术可谓空前绝后。

虽说艾森豪威尔称赞他"为我们树立了一个杰出的榜样"，但巴顿还是要带着未完成的心愿离开突尼斯。他甚至下令夸大第2军给轴心国军队造成的损失：虚报尸体数目。他还在之后的战争中玩过这个花样。一位高级参谋留下了3份记录，巴顿驳回了最初对敌人损失的判断。"这不够'精彩'，要把这次行动写得大些，"第2军助理作战参谋小拉塞尔·F.埃克斯中校战后背地里告诉布拉德利的副官，"结果我们把摧

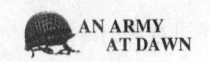

毁、损坏和缴获的装备数量全部多报了一倍。"巴顿的情报主任"修道士"迪克逊记录了 4 月中旬如下一段对话：

> 巴顿："你统计的敌军伤亡数字与事实不符，我们给他们造成的伤亡是这个数字的十倍。"
>
> 迪克逊："先生，我们统计了敌军能被找到的坟墓数量，询问了医疗和作战人员，查了他们的花名册……久经沙场的老兵大多能幸免一死。"
>
> 巴顿："在数字后面加一个 0。"
>
> 迪克逊："先生，我不能公然做出此事。"

根据第 2 军送到阿尔及尔的战后报告，从加夫萨到加贝斯公路一线共计有 800 座德军坟墓。3 月 15 日到 4 月 10 日，第 2 军自称共摧毁敌军 128 辆坦克、850 辆其他车辆、300 门大炮和机枪，不论巴顿有没有要求篡改，这组数字都是被夸大了的。埃克斯还说，由于巴顿离任时总结报告还没做好，他"给了我一张附有亲笔签名的纸，便于我在数字出来的时候刻蜡版"。

在离开加夫萨之际，巴顿摘了一把旱金莲，放在迪克·詹森的墓上。近 800 名美国大兵和一名青年上尉就埋在那里。他触景生情，老泪纵横，这对于将军来说，绝不是什么坏品行。巴顿在离开突尼斯前的最后一篇日记中写道：

> 我只相信自己的经验，不考虑自己，也不想着别人。军人、甚至号称伟大的军人，都非常懦弱和胆小，他们太斯文了。战争简单、直接而无情。所以我需要简单、率直而无情的人参战。

4 月 22 日星期四上午，巴顿的继任者乘着一辆吉普车登上了巴杰

第 12 章　最后的要塞：北非战场的终章

郊外一座绿树成荫的山顶。他身高 6 英尺，有一头从学生时起就灰白稀疏的头发，戴着一副眼镜，脑门高而凸出。他今年已经整整 50 岁了，一副凸起的下巴常常让人误以为他要和人吵架。少年时的一次滑雪事故使他摔断了几颗牙，因此他一辈子都不肯对着拍照的人微笑，用他的话说，唯恐留下"一口烂牙的永久记录"。他穿着破旧的短夹克，绑着帆布绑腿，成为了"自戴草帽的扎卡里·泰勒以来，美军在战场上打扮得最不像一位司令的司令"，一位目击者说。他展开夹在腋下的地图，固定在图架上，然后转身，面对着那些来一睹他的风采、向他打听作战方案的记者。

奥马尔·纳尔逊·布拉德利上位了，并且要一直待到战争结束。他祖上是密苏里州的农民，仅仅能够糊口。父亲是一位被临时聘用的小学教员。艾森豪威尔曾大加赞赏过这位西点同窗的成绩单："他真正的优点就像是一条河，越深，就越是波澜不惊。"和巴顿一样，布拉德利朴质、直率、无情，但两人的相同点仅限于此。他从不讲脏话，在 33 岁之前他从未尝过酒是什么滋味。他的妻子玛丽主张绝对戒酒，见不得他烂醉如泥，所以从来不涉足军营。他朴实、谦虚、温文尔雅，是位"平民将军"。他耿直得近乎偏执，而且从不会犯下大错。打猎是他最大的爱好，驻本宁堡期间，他常在早饭前到佐治亚州的沼泽去打水蛇。到了突尼斯，他只好以点射副官扔到天上的石子取乐。他是一个天生谙熟地形的步兵，从巴杰到比塞大，每一道重要的沟壑或山岗，他都谙熟于心。在西点 1915 级被授予将星的 59 人中，有 15 人出自同一个"吉星高照的班"，布拉德利正是跻身这一行列的第一人。阿拉伯人以为"奥马尔"是个穆斯林名字，见自家人在美军中取得这一成就也是欣喜不已。巴顿苦着脸叫屈，说布拉德利"太他妈的正派了"。

布拉德利在图架上展开地图、手执教鞭，以朴实平易的口音解释即将展开的战役。"他犹如为大学新生略述课程，平实地讲述了作战计划，"蹲坐在他脚下的记者 A.J. 列布林回忆道。马特尔是比塞大要冲，

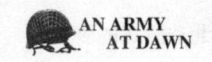

第9师将绕过让英国人吃了不知多少苦头的鲍尔德山和格林山,进攻沿海的左翼。而第1师和第34师将取道西迪恩西尔及其以南的山区,进攻南缘。第1装甲师将利用沿海平原上任何一个通往比塞大的突破口进行突破。

布拉德利新官上任烧的第一把火就是违抗艾森豪威尔直接下达的命令,但对此他绝口不提。在4月16日发出的一封屈尊降贵、抬头为"布拉德吾弟"的电报中,这位总司令指出:"你防区的南部较适合部署坦克,希望你在此下一番功夫。"他提出的经过狭窄的迪内河谷发起进攻的路线显然要经过德军的埋伏圈,第2军称这个地方为"老鼠夹",这样做肯定是自取灭亡。布拉德利对这项提议置之不理,命手下的指挥官避开"老鼠夹"。他将前面的任务比作"打野羊"。取道高地,被他称作"跳山头",过去5个月牺牲了太多生命,官兵们必须突破这一瓶颈。这场仗要慢慢打,因为还有许多山头要跳,还有许多羊要打。轴心国军队的工兵耗费数月的时间,用风镐、水泥、不计其数的地雷以及6个炮兵营,将这些山头打造成了要塞。如今敌人在第2军战区集结了约1.2万名步兵,而在接下来的两周内,这个数字还要翻上三番。

布拉德利回答了几个问题,便爬上吉普,扬长而去。他的作战计划被缩略成半页纸和一张地图,送到毗邻美国战区以南的英国第5军军部。奥尔弗里将军看后摇了摇头,说:"布拉德利这家伙显然对带兵打仗一窍不通,根本指挥不了一个军。"

★★★

地面上的决战虽然刚刚拉开帷幕,但空中的战斗已经展开好几个星期了。在巴杰的战壕内看不出盟军在空中占有任何优势,但被盟军轰炸机的瞄准器瞄准的德军倒霉蛋却看得清清楚楚。盟军向位于突尼斯东北、西西里和意大利南部等地的机场、港口和编组场投下了数千吨烈性炸弹,另外还有数千吨即将投下。比塞大被炸成了废墟,城里

第12章 最后的要塞：北非战场的终章

不剩一间可以住人的建筑。"我们轰炸比塞大的目的就是要将它从地图上抹去，"一位陆军航空兵将军说。这不是他自吹，是事实。突尼斯被袭击的主要目标是码头和机场，有752名平民被炸死，还有1000余人受伤。一路冒着猛烈的高射炮火在2.3万英尺高空中飞行的B-17"空中堡垒"轰炸机勉为其难地对目标进行着精准轰炸。在一次对巴勒莫的空袭中，盟军炸毁了一艘军火船，另外7艘货船也被击沉，爆炸引起的巨大波浪将两艘停在沿岸的驳船掀上了码头，致使这个港口瘫痪了几个星期。还有一次空袭，盟军击沉了3艘用于运载一个装甲营到突尼斯的意大利驱逐舰。最终只剩下6名幸存者来讲述这段经历。

突尼斯以北和以东的盟军布雷艇成了这行的专家，轴心国船只能由一条宽1英里、长40英里的航道横渡西西里海峡。"超级机密"搞到了详细的载货清单和航行时间，盟军的瞄准手可根据自己的喜好来任意挑选猎物。一艘载运燃料和坦克炮弹的敞口货船说不定能引来50架飞机。美国空军机组人员清楚，平均每28吨炸弹就可击沉一艘中等大小的商船，一个标准的由18架B-17"空中堡垒"轰炸机组成的编队能投下两倍数量的炸弹，从目标返航的机组人员在内部通信系统上一路唱着"给予总比收获好"。仅3月，就有36艘舰只在前往轴心国的途中被击沉，其中近半数是为阿尼姆运的军事物资和燃料。

这导致凯塞林越来越依赖空运。截至4月初，德军每天要出动200余架飞机组成"船型雪橇"低空编队，往非洲运送人员和物资。4月5日，盟军启动"打击行动"，出动战斗机和轰炸机予以回应。在第一次"打击"任务中，美军飞行员伏击了50架飞机，其中包括容克-52运输机和负责护航的战斗机。在"一片混战中"，美军以损失两架飞机为代价，击落了17架德国飞机。此外，轰炸机对比塞大和意大利的目标投下了近1.1万枚20磅重的杀伤炸弹。截至当天晚上，纳粹空军在作战中损失的飞机多达30架，而且停在地面上的还更多。

更糟的还在后头。4月18日星期天，阳光和煦，美军第57战斗机

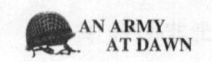

大队的4个中队（分别名为"黑蝎子"、"斗鸡"、"杀虫剂"和"黄钻石"）和在卡本半岛上空飞行的"喷火"战斗机中队会合，进行当天的最后一次巡逻。60架战斗机"仿佛阶梯，并排的4架飞机为一级，依次升入空中"，理查德·斯鲁尔森（Richard Thruelsen）和埃利奥特·阿诺德描绘道。"最下一级'阶梯'距离地面4 000英尺，而最上一级的'喷火'战斗机距离地面约1.5万英尺。"紫色的影子掠过卡本半岛上空，飞行员突然发现，在距海岸6英里处，有几架容克-52运输机和6引擎Me-323重型运输机，正组成V形编队飞行。"我们从没见过飞得这么漂亮的队形，"一名飞行员事后说，"都不好意思打散它。"

他们兵分两路，从右后方展开突袭，迅速打乱了漂亮的V形编队，逐一瞄准掉队的飞机。一名飞行员说到他的第一个猎物："短暂的一声爆炸后，那架飞机的左引擎起火，一路燃烧，引燃了中部和首部引擎。"着火的飞机翻着筋斗，栽进紫色的海面，或撞毁在突尼斯海滩。"海水变得通红，一大圈碎片在油渣中沉浮，"一位目击者说，"海滩上腾起不下十几道冲天的烟柱。"

纳粹空军损失了38架飞机。第二天早上又被击落20架，4月22日被击落39架，其中包括许多运输燃料的飞机。被击中的飞机像腾起的地狱之火，慢慢打着旋，在地中海坠落。在展开"打击行动"的3周内，盟军以损失35架飞机为代价，击落轴心国432架飞机，其中有一半都是德军的运输机队。盟军机场到处都是趾高气扬的空军。"凯塞林要是老犯这种错误，就是成心要毁了我们的名声，"特德中将说。经戈林一再坚持，轴心国飞机只在晚上出动。由于春天白日渐长，每晚只能出动60架次，为阿尼姆运送补给和援兵。

桥头堡虽然驻扎了25万人，但作战人员还不到三分之一。多数是打着"为了庞大的殖民帝国"这个幌子招来的意大利后勤队伍，或是在隆美尔从北非长途撤退中被摧毁的各师后方指挥部士兵。意军的大炮不到100门，用一位将军的话说，"不知如何是好。"那些将通行证

第12章 最后的要塞：北非战场的终章

卖给急着逃过无人地带的意大利人的阿拉伯黑市贩子生意兴隆。美军飞行员和炮兵用传单怂恿轴心国各级官兵起义或叛逃，这只是第一轮心理攻势，之后两年，盟军还在地中海沿岸印刷了近40亿张传单（能装满4 000辆卡车）。

轴心国的后备军队仍以一天近2 000人的速度被运往突尼斯，但前线部队的建制多半无法重建。第15装甲师和第21装甲师各剩5 600人，第90非洲轻型装甲师不到6 000人，第164非洲轻型装甲师只剩3 000人。意大利的半人马师和斯培西亚师全军覆没，其余的3个师总共剩下11个只能用来吓唬鬼的营。梅塞将军指出："凭借现有的弹药，根本不可能抵挡敌人的大规模进攻。"到了4月末，纳粹空军防空部队连一天35加仑的用于维持雷达设备运转的燃料都难以为继。一位德军参谋指出，"一个没有汽油的装甲师无异于一堆废铁"，但一个没有坦克的装甲师连废铁都不如。轴心国装甲部队加起来还不到150辆坦克，不到盟军的十分之一。第15装甲师只剩4辆坦克可以参战。阿尼姆驳回了数次反攻的建议，认为这无异于"以卵击石"。柏林一位前来视察的高官斥责非洲军团是"逃兵"，阿尼姆反唇相讥，说自己在"瞄着船"。

德军最高统帅部早在12月就开始考虑，该采取何种方式撤出突尼斯桥头堡，但由于凯塞林的乐观，这些以防万一的方案被束之高阁。凯塞林事后提出"清理"无关人员时，希特勒却认为选择性疏散有损士气，一句话就打发了他。盟军情报部门估计，轴心国在4月初一天还能撤出3.7万名官兵，但直到4月中旬才从"无用人员"开始进行有限，而且为时已晚的疏散。倒霉的"无用人员"必须少吃：一名意大利士兵在日记中写道，他每天的伙食只有半饭盒冰凉的米饭、两个土豆和半个面包。

如果说放弃非洲军团是一时糊涂，那么希特勒显然还在疯狂行事。4月8日，他和墨索里尼在萨尔茨堡附近的一座城堡内秘密会面。领袖先前的自负一扫而空。盟军每向突尼斯逼近一步，就是向罗马逼近

581

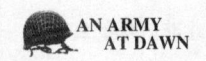

一步。在南部，那不勒斯等城市连连遭到空袭。罢工与和平示威席卷了都灵和米兰。垂头丧气的墨索里尼又请求元首，希望柏林能和莫斯科暂时休战，这样轴心国就可以将全部兵力转到地中海，守住突尼斯，同时从西班牙和西属摩洛哥直捣敌后。

希特勒驳回了墨索里尼的方案，他只对牢牢守住突尼斯这一点感兴趣。斯大林格勒惨败后，德军在最近的哈尔科夫大捷中重新燃起了斗志，再一次坚定地相信元首能够彻底打败可恨的俄国人。不到一个月，德军就全歼了苏联3个集团军。只要英美联军将兵力集中在轴心国外围，就无法在别处开展更大规模的行动。他告诉墨索里尼，突尼斯是意大利和南欧诸国的屏障。此外，元首看出，北非的失利会进一步动摇墨索里尼国内的根基，势必危及意大利本土和德国，所以必须坚守突尼斯。

希特勒的一番花言巧语顿时令领袖挺直了腰杆，同意"不惜一切代价"守住桥头堡，一句可怕的话被远离战火的人轻易说出。"我们只要坚持，一切都可能发生，"4月12日，他在罗马告诉凯塞林，"所以我们要守住。"第二天，也就是4月13日，阿尼姆接到命令，不得继续大规模疏散。

见到这道被称为"了结"的命令后，阿尼姆大惊失色，并承认"只想打个平手，请求换防"。可他最终只能按照命令行事，从厨师和文书中抽调人员，拼凑了几个步兵营，去完成这"坚守到底"的任务。

Hammering Home the Cork
★★★

决战前的决战：势如破竹的蒙哥马利

盟军开始集中进攻桥头堡，从位于南部的第八集团军开始，各部的战斗先后打响。一时间，终于可以将盟军视为一个整体了。

蒙哥马利的部队如同一心要将对手撂倒在人行道上的街头霸王，信心十足、大摇大摆地向突尼斯挺进。英国兵将撤退的轴心国官兵丢下的战利品分门别类，包括在凯塞林缴获的美军游泳衣，以及一盒贡品一样被丢在路上的意大利银章。全军上下冷静而自负，即使被解放的村民们蠢头蠢脑地喊着"美国人万岁"，他们也置若罔闻，全军上下散发着仇人的血腥味，斗志高昂。

早在4月11日，蒙哥马利就知道亚历山大有意要第一集团军主攻突尼斯。平坦的地形显然适合从西南发动坦克战，而位于正南沿海处的平原因为两侧巍峨陡峭的大山互相对峙，收缩成一个宽不足1英里、长20英里的"漏斗"，用英国官方历史中的话说，就是"光秃秃的崖壁、山涧等"。对此，蒙哥马利可以接受，他力劝亚历山大"集中一切力量"对一处"痛下杀手"，他还应要求将自己的第1装甲师和一个装甲车团

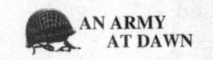

送给了第一集团军。但蒙哥马利怎肯将好事拱手让人。"安德森要是有点本事也就算了，"他在4月12日的日记中写道，"但他偏偏没这个本事。"4月16日，他致电亚历山大："我手下的官兵精神抖擞，个个都想决战'敦刻尔克'。"按照亚历山大的方案，第八集团军的贡献只比一场真心真意的佯攻要好那么一点，但蒙哥马利还是希望出动4个师突袭位于昂菲达维尔以北的丘陵，在轴心国桥头堡"关门打狗"，先安德森一步到达突尼斯首都。

"第二高峰毫无用处"是山地战中的一条公理，但第八集团军偏偏发动了一场占领一连串第二高峰的战役。在沙漠中待了数年，地形的陡然变化令人赏心悦目，长途跋涉1 800英里，官兵们个个盼着看到青山野花，却在战术上昏了头。令蒙哥马利越来越依赖的蛮攻在这里根本使不上劲：连势不可挡的炮火在掩护守军、吞噬大量炮弹的山坡和沟壑纵横的地形上也收效甚微。过去一年连连征战，第八集团军的建制已经不完整，各单位的兵力严重不足，仅仅余下四分之一的步兵，还要负责在崎岖得连骡子都无法行走的山路上运输弹药。

然而这种障碍对英国人来说都不算什么，因为他们的情报部位断定，昂菲达维尔要塞只有6到8个士气低落的德国营和被第10军虎视眈眈地注视着的倒霉的意大利人把守，但估计的敌军的兵力不久就将增加3倍。蒙哥马利自信能"把敌人撵出昂菲达维尔"，就好像他已经忘了曾在突尼斯山地战中交了6个月的学费，认为自己从第一集团军和第2军的菜鸟那没学到任何东西。要知道，傲慢和失误一贯是要付出代价的。

就连第二高峰脚下都有坚固的小山丘作瞭望塔，根本进身不得。其中当属位于昂菲达维尔以西3英里的泰克鲁奈最为险要，这是一座高600英尺的石头山，山顶有一座圆顶的清真寺和一座古柏柏尔要塞，周围都是砖屋。梅塞将军亲自在这里部署了300名意大利步兵。"为鼓舞士气，"梅塞事后解释，"我又在要塞加了一个排的德军。"弗赖伯格

第12章　最后的要塞：北非战场的终章

手下的新西兰兵——尤其是第28营的毛利族兵，将于4月19日午夜前攻打这根"烂石笋"。两天的战斗烧焦了泰克鲁奈灰白的山体和粗糙的台阶，就连要塞的秘密通道也不例外，一座座房屋内外都血迹斑斑。

双方的援兵匆匆赶来驰援。截至星期三早晨，"泰克鲁奈山顶无时无刻不见炮火，曳光弹划过山谷，在房屋间乱窜，"一位指挥官事后写道。意大利军攀着一根绳子，向挤满毛利伤员的临时急救站投了几枚手榴弹，这引来了疯狂的报复。敌军士兵被将士们用刺刀逼下悬崖，还有两名俘虏被扔了下去。"在这残酷的时刻，"一份新西兰官方报告中写道，"一切都失去了控制。"

"中士自告奋勇地担任副排长，下士担任中士。许多情况下，他们还没升任多久就负了伤，"一位自残的营长事后回忆。凄厉的炮火打得两个毛利连各剩下不到20人，12个连长中伤亡了9个。最终虽然攻下了泰克鲁奈，但付出了极大的代价。霍罗克斯将军说："纵观这场战争，这是我见过最英勇的战斗。"新西兰人损失的人数高达459，其中有34名军官。他们俘获了700余名俘虏，其中四分之三都是意大利人。

与此同时，第4印度师在以西5英里外，对加尔西山发动进攻，以伤亡500名官兵为代价，占领了几个战术上无关紧要的阵地。他们和泰克鲁奈上的官兵一样英勇善战。一位单单头部就受伤12处的郭尔喀排长靠装死才逃过一劫，之后和手下的士兵会合，趁着天黑重新发动了进攻。"我的手快断了，鲜血淋漓，"他说，"只好叫排里的一个兵帮我从枪套里拔出手枪，放在我的手上。"据说敦实、黝黑的尼泊尔勇士只有在平地上闲逛时才觉得累，传说郭尔喀人不抓俘虏，只喜欢用长弯刀斩下敌人的首级，战斗结束时，可以通过数套在郭尔喀人手腕上敌人的手表数量，来计算轴心国的损失。不过，他们终于在有刀、石头、步枪和大炮的加尔西山上碰到了对手。"夜幕中，官兵们扭作一团，"一名来自印度的亲历者说，"每得一寸土地，都会引来誓死坚守到底的亡命之徒的反扑。"

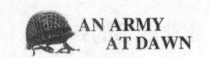

由此看来，敌人终于决定要团结一致，战斗到打光最后一颗子弹。接着，又一轮炮火清洗了战场，继而就是石头战，轴心国军队很清楚，再退一步就要退进大海了。官兵们缺少睡眠、脸色发青。担架员跌跌撞撞地跑上跑下，两腿如铅，手掌起了水泡，水泡又被磨破，露出肉来。4月22日，轴心国的炮击似乎比以前更加猛烈，英国官兵成天缩着头，一位指挥官说："等敌人发过这阵威再说。"另一位苏格兰军官说，他手下的高地联队兵不再带风笛上阵，因为风笛手无一例外都吃了枪子，而且80英镑一台的风笛本身就很珍贵。第八集团军有难的消息传来，盟军上下都幸灾乐祸。"我们呼叫蒙蒂，"布拉德利哂笑道，"看他要不要我们派几个美国顾问过去，教教他的沙漠战士们，该如何翻过这些山。"

为"爱斯基摩人行动"忙得焦头烂额、分身不暇的蒙哥马利临战变卦，打算孤注一掷。如果手下的官兵无法突破山头，他就要派他们取道狭窄的沿海公路突破，到达布费夏，再到达突尼斯。在下令停止进攻山头，准备沿1号公路正面进攻后，蒙哥马利飞往开罗，准备制定登陆西西里的方案。26日星期一，正好是复活节，患了严重的扁桃体炎的蒙哥马利回到部队，却发现自己的部下，尤其是伯纳德·弗赖伯格和弗兰西斯·图克两位师长，竟公然抗命，无视他作为军团司令的个人野心。气恼的蒙哥马利回到了他的大篷车。"要顾大局，我们必须要在这里有所突破，"他哑着嗓子说。霍罗克斯气得摊开双手。"我们当然能突破，"他抢白道，"不过，等我们突破了，你优秀的第八集团军恐怕就所剩无几了。"蒙哥马利嘀咕了几句，嘭地关上了门。

无往不胜的军队偶尔也会遇到坚不可摧的目标，对蒙哥马利来说，昂菲达维尔就是这样的一个目标。连年征战加上在非洲长达数月的长途跋涉，第八集团军已经"精疲力竭"，一位英国情报官写道。蒙哥马利和手下的参谋"好似失去了兴趣，他们向来不喜欢山"。如果蒙哥马

第 12 章　最后的要塞：北非战场的终章

利固执己见，一场志在占领泰克鲁奈和海滨公路之间山脊的阵地战将会变成灾难。没有作战经验的第 56 师经陆路长途跋涉 3 300 英里，于 4 月 26 日从伊拉克赶到前线，不久就损失了一位营长，师长也身负重伤。幸存者如惊弓之鸟，恨不得夺路逃回基尔库克。"他们上山的时候迟疑不前，一会儿便转身退了回来，"一位炮兵军官事后回忆道，"这是我第二次见步兵逃跑，第一次是在马雷特……这一幕让我联想到在索姆河的第一天，那些分散进攻的步兵。"

索姆河是英国军队最讨厌的地方，蒙哥马利识时务，实乃俊杰。"目前的方案最终会毁了大业，实非我所愿，"4 月 29 日，他致电亚历山大，"你明天能看看我么？"他下定决心再将手下的几个师交给第一集团军，让安德森来挑这副担子。此举会让第八集团军退出突尼斯之争，实际上是退出非洲战役。这就是战争。蒙哥马利要在别的战场上立下战功。在等待亚历山大期间，蒙哥马利匆匆给身在伦敦的布鲁克写了一封信。"见到这幕惨景，我险些落下泪来，"他写道，"我相信我们最后能反败为胜，但我们错失了一个良机，损失了不少好小伙子。"

"我时而觉得，"他又写道，"我需要稍作休息。"

★★★

蒙哥马利这样说并非是在反省自己的表现，而是将矛头指向安德森和第一集团军。他驳回了安德森以"不惜代价、一网打尽"为宗旨的占领突尼斯的方案。第一集团军非但不集中力量进攻敌人软肋，反而在长达 40 英里的前线分散兵力，多路出击。要是再加上位于南翼的法军和位于北翼的美军，战线就相当于长达 90 英里。

蒙哥马利是对是错，很快就见了分晓，结果当然是他欢喜，安德森忧愁。后者的方案毫无出奇之处。且不说别的失误，他甚至没能善用盟国空军：计划本就不周全，他还在针对 44 个目标的 70 次空袭中白白浪费了自己的绝对优势。但手下有 3 个装甲师和 10 个步兵师供他调遣，安德森得出一个合理的结论，燃料短缺的德国人躲不过他的多管齐下。

"伏尔甘行动"就是多管齐下。首先，刚在丰杜克闹得不愉快的克罗克将军的第9军要从右路进攻，引开左路奥尔弗里第5军的敌人。其次，16个小时后，奥尔弗里要沿麦杰尔达河谷直取突尼斯，安德森确信这是"敌人的死穴"。一天后，远在左翼的美军就要大举进攻比塞大，尽管并不指望他们真的能到。而夹在英国第一和第八集团军中间的窝囊废，法国第19军更是指望不上。安德森打算一举歼灭阿尼姆的第五装甲集团军，再挥师北上，抄迎战蒙哥马利的意大利第一集团军的后路。这次进攻要持续九天。"我们要齐心协力，一举歼灭阿尼姆和隆美尔的大军，"他对还在追打沙漠之狐不散的影子的部下们说。

如果不是因为缺乏自信，肯尼思·安德森绝对制定不了方案，这种怪事是"人的本性作祟"，"伏尔甘行动"也不例外。"方案虽好，但大兵们愿意打吗？"他问伊夫利将军。部下们从11月头几个星期开始就一直在打，手下有死有伤的第78师师长不知如何作答。他最后敷衍了一句："你只能先当他们愿意了。"

德军照例首先出击,这次行动代号为"丁香花"（FLIEDERBLÜTE），他们决定殊死一搏，时间就定在4月20日夜，是凯塞林献给希特勒的生日贺礼。1933年原本隶属于国家警察部队的赫尔曼·戈林师的5个营，与第10装甲师的坦克配合，进攻迈杰兹巴卜以南地区。敌人一路高歌猛进，一位在帐篷内睡大觉的英国炮兵军官不胜其扰,吼道："出去，詹姆斯，别搞那么大的响动。"但东方破晓，暴露在猛烈的机枪和炮火下的来犯者突破了他们的阵营。21日夜幕降临，他们收复了失地，俘虏了德军450名官兵，摧毁33辆装甲车。英国人的损失微乎其微，只是一个师耽搁了4个小时，险些打乱了安德森的"伏尔甘行动"。

22日星期四，凌晨3点40分,克罗克以一阵猛烈的炮火拉开了战幕。第二天（受难节）晚上，他派第6装甲师打头阵，突破德军防线后深

第12章 最后的要塞：北非战场的终章

入10英里，有望一鼓作气冲到地中海边。但德军很快开始反攻，反坦克炮火十分猛烈，两军在布库尔宁这座崎岖的小山上相持不下。英国第1装甲师原地踏步，友军的攻势也艰难地向前推进了仅仅几英里，一名在布库尔宁山上的英国兵写道：

> 官兵们开始分小股后撤，多半身负重伤。他们谈到攀上陡峭的悬崖，却遭遇密集的机枪火力网；谈到伤兵一路滚到谷底；谈到拉发地雷和峭壁上的诡雷；谈到照明弹和探照灯照到的角落，就会立刻引来炮火；谈到被绊倒的士兵过早放的枪，暴露了位置；谈到山顶上的掩体、山洞等种种巧妙的防御工事，四周是一摞摞前一次进攻留下的尸体。

4月26日，安德森命第9军停止徒劳无益、代价巨大的进攻。搜救队趁夜蹚过灌浆的小麦，用脚搜索尸体。他们很快发现，德国工兵常常在荒地上埋地雷，再撒上种子，好让长出的庄稼伪装他们的杰作。急救站挤满了伤员，因为休克或被星光照得脸色发青。克罗克将军胸口楔进了一枚英国新式反坦克武器的弹片，第二天就到这里报到。他急于向部下演示这种可击穿一辆虎式坦克的新玩意儿，不料却点着了一块谷地，将自己送进了医院。他要在这里一直待到这场战役结束。

奥尔弗里和第5军也落得同样的下场。按计划，从迈杰兹巴卜出发的三个营将于4月22日穿过大麦地和橄榄林，到达位于麦杰尔达以北的一个集结区。他们从夏塞尔·泰法哈村附近的山涧进入阵地。第二天，官兵们在如火的骄阳下躺了一整天，心里所想、目力所及的只有位于东北两英里外的长停山。和12月末一样，长停山扼守通往麦杰尔达山谷的要冲，只有拿下这座山头，坦克纵队才能通过50号公路前往泰布尔拜和突尼斯。4月的金盏菊和明媚的阳光也遮不住这座双峰山的险恶。包裹在发霉制服中的尸骨还躺在圣诞节战斗期间令他们牺牲

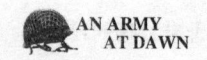

的险要裂缝中,一位英国将军事后写道,好像"这些优秀的士兵的灵魂围拢过来观战一样"。

22日晚8点,奥尔弗里展开了进攻,但一阵猛烈的炮火却引来了电闪雷鸣和一场从北部横扫而来的暴雨。在位于迈杰兹附近的炮兵掩体内,400门大炮齐发,步兵从散兵坑内一跃而起,冲向山脚。"我们希望这些炮火是给突尼斯发出的一个报仇雪耻的信号,"BBC记者霍华德·马歇尔报道,"炮兵们赤着上身,一刻不停地发射炮弹,直到步兵们接近敌军的掩护火力网。"亚历山大一行仿佛是来"观看艾格尔峰上的登山者",镇定地扶着望远镜站在麦杰尔达草原上观战。照明弹和炮火照亮了往山坡上爬的小点,而跟在后面的大黑点是骡子。一名赶骡的大兵叫这些不时吓得跑到山脚的骡子是"撒旦四条腿的倔孩子"。

受难日破晓,进攻仍然没有跟上进度。迈杰兹的一名记者写道:"山上一片火海。"阿盖尔萨瑟兰高地团8营负责主攻双峰山的西峰阿美拉山,这样安排主要是因为苏格兰人可以在熟悉的地形找到灵感。恰恰相反,德国炮兵午后刚过就击中了设在空旷地带的营部,营参谋和风笛手死在了阻击火力网之下。

许多德军炮火下的漏网之鱼也因为中暑而倒下。没过多久,这个营就倒了一半,另一半也筋疲力尽。一名德军俘虏掏出了一把藏在身上的自动手枪,打倒了几个苏格兰大兵,这激起了他们怒火,该俘虏随后就被打成了筛子。"阿盖尔萨瑟兰高地团8营的将士们怒火中烧,"在长停山一战中,因骁勇善战而获得了一枚维多利亚十字勋章的少校J.T.麦克·安德森(J.T.McK.Anderson)说,"我们恨透了德国人和这座山。"安德森少校给步枪装上刺刀,和30名战友一路咆哮着,终于拿下了阿美拉山。由于风笛手已死,他们只好找了个吹口琴的充数。至于长停山第二高峰拉哈尔山——每一寸土地都和12月时一样难啃——直到星期一复活节,英国坦克才冲上山顶,将其攻下。"山上硝烟弥漫,如同人间地狱,"一名记者写道。300名掷弹兵获准投降,他们的蔡司

第 12 章　最后的要塞：北非战场的终章

望远镜和一听听牛舌罐头成了战利品。

虽然攻克了长停山，但第5军和南翼的第9军都成了强弩之末。阿盖尔萨瑟兰高地团减员三分之一。受难节这天沿麦杰尔达右岸一战，英国第1步兵师伤亡及失踪500余人，第二天，仅两个营就又损失了329人。支援步兵的45辆坦克中，有29辆被毁或受创。在4月的最后10天内，德国共摧毁英军252辆坦克。

非洲最惨烈的战斗莫过于布奥卡兹山一战了，布奥卡兹山距长停山4英里，是位于麦杰尔达对面的一座高700英尺的险峻山脊。4个近卫营攻打布奥卡兹山和山嘴地带长达一个多星期，期间德军"除帽徽外，什么都朝我们扔"。日复一日，炮火声和机枪的嗒嗒声响彻这座山。夜间，大兵们躺在破败的胸墙和石堆下的战壕内，嗅着"迷迭香被弹片撕裂的浓郁味道"。扔完了手榴弹，英国兵举起石头，"就是不让敌人动一步"。大兵们把步枪插在地上，把头盔挂在枪托上，为埋在焦土中的尸体做记号。截至4月末，爱尔兰第1近卫营只剩下80名官兵，其中包括一名最终把一条腿交给军医手术刀的担架员。现在，他踮着脚跑上跑下，"我顾不上这条烂腿"。第5近卫步兵团为把守一座山头，伤亡近300人，原本16名军官损失了13名，在猛烈的炮火下，一名中尉说："他们肯定急于攻下这座山头。"

这座山虽然仍牢牢地掌握在英国人手中，但余下的部分还属于敌人。截至4月29日，亚历山大和安德森都看出，第5军的进攻已经陷入了停顿。奥尔弗里沿麦杰尔达两侧迂回60英里，取得的战果和克罗克相差无几，但距离突尼斯还有25英里。

第二天，即30日星期五，安德森向艾森豪威尔汇报，第一集团军过去一周伤亡3 500人，其中近900人阵亡。在"伏尔甘行动"中，部队每前进3码，就会有一名官兵阵亡。许多连都建制不全，剩下的官兵还不足24人。

英国人损失惨重，但德国人和意大利人也损失不轻。目前，阿尼姆在非洲只剩下 69 辆可以参战的坦克，另有一个没有坦克的坦克营负责后援。

盟军仍无突破，只有伤心和死亡。安德森不理会赫尔曼·戈林师休战收尸的提议。一到夜间，战场和无人地带的果园中到处都充斥着殡葬队偷偷埋葬尸体的铁锹声。一名随军牧师在布奥卡兹山附近找到了一名阵亡已久的近卫兵的尸体，建议在天亮前埋葬这名士兵。"一只胳膊高举着，"牧师写道，"墓穴太浅，埋不下。我们每次把它按下去，它又弹了起来，夜色中总可以看见那只惨白的手。"

"掰断阵亡士兵的胳膊都非常难。"

"Count Your Children Now, Adolf!"

★★★

"阿道夫,来清点你的喽啰!"

由于英国的两个集团军裹足不前,说是美国人决战突尼斯也不为过。奥马尔·布拉德利最初在北翼发起突袭,其艰难程度不亚于英国人遭到的挫折,但也不比他们更大胆。开弓没有回头箭,虽说每天的进展都以英寸计,但受难日这天发动的攻势可以视为美军光明正大地立下赫赫战功的起始,也是接下来连续两周节节胜利的开端。

"我们窝在一间弥漫着灰尘的旧农舍里,就着烛光写信,"4月22日,特里·艾伦写信给玛丽·弗兰。他叼着烟卷,头发凌乱,身上穿着早在加夫萨和爱尔圭塔就磨破了的绿色衬衫和裤子,勤务兵帮他补了又补,与其说是军装,倒不如说像被子。他肩上的铝星还是两个月前,从一个意大利二等兵肩膀上摘下来的。烛光无法缓解艾伦的压力,更无法抚平他眼角日益加深的鱼尾纹。4月1日他才刚满55岁,但看起来却老得多。他参加过弥撒,为自己和手下,以及那些下令让他们去送死的军官们祈福。"希望我的计划万无一失,"他写道,"这里的局势非常紧张,但愿能够早日结束。"

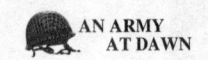

炮声打断了他的思绪，嘶嘶的白色炮火仿佛灼热的闪电流向山脊。A.B. 奥斯丁写道，掩护炮火"将山谷照得如同白昼。不知到底是地动，还是山摇"。一门105毫米口径榴弹炮一个小时最多能向面积为4.3万平方码的区域发射4 000发炮弹。目前，美国炮兵集中了300余门大炮，一分钟能发射11吨安装了新式雷达传感器的炮弹，可在目标上空40英尺处爆炸，杀伤力更大。每一轮集中打击后，炮兵们都要呐喊："阿道夫，来清点你的喽啰！"

步兵在受难日破晓时分大举发动进攻，厄尼·派尔写道："炮火映照出一列由黑钢盔组成的长长的队伍，行进缓慢。"就在埃迪的第9师横扫了位于左翼、横贯28英里的阵线之际，布拉德利集中第1师、第34师团和第6装甲步兵团的兵力，摆出一条长13英里、指向东北方向的半月形阵线，向敌人右翼发起进攻。大红一师将三个团散开，每个团向前延伸两英里，向那些根据高度命名的山头移动：如346号、350号、394号、400号、407号、444号、469号和575号高地。敌军的10个营严阵以待，都配备有虎式坦克。一时间炮声隆隆，山顶腾起橙色和红色的大火球，战场上硝烟弥漫。

还不到两个小时，他们就面临灭顶之灾，上帝对艾伦的祈祷置之不理。高高耸立在"老鼠夹"西南口的350号高地成了第18步兵团2营的伤心地，单受难日一天，他们就在这里伤亡了224人。3营在突袭位于以北两英里外的407高地的战斗中损失138人，营长为此失声痛哭。因为该师中路的大炮射程调得太短，误伤了第16步兵团的70名官兵。大兵们发现，每道山坡上都布满了杀伤性地雷，其中不少是撬猪刀或跳棍，弹到半人高才爆炸。第26步兵团一个连的军官和副排长非死即伤。该团的一名大兵听到战友撕心裂肺地叫喊，事后说道："我滚到他身边，他抬头看着我，说：'行行好，给我一枪吧。'"他话音未落就死了，没人给他一枪。

受难日早上，一位华盛顿要员来到战场，他生得五短身材、面部

第 12 章　最后的要塞：北非战场的终章

棱角分明。他当即断定，官兵们缺乏和敌人短兵相接的斗志。莱斯利·J.麦克奈尔中将来突尼斯，对美军的作战能力进行评定。身为美军地面部队司令，这是他的责任。出生于明尼苏达州的麦克奈尔是苏格兰人后裔，有一双蓝眼睛，两只耳朵的听力都不好。他生性孤僻、神秘，是 1917 年远征法国时最年轻的美国将军。麦克奈尔是炮兵出身，同事还是一位学识渊博的数学家，和别人带烟斗或《圣经》一样，计算尺从不离身，常说自己不过是个"卖苦力的人"，但一位同仁将他比作"长老会的雄辩家，出口成章，满腹经纶"。"不怕你犯错，"他常常将这句话挂在嘴边，"就怕你不做。"

凌晨 5 点，麦克奈尔来到艾伦"弥漫着灰尘的旧农舍"，大步走过院内冒着热气的粪堆，一口喝下一杯咖啡后，和乘"野马"赶到的特德·罗斯福就"一名三星将军亲临前线是否英明"这一话题激烈地争论了一番。明知山有虎偏向虎山行，麦克奈尔躲过警卫，乘一辆保险杠上挂着一块画有三颗将星的大牌子的吉普车，循着炮声一路颠簸冲上前线。在从左翼第 26 步兵团旁边经过时，他喋喋不休地喊着："我还没见过这样无精打采的部队，全军上下毫无斗志。"

当天下午，见 2 营大部被压制在一座山后，大兵们可着嗓子冲他喊："快把吉普开走！"麦克奈尔顿时暴跳如雷，嘴上不住地念叨着"这支不成样子的部队"！他不顾部下的一再劝阻，爬上山脊，来到一个炮兵观察哨，展开地图研究地形。12 发炮弹落在他身后，没有伤到他分毫，但第 13 发炮弹落在了山顶，当场炸死一个副连长。幸亏有头盔后沿阻挡，一枚弹片才没能击穿麦克奈尔的脑袋，只是镶在了他的头骨上。另一块弹片在他颈子和肩膀上划下了一道 7 英寸长的口子，割断了动脉。鲜血染红了展开的地图，他还犹自说："我算错了掩体的位置。"吉普车将他送到师急救站，军医剪开了他价值 16 美元的定做衬衫，为此他满嘴牢骚。输过血并注射过磺胺制剂之后，一辆道奇救护车沿着一条骆驼道将他送到了位于巴杰以北的战地医院。布拉德利及时赶来，将

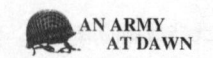

一枚紫心勋章别在麦克奈尔的睡衣上（偏偏又别倒了）。一架飞机先将他送往奥兰的一家医院，再撤回华盛顿，途中，麦克奈尔唠叨不休："美国大兵根本就不是在打仗。"

这当然不是真的。复活节这一周，500名美军大兵在突尼斯阵亡，另有2 000人受伤。即便是五角大楼的污蔑，也贬低不了他们的奉献。艾伦手下的官兵在南翼奋战，一天前进数千码，左翼埃迪将军手下的2.3万名官兵（由他手下第9师和法国非洲军团的4 000人组成）在浓密的草木中手脚并用地跋涉。

第47步兵团穿过7号公路沿线的剑叶草，直到格林和鲍尔德两座山出现在视野中。在路基和山脚旁边，随处可见英军三次攻打贾夫纳要塞失败后留下的烧焦残骸。第47步兵团并不正面发动进攻，而是选择在23日上午佯攻德军阵线边缘，牵制敌人，与此同时，两个姐妹团迂回到敌人背后，进行包抄。

长期以来，敌人一直都认为自己占据地利，阵线的地势牢不可破。一开始也的确是这样。冯·曼陀菲尔师9个营的5 000名官兵把守着位于贾夫纳和地中海之间的长达20英里的阵地，这里的防御工事之深，甚至需要用梯子才能在一些掩体上自由上下。第39团在7号公路以北地区首战失利，被一支德军侦察兵伏击，150名官兵被俘，其中包括团长J.特林布尔·布朗上校。不到一个小时，一名亲眼见布朗等人交出戒指和手表后被带走的上尉带着G连英勇反攻，杀伤45名德国兵，解救了俘虏，反败为胜。可惜的是，布朗上校的作战方案被逃跑的敌人带走了。午夜后不久，埃迪撤了布朗的职，让他卷铺盖回后方。

就这样日复一日。383号、432号、438号、513号高地等几座无名山头上发生的激战近在咫尺，大兵们拼命地忍住困意，生怕自己的鼾声引来敌人的手榴弹。山头夺了失，失了夺。山谷起了雾，显得愈发昏暗、阴森恐怖。一名军官形容这里的地势是"戏剧开映前漆黑的舞台"。面对敌军的反攻，美军炮兵一个劲地猛轰。磷光弹丢在友军阵

第 12 章　最后的要塞：北非战场的终章

线附近，不时就会见到大兵跌跌撞撞地冲出浓烟，制服上满是化学物燃烧留下的大洞。山顶清真寺呼唤信徒祷告的钟声引来受惊官兵的炮火，他们认为这是在给德国人通风报信。美军反间谍特工为防万一，在巴杰以东地区强行腾出了一块面积约为400平方英里的"阿拉伯人不得涉足"地带。

埃迪手下的军需官征用350头骡子和50吨饲料，在吉普车无法通过的路上拉运补给，每次驮队回来，鞍上都会绑着大兵的尸体。

敌人牢牢地守着格林和鲍尔德两座山头，作战部队却慢慢地从7号公路以北地区包抄过来。4月27日，第39步兵团在格林山以北两英里处，对贾夫纳形成包围之势。经历了一个月前的马克纳西一战后，尚在恢复元气的第60步兵团沿塞杰南河河岸一路向东挺进。到本月末，该团行进12英里，到达比塞大之前，还有一半的路程要走。法国非洲军团出动了3个打仗三心二意的营，沿着海滨进发。该部有几位人物颇为著名，其中包括一名西班牙元帅、一名犹太医生和一名因在"火炬行动"中帮助巴顿而下过摩洛哥大牢的反维希上校。但迄今最富传奇色彩的是一个北非连，即穿着一身肮脏长袍、脚跟用旧轮胎制成的凉鞋的摩洛哥土著人。这支正规军——美国人这样称呼他们——由一群打家劫舍、掳掠土著妇女的"无赖"组成。但他们也有他们的用处，特别是敌军传言北非兵以割下敌人耳朵的数量行赏，据说他们就像数十法郎的票子似的，将耳朵扔到出纳的桌上。为此，许多轴心国官兵睡觉时都扣下帽檐。北非兵午夜突袭，拎着装满兴许是无花果干的口袋不声不响地回来——想换纪念品的大兵们更愿意相信口袋里面装的是敌人的耳朵。

"再拿下一座山头！"每天早上，美国军官都以战友之间互相撒谎时冷冷的语气，向手下的官兵下达命令。每占领一座山头，炮兵就目测得更加清晰，下一炮就打得更准。在爱尔圭塔和马克纳西吸取了教训的步兵一次次地从侧翼逼退敌人。

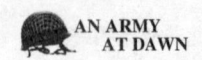

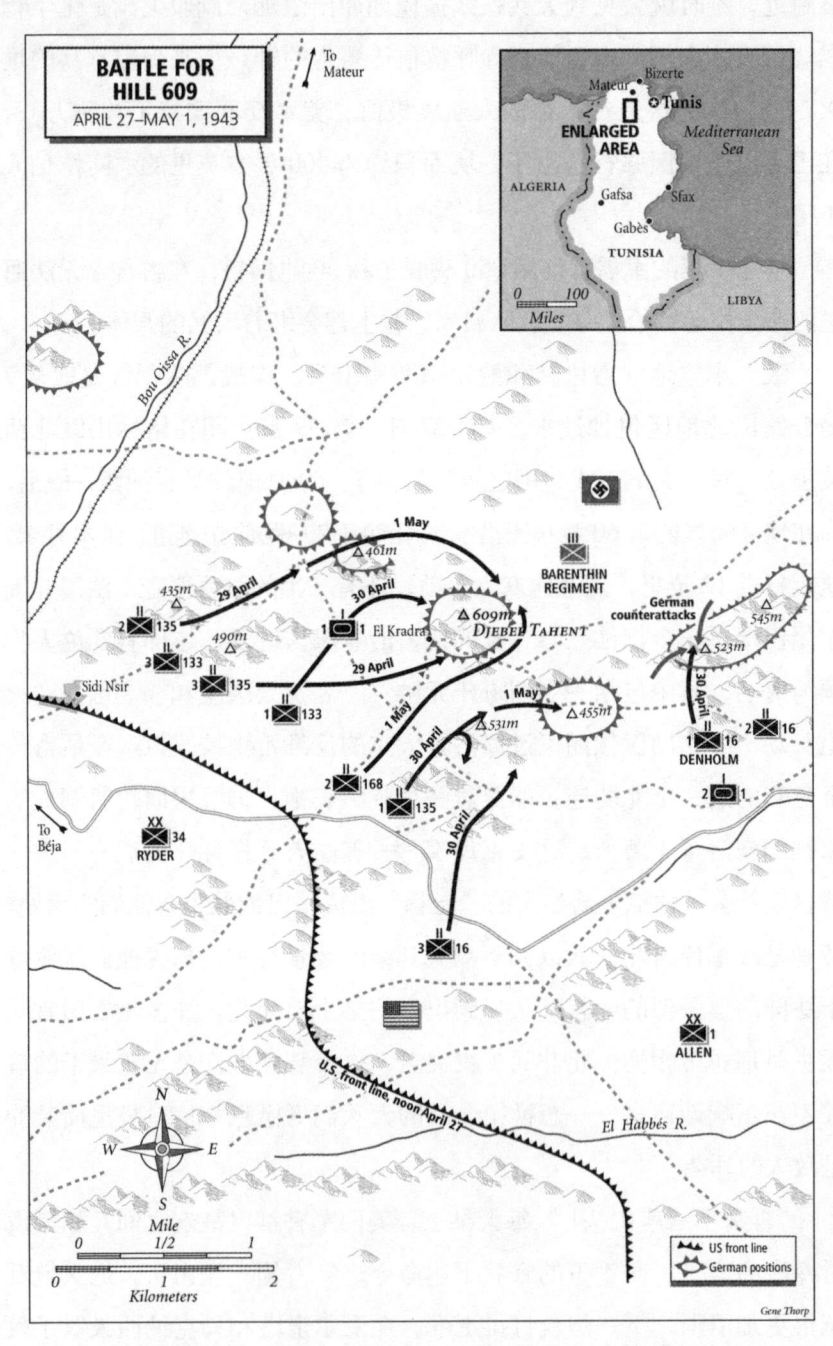

1943年4月27～5月1日，609号高地之战

第 12 章　最后的要塞：北非战场的终章

BARENTHIN REGIMENT 巴伦森团
German counterattacks 德军反攻
German positions 德军阵地
RYDER 赖德第 34 师
To Beja 往巴杰方向
To Mateur 往马特尔方向
U.S. front line, April 27 4 月 27 日美军前线
U.S. front line 美军阵线
ALGERIA 阿尔及利亚
LIBYA 利比亚
TUNISIA 突尼斯
Bizerte 比塞大
DJEBEL TAHENT 塔亨特山
El Habbes R. 哈贝斯河
El Kradra 科拉德拉
Gabes 加贝斯
Gafsa 加夫萨
Kasserine 凯塞林
Mediterranean Sea 地中海
Sbeitla 斯贝特拉
Sfax 斯法克斯
Sidi Nsir 西迪恩西尔

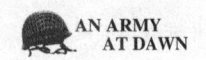

"再拿下一座山头！"这话虽然不怎么真实，但官兵们个个都能听出谎言中隐含的真理。

★★★

没有再比塔亨特更大的山头了，也就是美国人口中的609号高地。阿尼姆手下的官兵被第2军逼退6英里后，牢牢地守在了这里。4月26日星期一，布拉德利看出，609号高地是轴心国军队的要塞。

609号高地居高临下，位于美军右翼，西迪恩西尔东南方3英里处：这座海拔近2 000英尺的山头扼守着从巴杰通往马特尔的条条要道。山顶是一片长800码、宽500码的寸草不生的台地，东边和南边各有一道高50码的峭壁。在山顶上，通过望远镜可以看清位于12英里外的马特尔的一座座房屋的窗户，以及位于更远处20英里外的比塞大上空的袅袅炊烟。

除了南坡下的一小丛橄榄树之外，山上无遮无拦，只有断崖给守军提供了藏身之所——数不清的山嘴和缝隙。鹳鸟栖息在崖壁一道道风吹雨蚀的裂缝中，守军埋伏在山脚的碎石堆中。在稍矮的山坡上，金色的麦浪被风掀起，远远望去，仿佛整座山都在随风起舞。461号、490号、531号几座高度相近的高地主要由"巴瑞信"猎兵团（以团长沃尔特·巴瑞信上校的姓命名。——译者注）把守，组成一道纵横交错的火力带。该团多半官兵出身德军伞兵，或毕业于滑翔机学校，用亚历山大的话说，"是非洲最优秀的德军部队。"

安德森直接提出不管这座山。星期二上午，这位英军司令致电布拉德利设在巴杰的司令部："不要管那些在西迪恩西尔与你作对的敌人。将他们逼上山，尽量绕道而走。我并不要你逼退敌人，而是要你迂回到敌后，将他们在比塞大附近建立桥头堡之前一举歼灭。"然而就像平时一样，安德森转念一想，决定抽调美军一个步兵团增援止步不前的第一集团军。

第12章 最后的要塞：北非战场的终章

布拉德利大吃一惊，背地里说安德森"昏了头"。当天下午，在艾伦破败的农舍里，布拉德利将地图钉在图架上，向安德森解释为什么不能对609号高地置之不理。虽然大红一师取得了一定进展，却在这座山西南方几英里处暴露了部队左翼，德军炮兵也开始对艾伦的部队发起炮击。第1师还缺2 000人，其中包括60名军官，新提拔的上尉仅接受了15分钟的入门培训，就直接被送上前线。艾伦势单力薄，要迎战敌军5个营，必将面临609号高地敌军的大举反攻，左翼被攻击在所难免。此外，绕过609号高地就会回到地形处于弱势的山谷，再次引来其他山头上德军的迫击炮火。"所以我们必须拿下609号高地，"布拉德利断定。

艾伦拼命点头，随后又偏过头来，以免被烟迷了眼睛。安德森对着地图看了一阵，也跟着点了点头。提到抽调一个步兵团，布拉德利一口回绝。"除非有艾克的命令，否则我也爱莫能助。"之后，他对手下的参谋说："这一仗关系到美军是否能扬名天下，所以我只能出此下策。"艾森豪威尔很快表态："坚持你的立场，布拉德。"

布拉德利将目光落在了美军一支信心尽失、名誉扫地的部队。自3个星期前，在丰杜克惨败以来，第34师每天都在恶补夜袭和坦克对步兵战术，由师长查尔斯·赖德亲自带队，在炮兵的掩护火力50码后发起冲锋。布拉德利告诉赖德："给我拿下那座山，你就突破了我军前沿的敌军防线。拿下这座山头，就没人再敢质疑你部的勇敢。"

4月27日，第34师9个营沿着长达6 000码的前线横跨西迪恩西尔。一个假扮成德军逃兵的家伙硬说负责把守609号高地的不过是敌军一支负责殿后的、疲于奔命的部队，只需派出一个50人的排就能一举攻下。"全师上下异常兴奋，恨不能立刻上阵，"一名上尉事后回忆。但赖德认为最好"步步为营"，命部下先攻克相邻的山头，再攻打609号高地。

官兵们吃了点C级口粮，将水壶灌满，抽了最后一支烟。黄昏时

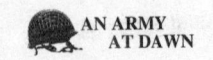

分，每名士兵都在钢盔后系上了白布条，方便身后的战友在夜色中跟上。工兵拿白色带子或包上手纸的石头标出通过敌军雷区的路。排长隔几分钟就披上毛毯，就着红光手电看一下指南针。"行行好，"夜色中只听一位连长喊道，"别停下。"他们刚摸到火力带，德军机枪就一挺一挺地叫了起来，划破了寂静的夜空，如同裂帛的风声。"我们猫着腰，跑、卧倒、开枪、再跑，"一名亲历者说。迫击炮弹落在两山的山洼里，黄色的照明弹在头顶开花。官兵们全体卧倒，除扭动的伤员之外，其他人死了似的一动不动。"我们趴在地上等天亮，听着山坡下100码处一个伤员的哭喊声，"一个大兵事后回忆道，"他的哭声越来越小，最后完全消失了。"

两次进攻均以失败告终，伤亡惨重，但第34师最终还是于4月28日星期三中午时分攻下了位于西迪恩西尔和609高地之间的435号高地和490号高地。击退了德军4次反扑。整整一天，山谷内炮声不绝，炮弹炸裂岩石发出的咔咔声不绝于耳。因为阿的平的副作用，数百名官兵上吐下泻。大兵们将这种人工合成的抗疟疾药称为"黄种人魔法"，用来代替被日本人独家控制的奎宁。他们恶心、浑身乏力，吐脏了制服的前襟，控制不住的腹泻弄脏了裤子，在星期四所剩无几的时间内又起身跌跌撞撞地向前冲。

第135步兵团3营从490号高地，对位于609号高地南侧的一座名叫科拉德拉的阿拉伯小村发起攻击，刚前进2 000码，山间就起了浓雾。德鲁·米德尔顿望着第一缕曙光说："像沿着皮科特冲锋的道路，穿过葛底斯堡夏天的麦田一样，顺着这些士兵留下的足迹越过麦田。"该营进攻位于右翼的531号高地时受挫，守军把手榴弹捆成一捆，扔向攀上悬崖的官兵，因为部队另一翼耽搁了，德军很可能要对科拉德拉的这个营发起反扑。609号高地的山坡上，大炮的炮口"仿佛点点火花，风中夹杂着机枪发出的猛烈的嗒嗒声"，米德尔顿写道。该营衣衫不整地退出小村，躲进了位于400码后的橄榄林。村舍内跳蚤肆虐，不少士兵不堪其扰,脱下鞋子、钢盔和子弹袋,一股脑儿地浸进汽油。数百发炮弹落在609号高地山头,用一名大兵的话说,"就像火山喷发,"但德军寸步不让,挫了美军的锐气。

赖德在609号高地受挫让特里·艾伦头疼,他怪第16步兵团"白白"挨了山上敌军的打。4月28日下午2点,他命令第1师的3个团等待第34师能顾好自己的左翼后,再发动进攻。艾伦致电赖德,追问他要多久才能攻下606号高地。

"你说的是609号高地吧?"赖德答道。

"不,我说的就是606号。我师的炮兵已将这座山头削掉了3米。"

星期四早上又毫无进展,艾伦忍无可忍。在此次进攻中,第2军伤亡2 400余人,近半数是大红一师的人,敌军的损失仍然不明,自受难日以来只擒获了400名俘虏。第34师用白磷光弹点燃609高地周围的杂草,再由狙击手一个一个地射杀被大火逼出来的德国人。因为觉得自己的师受赖德所累,星期四,艾伦只得命令第16步兵团再次发动进攻,占领位于609号高地正东1英里以外的一座有重兵把守的独立山头,即523号高地。该团团长乔治·A.泰勒认为此次进攻太过草率,提出抗议,艾伦却置若罔闻,依然我行我素。

艾伦为急躁付出了惨重代价。4月30日星期五,午夜刚过,天就下起了毛毛细雨,第16步兵团1营从南翼穿过一片麦地,爬上523号高地。凌晨4点45分,11名德军士兵被1营俘虏,另有12名被杀死或逃跑。不过,形势急转直下,顶着煤斗头盔的身影借着灰蒙蒙的曙光,冲出附近地震留下的山缝,包围了这座山头。接下来与"巴瑞信"猎兵团的混战"犹如一场巷战",一名生还者说。"由于两军短兵相接,我们不能叫炮兵。"他还说,怒吼顿时变成了"拳脚相加,外加手榴弹"。

炮声传到泰勒上校的指挥部,一名文书在日志中写道:"这个声音悦耳动听。"接着却发现这是德军的炮声。特德·罗斯福命令一个坦克连攻打山头,在一条狭窄的山沟内,3辆谢尔曼坦克被地雷和47毫米

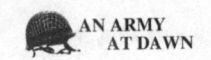

口径反坦克炮摧毁，领头坦克中了不下 24 弹，余下的在快到山顶时被击退。附近的观察哨可以透过浓烟看到这幕惨景，中午时分，他们向泰勒汇报："遍山都是德国佬。"中午 12 点 30 分，德国人丢下 100 余名死伤官兵，带走 150 余名俘虏，其中包括该营营长查尔斯·J. 德诺姆中校。在接下来的 24 个小时内，523 号高地三易其手。

而在 609 号高地上，一战定乾坤。布拉德利力排众议（一位上校说："头脑清醒的人是不会在山区出动坦克的。"），说动赖德于 4 月 30 日拂晓出动 17 辆谢尔曼坦克，沿着西面的山坡发动攻击。步兵们紧紧地跟在坦克后面，一手抓着坦克挡板，一手开枪。"上帝保佑各位，"第 133 步兵团的一位连长对手下说道，"我们必须拼死一搏，才能取得胜利。"来自艾奥瓦州格伦迪的一等兵爱德华·S. 科普萨就是"拼死"的那个，一发炮弹在他胸口撕开了一道口子，可以看见他心脏在跳动。"请告诉我妈妈……"话没说完，他的心脏就停止了跳动。但两个小时之内，在机枪和主炮不停歇的怒吼声中，坦克前进了 1 英里。下午 3 点左右，美军士兵攀上一条羊肠小道，赶出工事内的守军，占领了山顶。另外两个营从两翼包抄这座山头，第一支登上山顶的援军是第 168 步兵团 2 营，其中包括维利斯卡的 F 连和谢南多厄的 E 连。德军于五朔节当天发动的几次小规模反扑都被大炮和自动武器击退，侦察兵汇报，敌军已经全线撤退，不少部队都缴械投降。

"投奔我们的德国兵有的跑、有的仆倒在地，他们多半高举双手、形容憔悴，睁着一双惊恐的大眼睛，"第 16 步兵团汇报，"那些士兵们挥舞着白旗，到处都是一派战败的景象。"也有敌人举白旗佯装投降，一位妻子在维利斯卡一家廉价商品店打工的军士就中了敌人的诡计，不幸身亡，这让美军大兵们愈发瞧不起敌人。"24 小时内，"布拉德利指出，"从第 34 师前线就没转来几名俘虏。"

609 号高地的山顶形同地狱，半英亩见方的荒地上，到处都是遭炮火洗劫的痕迹，除了弹片和血迹斑斑的绷带之外，还有全家福，好像

第 12 章　最后的要塞：北非战场的终章

他们临死前掏出钱包，和亲人们做了道别。见到岩石掩体中的德军尸体，一名大兵联想到一幅关于内战的照片，照片里安蒂特姆河的栅栏旁边，堆放着膨胀的尸体。山顶上"尸横遍地"，另一名士兵写道，"臭气熏天。"虽说山上布满了"蛋糕上的葡萄干般密集的弹坑"，但都深不过 6 英寸，坚硬的岩石上只有一层薄薄的土壤。弹坑太浅，埋不下尸体，大兵们只好将它们扔进地震留下的裂缝，用推土机埋了了事。厄尼·派尔写道："经历过的人不禁要问，不知道有没有比这两个星期的山地战更惨烈的战争。"

第 34 师赢回了荣耀，但很快就被人们忘得一干二净。赖德损失了 324 名官兵，阵亡的美军尸体堆在卡车车厢内，被运下山。一名炮兵事后想起："卡车后箱板上挂着鞋子。"过了山谷，第 16 步兵团的一位参谋命令一名中尉带一支巡逻队返回 523 号高地。

"大概在 523 号高地上抓不到俘虏了。"

"抓不到了，"中尉也这么认为，"没俘虏可抓。"除了尸体和德诺姆上校的地图，山上空无一人。敌人逃之夭夭。和布拉德利预料的一样，占领 609 号高地打乱了敌军从地中海到"老鼠夹"的防线。一名登上 609 号高地的记者写道，"我们脚下的每条公路上都挤满了北上的官兵、大炮和补给。"

巴杰郊外，布拉德利坐在帐篷里的一张铁凳上审阅电报。他看着图架上用红蓝铅笔标明了敌军全线撤退路线和追兵追击路线的地图，兴致高涨，时不时笑出声来，用他副官的话说，他"抚着稀疏的、斑白的头发，自言自语"。北翼的第 9 师、南翼的第 34 师和第 1 装甲师刚刚发来电报，称他们准备通过"百老汇"和"赖利大道"这两条已经清除了地雷的通道，直取迪内河谷。敌军看来要溃退到 15 英里外的马特尔。这时候又来了一封电报，指出敌人可能反扑，布拉德利点了点头。

"叫他们来，"他说，"我们就想杀德国人。"

★★★

5月3日,马特尔被攻克,比亚历山大预计的早了三天。上午11点30分,第91侦察营从东西两翼进入这座空城,正赶上德国人炸毁了迪内河上通往东岸的最后一座桥梁。截至傍晚,工兵在这里架起了一座新桥。12条公路和铁路从马特尔通向四面八方,美军占领了这个镇,打碎了轴心国企图集中兵力,歼灭此刻仍在南20英里处麦杰尔达河谷奋战的英国人的美梦。

这里地势平坦,马特尔和比塞大之间的山脚下是两个大湖。燕剪春风,空气中飘着阵阵粪肥和新割下的干草的味道,路肩上栽种着两行整齐的白杨。在一座翠柏环绕的白色庄园里,官兵们发现办公桌上摊着一本俾斯麦自传。看来哈索·冯·曼陀菲尔将军这几个月一直将师部设在这座宅邸中。美军侦察兵坐在一处能够俯瞰迪内河的山嘴上,唱着"科罗拉多河上的月光",其他人则在马特尔的一座酒窖内喝得烂醉。第1装甲师师长下令日落时将他们正法。"将军,"一位上校参谋劝他,"我看还是让他们活到日出吧,这是规矩。"哈蒙将军不同意,经过再三权衡,才免了他们死罪。受伤的美军和德军俘虏同住在位于马特尔附近的一个急救站内,"抽烟的、骂人的、扮鬼脸的,什么人都有,"被救护车送来的一名肺部受伤的大兵冲一队俘虏打着手势小声说,"叫这帮杂种去死"。

数千名德军退到了最后一座堡垒里,即伊其克乌尔湖周围的群山。美军炮兵在脸上抹着巴巴索剃须膏当防晒霜,还戴着面纱,挡住乱飞的苍蝇,用大炮狠狠地痛击敌人,点燃了无数干草。"燃烧的阿拉伯茅棚和干草冒着冲天的浓烟,"一位军官写道。第13装甲团派出了一个连,将隐蔽在一座战壕内的德军殿后部队全部杀死。"在中型坦克火力下,坍塌的战壕活埋了不少敌人,"另一位军官说,"余下的则被坦克上的机枪统统打死。"指挥官赶着他们往前冲。"这是我们最后一次机

第 12 章 最后的要塞：北非战场的终章

会，"埃迪向第 9 师报告。"别让它溜了……给我冲！"哈蒙要手下的坦克兵把坦克开得"像飞机"。

★★★

几个星期以来，第 1 装甲师始终施展不开手脚，这次总算逮着了机会，这里的地形十分适合老铁甲军 200 辆坦克打追击战。亚历山大计划于 5 月 6 日决战比塞大，同时由第一集团军挂帅，挺进突尼斯。虽然敌军防线严密，但盟军对准比塞大的反坦克炮也是"针锋相对"。

如果说第 34 师在 609 号高地大捷前是全军最乱的一支部队，那么经历了凯塞林和马克纳西两场战斗的老铁甲军就是当之无愧的第二名。哈蒙花了一个月时间为这些"会哭的孩子"打气，而"孩子"们至今还在为效忠沃德或罗比内特分帮立派，"水火不容、千疮百孔"。但他也因为言语粗暴，让许多人弃他而去，其中当属 4 月中旬，像一份备忘录记录的那样，他斥责该师"纪律涣散、无组织无纪律、上下懒懒散散"。4 月 13 日黄昏时分，他将手下军官召集到四处散落着残骸的勒西达山坡上。哈蒙一通怒斥，用罗比内特的话说，"将过去的战绩一笔勾销"。他怒气冲冲地警告："整个师要攻打马特尔了，但或许你不在此列。"只有少数人有胆量提出抗议，大多数人都神情沮丧地返回各自的阵地。"他的话太不中听，"一名中尉事后写道，"当晚，我们一个个都伤心地上床睡觉。"

现在，他们到达了马特尔，大奖却是前面的比塞大。5 月 5 日，哈蒙驱车前往罗比内特的指挥部，带着这位 B 战斗群的团长，到一片开阔地私谈。大脑袋、体型如琵琶桶一般的哈蒙高出身材矮小的部下一头。"这些该死的坦克，你们到底愿不愿意打？"他问道。

"我们现在就恨不能投入战斗，"罗比内特一通抢白，"这些坦克一路打过来，还想继续打下去。"从不善罢甘休的他继而说哈蒙不该怀疑"官兵们的勇气"。哈蒙转身上了吉普车,怒火中烧的罗比内特回到帐篷，

607

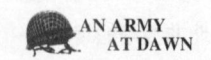

命令手下的官兵："不要理会把我们说得'一无是处'的无名之辈，我们不应忘记或无视对我们和那些阵亡的弟兄们的侮辱。"

几个小时后，哈蒙在师部召开了最后一次作战会议，决定于次日早上，即5月6日星期四破晓发动进攻，由B战斗群打前锋。但罗比内特在过去一个月的表现和态度始终令哈蒙放心不下。罗比内特"似乎只考虑防守和保存实力"，哈蒙背地里告知陆军部，"我认为他不具备在装甲师担任指挥官的素质。"经历了6个月的战斗，他已经心力交瘁。散会后，见罗比内特驱车返回自己的指挥部,哈蒙喃喃自语："妈的，看来那家伙明天根本不愿意为我战斗。"虽然草率且有失公允，但哈蒙心意已决，他召来司机，乘车跟上罗比内特，去解除他的职务。

白杨成荫的路上，在哈蒙快要赶上吉普车时，德军的大炮撕裂了天空。一发炮弹落在罗比内特身后几英尺，打烂了他的左腿，将他和司机掀出座位。树丛中又落下几发炮弹，B战斗群的士兵才跑出营盘，七手八脚地将受伤的团长塞进救护车，冒着炮火迂回到隐蔽在下一个拐弯处的团部帐篷。

几分钟后，哈蒙"铁青着脸"，掀开帆布门帘走了进来。一眼瞧见伤腿，哈蒙就知道罗比内特的战争结束了。罗比内特抬头，目光呆滞地望着他。他已经将B战斗群交给了本森上校。一个小时后，他被送往位于巴杰的野战医院，一路上叫苦不迭。一个军乐队还等着为他演奏"密苏里华尔兹"。而后，罗比内特乘机飞往阿尔及利亚，接着回国，经过几个月的医疗康复后，这个矮脚鸡结束了他最后一段军旅生涯。

"你即将大获全胜，"担架员抬他上救护车前，罗比内特嘶哑着嗓子对哈蒙说，"只可惜我不能在这里陪弟兄们出生入死。"

"不幸的杂种，"哈蒙摇了摇头，喃喃地说道，转身大步出了帐篷。

Tunisgrad
★★★

胜利的欢呼：攻陷突尼斯

要论非洲战场上最猛烈的掩护炮火，莫过于5月6日凌晨3点，皇家炮兵400余门大炮对麦吉尔达河以南5英里外的5号公路沿线目标的轰炸。第一集团军开展"打击行动"，集中兵力大举进攻突尼斯。"炮焰照亮了炮兵掩体，每分钟都有500到600发炮弹撕裂夜空，几秒钟后落到对面的山坡，仿佛遍地盛开的红色郁金香，"一位青年军官写道。炮兵在敌人前线每隔6英尺就发射一枚炮弹——而在阿拉曼战役中，每隔30英尺发射一枚——炮弹"仿佛一条涓涓溪流从我们头顶呼啸而过，近到你伸手就能点燃火柴"，一名亲历者称。1小时后，炮击暂停，继而又加大火力，每3分钟向前推进100码。通过空中侦察标出的72个疑似敌军炮阵都受到了多方关照：平均每座敌军炮台都遭到32门大炮的集中火力打击3次，每次长达两分钟。"黑压压的炮弹摧毁了一切生物。"不少能活动的物体也未能幸免，如一个侦察兵惋惜地汇报，一个装着8 000加仑突尼斯红酒的橡木桶被炸。

凌晨5点40分，飞机又对这片大陆进行了史无前例的轰炸。星

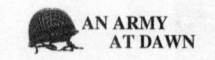

期四一天，盟军将出动2 000架次飞机，对从迈杰兹巴卜通往突尼斯的道路发起打击。遮天蔽日的战斗机和轰炸机轮番轰炸5号公路沿线位于马西科和圣西普里安附近的一块面积约4平方英里的地段。火力打击之后就是心理攻势：如雪片一般飘下的宣传手册忠告敌军幸存者，他们受了"隆美尔"的骗，被丢在非洲送死。

天刚蒙蒙亮，在一块宽3 000码的阵地上，一门博福斯高射炮隔3分钟便对准一个阵地发射3枚红色曳光弹，步兵们在曳光弹的指引下，潮水般冲了上去。在亚历山大的一再坚持下，蒙哥马利麾下的两个师和一个近卫旅负责支援第一集团军。他们乘坐着装有黄色保险杠的吉普车，车上吊着被烟火熏黑了的茶罐，从昂菲达维尔出发，几天之内就聚集了3万余人。虽说转移时允许开大灯，但由于多年的灯火管制，开灯行进的车还不到五分之一。山地部落和沙漠部落之间毫无手足之情可言，两支英国军队仿佛"粉笔和奶酪"，霍罗克斯承认，第78师的英国兵居然在车上写着："我们和第八集团军没有瓜葛。"但有了援兵撑腰，安德森势不可挡，破晓时分，英国第4师和第4印度师就在德军防线上撕开了一道两英里宽的口子。

4个坦克营冲了上去。在炮火或轰炸中幸存或没能撤离到后方的守军丢下步枪，撒腿就跑。尽管阿尼姆早就从截获的电报中得知了英国人的进攻目标，却无能为力。第五装甲集团军剩下不到70辆坦克，弹药和燃料严重不足。截至上午11点，英国装甲兵仅付出很小的代价，就突破了5 000码。安德森最初提出，让坦克暂缓前进，先扫荡这里的残兵。但亚历山大一口否决，要坦克"全速向突尼斯挺进"。事后，他解释道："长剑要直刺心脏。"

"整个山谷成了烈焰滔天的火海，"美国记者约翰·麦克文写道，"12条道路上空都弥漫着车队卷起的尘土。"硝烟和被车轮碾过的小麦散发出的味道让不少人忍不住蹲下身。司机挂二挡，在指南针的指引下穿过"犹如浓雾的烟尘"。记者艾伦·穆尔黑德这样描写亚历山大："他

第12章 最后的要塞：北非战场的终章

双手紧握方向盘，脸色苍白，仿佛沾了一脸面粉的面包店学徒，开车一路飞驰。"

盟军监听部门截获了敌军的电报，得知德军军医助理将被送往前线，充当步兵。没过多久，能走的伤员也按照命令加入了这支队伍。阿尼姆手下的军需官发出另一封电报，请求不要再从意大利送弹药过来，因为非洲已经没有燃料再对弹药进行配送。第三封电报上报，第15装甲师"吃了败仗……权当它已被全歼"。

鉴于德军的抵抗力量分崩瓦解，英国先头部队奉命继续向前推进，口令为"黄油"。一时间，前线的电台都在叫着："黄油、黄油、黄油。"黄昏时分，两个装甲师抵达马西科，步兵落后了8英里，距突尼斯还有一天的路程。一位英国上校在首都以西的一座山头上汇报："我能看见那座该死的城市的白墙。"

18艘皇家海军驱逐舰在西西里海峡来回巡逻，防止残余的轴心国军队在最后一刻逃亡。被胡乱开火的盟军飞机意外轰炸后，每艘舰只的甲板上都漆上了醒目的代表皇家的红色。盟军宣布，突尼斯沿海5海里范围内的水域为自由火力带，艾森豪威尔手下的海军司令则将当天的命令总结为："击沉、烧毁、摧毁，不放过一个。"

★★★

被"经纬"号货轮送往意大利战俘营的464名英美俘虏正在替罪人受过。5月5日夜，战俘被押往突尼斯一座已经沦为废墟的码头，登船前，每人只分到了四分之一块酸面包、一勺罐装肉、八个李脯和一勺"红十字"牌通心粉。美国俘虏中包括在523高地上被俘的第16步兵团的德诺姆中校和他150名部下。德军看守照例没收了俘虏的现金，开了一张正式收据，审问他们被俘的轴心国官兵是被送往加拿大还是美国。5月6日凌晨5点，这艘重达3 000吨的平底船缓缓从沉船侧畔出港，"沉船的桅杆就像森林"，一名俘虏如是描述。

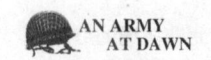

3小时后,第一波盟军飞机来袭,击沉了一艘护航的驱逐舰,"经纬"号不得不到卡本西北岸悬崖下的海湾隐蔽。炸弹在船体上撕开了一道道裂缝,机关炮弹穿透上甲板,惊恐万状的俘虏一个个都蜷缩在潮湿的货舱内。德国高射炮手奋起还击,第二轮进攻掀起的蓝烟笼罩着倾斜的船身。由于一次仅允许三个人上甲板方便,身患痢疾的俘虏们只好撬开舱板,直接在污水舱解急。德诺姆事后说,舱内"臭气熏天"。

船缓缓下沉,意大利船长于5月7日一早起锚,摇摇晃晃地返回突尼斯。盟军发起第三次进攻,一枚炸弹落进舱楼,却是枚哑弹。船靠近突尼斯港时,飞机蜂拥而至,每一发险些命中的炸弹都引来被锁在货舱内大兵们拼命的喊叫。"船似乎跃出海面,一阵惊心动魄的颤抖后又落了回来,"一名中尉事后回忆,"谁都不怀疑这艘船就要沉没,我们拼命地敲牢笼,喊着放我们出去。""完全崩溃的"30名意大利水手受不了第四轮轰炸,割下救生艇后跳进了海中。成了光杆司令的船长驾船驶向迦太基的一座名叫拉古莱特的小渔村,在离岸700码处冲滩。他和德国炮兵放了咆哮的俘虏们,然后乘仅剩的一艘救生艇上了岸。

这是一个漫长的下午,这艘船至少遭到了6轮攻击,却都幸免于难:盟军投了100多枚炸弹,除那枚哑弹外,一发都没有命中。英国兵扯下意大利国旗,德诺姆手下的官兵撕下客厅内的地毯和窗帘,在风雨甲板上摆了个大红十字。飞行员要么是没看到,要么是认为敌人诈降,仍连连不断地攻击,逼得他们又钻进臭气熏天的货舱。俘虏们放下一艘简易木筏,却被风吹往大海深处。几个英国兵游上岸去求援,一位勇敢的法国人驾驶一艘摩托艇,带着抗辩去见盟军,要他们停止进攻。"经纬"号货轮这才逃过一劫。据德诺姆说,榴弹炮和机枪在船体上留下了不下4 000余个孔。不可思议的是,只有1人身亡,3人受伤。

★★★

5月6日傍晚,哈蒙手下的第1装甲师冒着小雨向东挺进。A战斗群负责进攻位于比塞大湖西南岸的费里维尔，B 战斗群则向正东进发，控制比塞大和突尼斯之间的公路。德军的反坦克炮被一一拔除。原来预计将损失 50 辆坦克，哈蒙却将损失控制到 47 辆。在两座湖以北，埃迪手下的第 9 师奉布拉德利之命，沿 11 号公路直扑"比塞大"，阻止敌人破坏港口。

截至星期五上午，敌军留下一路烧焦的车辆和尸体，仓皇逃窜。记者 A.B. 奥斯汀写道："廷贾和费里维尔的妇女推着婴儿车，里面装满了德军亮闪闪的弹壳。她们用这些来做花瓶？还是当伞架？"一位乘坦克来到费里维尔的美军指挥官掏出洋垸，通过电台演奏了《威廉·泰尔》的序曲。欢呼的人群对经过的谢尔曼坦克和美联社战地通讯员哈罗德·V. 博伊尔挥舞三色旗，博伊尔站在一辆吉普车上挥手致意："投博伊尔一票 / 穷苦人家的儿子 / 忠实的哈尔 / '阿 - 拉伯'人的朋友！"人群欢声雷动，"投博伊尔一票"成了路边人群向跟在先锋队后面不明就里的官兵们的标准问候语。而同样莫名其妙的是大兵们在墙上或路标上留下的涂鸦："基尔罗伊到此一游。"这句话被一路写到了两年后的柏林。

第 9 师奔比塞大而去，第 1 装甲师的坦克将轴心国桥头堡一分为二，大红一师却在马特尔以南 8 英里的迪内河谷无所事事。特里·艾伦是个执意要打仗的战士，按兵不动可是要了他的命。奉布拉德利之命原地坚守阵地，以防"巴瑞信"猎兵团过迪内河反扑。5 月 5 日晚，艾伦制订了一个计划，旨在拔掉驻扎在河东几个山头上的敌军。第 18 步兵团提出异议，晚 11 点，特德·罗斯福和几位高参也认为，如果不去骚扰，"巴瑞信"猎兵团定会虚晃一枪，再退到以东较为平坦的地带。艾伦心有所动，开始向神明祷告。午夜时分，他下令发起进攻。

5 月 6 日凌晨 4 点 20 分，第 18 步兵团从迪内河通过 55 号公路，冲上麦浪翻滚的 232 号高地的山坡。凌晨 5 点 30 分，一个营在黑夜中迷了路，几个突击连被猛烈的机枪和迫击炮火力压制，进退不得。"到

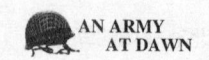

处是嗖嗖的子弹,"3营的二等兵马克斯·B.西格尔在日记中写道,"我们的进展并不顺利,许多人被击中,呼喊军医助理……不少大兵跑了回来。我尽量猫着腰。"早上7点,工兵在迪内河上架起了一座桥,但刚过了一辆坦克,桥就在一声巨响中断作两截。3营营长带着不到3打惊魂不定、一声不吭的手下跌跌撞撞地跑了回来。其他人则一动不动地在麦田里一直伏到天黑,生怕引来敌人的炮火。截至下午4点,各营和坦克都退到了迪内河对岸。第18步兵团共损失282人。"巴瑞信"猎兵团趁着夜色溜之大吉。

★★★

艾伦罪当受罚,连效忠他的人都怀疑他的判断。"我糊涂的司令啊,"约翰·T.科利埋怨道,这位传奇的中校在战场上获得了两枚优质服务勋章和八枚银星勋章,"我们挨了一顿痛打……完全是因为指挥官太过自负,他想登阵亡将士榜。"

星期五下午,布拉德利和艾森豪威尔来到位于迪内河以西一处枝繁叶茂的山谷,第1装甲师驻扎在此。细雨打湿了路面,伪装网随风起伏。洼地对面有一座破败的农舍,曾是德军的临时补给站,院子里丢了一地灰制服和非洲军团的硬壳太阳帽。自受难日发动进攻,这是艾森豪威尔第三次亲临前线,哈里·布彻说他是"抱蛋的母鸡……生怕踩破了蛋壳"。5月3日,他批准了出兵西西里的最终方案,现在就等着伦敦方面和华盛顿参谋长联席会议的首肯。有了投身突尼斯决战的闲暇,他见到了许多振奋人心的场面。"我们见天都在总结经验,"他给一位朋友写信道,"总之,同一个错误不能再犯。"他向马歇尔承认,"等解决了手上的事,我要休息24小时,任何人都不得打扰,"但他却向布彻提议,"等突尼斯落入囊中,我要好好喝一杯。"

他确实睡眠不佳,时常凌晨4点就醒来,在卧室里焦虑地踱步,一根接一根地抽烟,直到到早餐时间。虽说非洲大捷指日可待,但还有许多事需要这位总司令操心。"4月23日以来的战斗对我们的见解和计划有着一定影响,"他致信马歇尔,"我们连固守山国的意大利人都赶不出来,更别提德国人了。而对我们来说,突尼斯战役是一个绝佳范例,因为敌人占尽了地利。"

对于至亲,艾森豪威尔才肯承认自己在这里多待些时日具有重要意义。战争已成定局,统帅的意义才能得以彰显。他在给胞兄阿瑟的信中写到自己慰问"悲观的伤员","看着战场上腐烂的尸体,闻着臭味,感到无比悲伤。"他一声令下,就有成千上万的人去送死,而接下来还将有更多的人要血洒疆场。但他身为指挥官,担负着保卫祖国的重任,所以必须这么做。"我痛恨战争,决心要粉碎祖国的一切敌人,尤其是希特勒和日本人,"他告诉阿瑟。他还积极参与关于补给和人事的会议,似乎只需这样一厢情愿地出点力气就能尽快结束战争。就在这个星期,他还提议陆军军需官设计一款"粗羊毛冬制服,因为这种材料耐脏"。星期三,他写信给马歇尔:"我发现那些50到55岁的老兵已经不那么能吃苦耐劳。"

55岁的特里·艾伦跟跟跄跄出了帐篷,倒地沉沉睡了一觉,刚被叫醒。他形容憔悴、眼神迷离、头发凌乱。面对问题,他情绪紧张,只能冷淡地予以回答。艾森豪威尔和布拉德利放下放大镜,艾伦三言两语地介绍了前一天晚上进攻232号高地的情况。伤亡惨重,有几个连建制残缺,剩下的人数还不足一个排。他手下的官兵历经几个月的战斗,疲惫不堪。

掠过眼镜框,艾森豪威尔看着艾伦,他指出,英国人缺水、疲惫不堪,从阿拉曼到马雷特,在沙漠中一路追了隆美尔数月,但他们"坚持了下来"。艾伦答非所问,说自己的部下也一连征战了数个星期。会议结束,艾伦疲惫地敬了一个礼,两位将军起身出门。"艾伦要是打起精神、积极进取该有多好,"布彻龙飞凤舞地在日记中写道。

对于这次不快,艾森豪威尔一笑置之。"第2军精神饱满,而第1

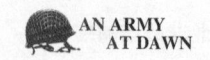

师消耗巨大,"几个小时后,他致信马歇尔。但布拉德利怏怏不快,称进攻232号高地"是愚蠢之举"。虽说艾伦能征善战,亚历山大甚至对德鲁·米德尔顿说,他是"两次大战中,我见过最优秀的师长",但布拉德利却认为他"不懂如何与人共事,与师级以上各级首长关系糟糕"。艾伦的不服管教和大红一师的自私自利令他伤透脑筋,有人管他们叫"天下第一",尤其是第1师要在西西里挑起大梁。

艾伦则在背地里说布拉德利是个"假冒的亚伯拉罕·林肯"。两人性格各异:一个是节俭、克己、有头脑的军长;一个是鲁莽、好酒、感情用事的师长。但布拉德利权力在握,而且总司令也对他言听计从(艾森豪威尔刚刚保举他为三星中将),这对艾伦不利。"从那一刻起,"谈到迪内河惨败,布拉德利这样写道,"我就对特里有了看法。"

★★★

艾森豪威尔和布拉德利驱车返回位于609号高地下的第2军军部新址,第894反坦克装甲车营营长查利·P.伊斯特本中校向第9师师部发出电报:"比塞大门户大开,请求出发占领该镇。"步话机上立刻传来了埃迪的回答:"去吧,祝你们好运。"伊斯特本集合了三个连,带上十几辆坦克,过了一条小河,折上11号公路。下午4点不到,一队人马就浩浩荡荡地穿过了比塞大西边的城门。

他们进了一座死城。此刻,这座原有70万人口的古老港城中空无一人,20余枚4 000磅炸弹和数吨小型炸弹将这里变为废墟。"我从没见过比比塞大更惨的城市,"厄尼·派尔写道。意大利式的房屋成了残垣断壁。盘山道两侧尽是烧焦的棕榈树干,不见一片树叶。店铺被轰炸过后又遭洗劫,腐败的气味和灰尘在雨中经久不散。这里的自来水已经断了三个月,斑疹伤寒和霍乱肆掠。

仓库和船厂成了一片废墟,重达100吨的吊机被连根拔起。偌大的一座天主教堂只剩下三面烧焦的残壁和一堆瓦砾。"穿过石砌的大门,就又到了天底下，"一名士兵回忆说。为躲避轰炸，德军兵几个月前就撤到了镇西的帐篷里。最近几天，他们又回来炸掉了被盟军轰炸机漏掉的码头、电厂和小渔船。伊斯特本中校在市中心的废墟上停下来，向一个法国醉汉询问去市政厅的路，机枪子弹在人行道上乱飞，88毫米炮弹在头顶炸裂。在当初由腓尼基殖民者开掘、用于连接比塞大湖和地中海的航道对面500码处的废墟中，闪耀着德军殿后部队的炮焰。

伊斯特本的谢尔曼坦克的炮口冒着烟，怒吼着予以还击。炮手们敲掉了埋伏在屋顶和一座尖塔上的德军狙击手。不少法国人跳出地窖，不顾墙上掉落的泥灰和狙击手的子弹，高举酒瓶向解放大军致敬，坦克每一轮齐射都能引来一阵欢呼。"太不可思议了，"一名英国联络官喃喃地说，"太不可思议了。"一个大兵全然不理会大街上谢尔曼坦克隆隆的吼声，在和平咖啡馆用一架破烂的竖式钢琴弹了一曲《去蒂珀雷里有很长的路》。"在场的人都起身肃立，轻声哼唱，可是没人记得全歌词，"一篇日记上写道，"这家咖啡馆仿佛置身世外。"

报道，德国兵死的死，逃的逃。法国非洲军团正式占领了这座城市。美军士兵乘着吉普车，载着一名从一家服装店救出来的丰满的服装模特，紧随法军之后。大兵们扯着嗓子，唱起了一首多达200节、歌词句句淫荡的军营小调：

> 比塞大不正经的格蒂，
> 裙子下藏了个老鼠夹，
> 夹伤了她男朋友的手指头……

侦察兵汇报，在以东几英里外的"沼地上有数百辆焚毁的车辆，曳光弹照得空中一片通明，等待敌人投降"。哈蒙的谢尔曼坦克一路开到突尼斯湾，瞄准几个企图乘驳船或小艇逃跑的德军，将他们炸上了天。战争即将结束。

★★★

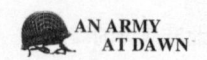

5月7日下午3点30分，突尼斯被攻陷了。从第一和第八集团军抽调的德比郡义勇骑兵团和第11轻骑兵团迅速冲进这座城市，却被皇家空军误认为是逃跑的德军，被一连轰炸3次。德军狙击手艰难地打着阻击，击穿了英国装甲侦察车的轮胎，轮子只剩一条钢圈的装甲侦察车冒着枪林弹雨，在鹅卵石地面上艰难行驶。与比塞大不同，除了沦为废墟的港口，突尼斯其他地区基本上没被战火蹂躏，被占领期间，18万居民也没有全部逃亡。法国人兴奋地在细雨中奔走，向解放大军投掷花环、喷洒香水。法国自卫队员唱着《马赛曲》，用滑膛枪和马枪追赶溃退的德军。

"街上到处都是熙熙攘攘的平民，随处可见带着女友走上大街、被吓得目瞪口呆的德国人，"一位步兵旅旅长事后写道，"老百姓以法国人的方式纵情高呼……一个大块头、浓妆艳抹的法国女人从身后一把搂住我的腰。"英国兵发现，有些德军军官在马杰斯缇克酒店喝荷兰杜松子酒，或等着阿拉伯理发师来修面。杰巴尔大街上传来阵阵沉闷的爆炸声，那是德国人在用手榴弹炸毁汽车。其余德国人则像是落荒而逃的土匪，开着破车，不停开炮，从大街上呼啸而过。"拿出你的武器，大兵们，"一位中士下令，"德国佬还在负隅顽抗。"大街上枪弹横飞，谢尔曼坦克放下炮口，对准可能是碉堡的建筑物猛轰。据枪骑兵汇报，该市通敌的总督被俘。激烈的交火声中，只听一个伦敦腔吼道："停火！蠢货！是我们！"

该市以东的那座白色大教堂附近，燃烧的燃料库腾起浓烟。国防军毁了大炮，又将轻武器堆在一起，开着装甲车从上面轧过。在欧韦奈机场，唯一起作用的东西是一个风向标。

"卡车上满载官兵，三辆一排。大兵们唱着喊着，源源不断地涌进市内。"在突尼斯对德国人打响第一枪的法国将军有幸领着部下挺进首

第 12 章　最后的要塞：北非战场的终章

都。后勤人员、随军商贩、报仇心切的法国人、欢天喜地的犹太人和兜售纪念品的小贩也蜂拥而至。军需官把最好的房子留给了自己的长官，还有因为将占领突尼斯写成"第八集团军一记左勾拳"而惹恼了安德森的记者。"难道就不能停止恶意中伤？"安德森致电艾森豪威尔，"我们是一支军队，为同一大业而奋战。"（"老天，"埃弗里特·休斯在日记中写道，"但愿我们能一时忘掉自己。"）

被反间谍部门称为 S 军的 10 支小队横扫突尼斯，占领了 130 个目标，其中包括分别设在 168 和 172 巴黎大道的疑似盖世太保和党卫军司令部，以及阿布德尔胡瓦大街一座用于训练阿拉伯破坏分子的建筑。此外，他们还拘捕了几十个身份可疑的平民，在巴布加迪德大道，其中一人自称"斯卡尔兹尼，意大利牙医"，到拉古莱特，他又改口说自己是"拉姆丹，突尼斯禽蛋商人"。

★★★

连月来，艾森豪威尔一直担心，轴心国军队会将卡本半岛变成顽固的堡垒。但随着比塞大和突尼斯被攻陷，阿尼姆面临的是燃料短缺和机动性极强的盟军，根本无法重振旗鼓。5 月 9 日白天，布拉德利的手下截断了比塞大通往突尼斯的最后一条路，在实质上结束了美军在突尼斯的战斗，而剩下的工作不过是清除叛党和将俘虏押送到战俘营。德国军官打着休战旗要和哈蒙谈条件，哈蒙援引格兰特在多纳尔森堡说的话，回答道："无条件投降！我劝你立刻改变主意。"为防万一，他又说："企图逃跑者，格杀勿论。"

没几个人敢逃跑。没过多久，美军每辆卡车和吉普车的引擎盖上都放了一顶德军钢盔，作为炫耀的资本。"打赢一仗，好比是赢了一场牌或抓了好多鱼，"派尔写道，"非常开心，令军人们振奋。"

在前两个星期，第 2 军的伤亡人数超过了 4 400，艾伦第 1 师的伤亡人数就占了一半。敌人在美军战区最后两个星期阵亡约 3 000 人，4.1

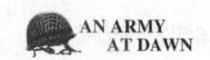

万人被俘。美军缴获了3万把轻武器，如果按照谢里登在阿波马托克斯处理联邦军毛瑟枪的方法来处理，足以摆满一路。那些在战役初期口若悬河的指挥官如今话都不多，5月9日，布拉德利给艾森豪威尔发去电报："完成任务。"

然而，远在南翼的英国人的决战并不顺利。负责把守昂菲达维尔的轴心国军队缺少汽油，要是不丢弃重武器，根本无法撤到40英里外的卡本。身在罗马司令部的凯塞林调遣潜艇运送燃料和物资到突尼斯（每艘潜艇装载20吨），但只有一艘抵达非洲海岸，艇长还找不到合适的海滩卸载军火。5月8日夜，德军指挥官心怀侥幸，希望能有几桶燃料会顺着潮水漂上岸，便给浮在海上的轴心国船只发信号，要他们投弃燃料桶。柏林令轴心国军队残兵"分乘小艇撤退"的公告引来德军和盟军嘲弄的嘘声。亚历山大发送情报时，引用了丘吉尔于1940年闻听德国要入侵英国时说的一句妙语："我们等着，鱼也在等着。"

一切都完了。占领桥头堡从突尼斯到比塞大北线的第五装甲集团军5月8日下午3点23分登好最后一条作战日志："坦克和大炮悉数被毁。弹尽粮绝、燃料耗尽。打算：战斗到底……为尽责尽忠，第5装甲集团军最后的战士向祖国和元首致敬。德国万岁。"第90非洲轻型装甲师命官兵砸碎包括手表在内的一切装备。

5月9日，在位于突尼斯东南10英里处的海滨胜地哈姆利夫，英国的步兵和坦克扫荡了6条平行的大街，清除了敌军狙击手。报道，天雾蒙蒙的，双方在楼梯今儿玫瑰园等地打起了拉锯战。十几辆坦克沿大街包抄敌人，"仿佛在水面上回旋的汽艇，掀起阵阵浪花，"一位记者报道。另有两支连队穿过小镇，左右转动的坦克炮塔吓得一支阿拉伯人送葬队伍四散逃进小巷。无所顾忌的法国人跳出地窖，为英国兵送上红酒和点心。一名英国中尉在突尼斯大公蓝白相间的残破夏宫大殿中发现了全体内阁成员。大公从内室走了出来，以主人的镇定邀请客人入席喝茶，殷勤地向英国国王和王后问安。"国王和王后万安，谢谢你。"中尉告诉他，然后以通敌罪将他逮捕。据说他的几位妃子反应激烈，但穿着一身绚丽的红黑制服的近卫兵当即洗劫了皇宫。

和迪内河的特里·艾伦一样，蒙哥马利认为被委派到边缘地带是自己命运不济。遂于5月10日出动第56师，向位于昂菲达维尔西北20英里处的扎格万发起进攻，结果损失400人，打了一场倒霉且多余的败仗。11日星期二，德军被赶出卡本，退守昂菲达维尔以北一处饱经战火的山谷。在几座被解放的城镇里，法国百姓欢天喜地地展开国旗，向英国兵抛撒忍冬花。5月12日，士兵们自12月以来首次获准燃起营火。舍伍德游骑兵端起用等量杜松子酒、葡萄酒、威士忌和炼乳勾兑的鸡尾酒庆祝胜利。

"回首过去的6个月，"一名上尉在给父亲的信中写道，"仿佛憋了一口气，这时候才吐出来。"5月12日夜，一名近卫步兵写道，"旷野上到处是点点篝火，每一点火光旁都隐约可见一辆谢尔曼坦克的轮廓。德国人列队迈着沉重的脚步去战俘营。我眺望月光下波光粼粼的大海，还能听见残余的德军在顽抗，肆无忌惮的枪炮声在群山间回响。"

在卡本半岛，安德森转身对霍罗克斯将军说："这一天，我期盼已久啊。"

★★★

俘虏数量先是上百，继而上千，再而上万，最后达到了20万，甚至有人挥着蚊帐或内裤做的白旗来投降。他们一身灰制服，排着整齐的队伍，操着令人讨厌的德国腔，吞掉每句话最后一个音，一路唱着《莉莉·马莲》。此外，还有人唱着忧伤的那不勒斯小调。他们个个衣衫褴褛，意大利伞兵像威尼托大街上的花花公子一样，将大衣披在肩上。他们有的乘着后挡板印有棕榈叶标志的非洲军团的深褐色卡车，有的乘着装满了行李和宠物狗的酒精卡车。除此之外，还有坐着梅赛德斯轿车，穿着一身华丽制服、将铁十字扣到喉咙、脚蹬锃亮皮靴的校官和将军，

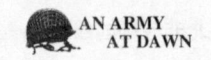

用一个大兵的话说:"不知道的还以为这帮杂种是去参加婚礼呢。"

"到处是德国人,"厄尼·派尔报道,"让我花了眼。"许多投降的士兵的确花了眼,却是因为喝醉了。5月9日,一支德比郡义勇骑兵团巡逻队报告:"发现19名海喝香槟的德国军官。"有的德国佬则点头哈腰,挥着手帕,殷勤地喊着:"英国兵!英国兵!"由于投降时找不到剑,一位军医院院长递给受降者一盒牙科器械。"巴瑞信"猎兵团、冯·曼陀菲尔师与赫尔曼·戈林师列队去各自的战俘营,看守用混杂着依第诸语的英语发布了命令后,唱起了自己的歌:

我们不是超人?
不,我们是超人,最牛的超人……

不少轴心国士兵乘坐小艇,或将自己绑在已经超载的飞机的起落架上侥幸逃脱。据"超级机密"统计,在决战的几天里,只有632名轴心国士兵撤走,盟军海军在海上抓获了700名企图逃跑的敌人,其中包括一名德军排长。一份近卫步兵团的报告书中写道,他"骑在电线杆上,满怀信心地划向"意大利。第15装甲师的散兵游勇们过了麦杰尔达河,却又被盟军的鸣枪示警给"劝"了回来。可是他们发现水太深,只好乘阿拉伯农民的大车去战俘营,每趟收德国人50法郎。

俘虏们涌进战俘营,A.D.迪万写道:"伟大的德意志成了院子里的小鸡。"法军司令凯尔茨将军向一批批俘虏宣告:"我们用苦难的昨天迎接胜利的今天!"国王龙骑兵卫队还缴获了第21装甲师乐队的乐器,包括一架只有两个琴键完好的钢琴。德国乐手为大家演奏了一首"滚啤酒桶",德军军官还组织了民歌联欢会、足球联赛和用伪装网做道具的杂耍表演。

5月5日,艾森豪威尔曾告诉马歇尔:"突尼斯的轴心国军队数量总计不到15万。"然而,这个数字还不到敌军总数的一半。投降的军队中包括大量的后方指挥部人员和意大利殖民官员。不到一个星期，俘虏人数就达到了22.5万，挤在只能容纳7万人的战俘营中。在攻克突尼斯之前，船只不足、码头灭虱设施简陋等问题就几乎令盟军运送俘虏的系统陷入瘫痪，现在更是雪上加霜。

通过精心计算得出的看守和战俘比例——1名看守看管20个意大利人，3名看守看管20个德国人——很快就成为空谈。所有的战俘加起来，总共需要8 600名看守，相当于半个师。俘虏们被塞进没有厕所的箱车，长途横穿非洲，一路上几乎没有饮水提供。一个大兵说，卡车中的意大利人如"沙丁鱼罐头般摆在一起，上吐下泻"。盟军拿汽油桶充当救生筏，将自由轮改建成监狱船，但还有许多俘虏不得不挤在阿尔及利亚沿海的居民家里，这里的塞内加尔看守偷窃成性。坐在驾驶台上的法国军官啃下巧克力，一点点地扔向疯抢的犯人们。

对某些人来说，这却不算什么。1943年夏天，美军宪兵司令至少记录了21起美国看守或法国殖民军看守枪杀轴心国俘虏的事件，其中大多是因为俘虏企图逃跑，但仍有几起没能给出合理解释。一份军方调查法国战俘营的虐囚报告证明，意大利俘虏被迫一连好几天地修铁路，每天工作14小时，除此之外，还要"被阿拉伯看守鸡奸"。"3个月来，40个人都没毯子盖、没鞋穿，11个人挤在一间只有一扇窗户的囚室。阿拉伯人从窗外冲他们吐口水、扔石头。"意大利俘虏逃跑被抓回来，"不管受什么处罚，哪怕是死，也不愿被交给法国人。""在131号战俘营里，58名俘虏被判决交还法国人看管时，一个个磕头打滚，求美国人说情，不要让他们回去。一名战俘甚至请求被处死，最后还是被强行塞上法国的汽车。"一位英国将军也说法国看守"用俘虏排雷，而我们认为这有违国际法，他们也不怕遭报复"。

★★★

挨饿、排雷、口水和鸡奸，轴心国的将军们倒是不必忍受这些，

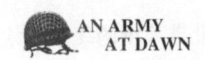

他们最多只是蒙受战败的耻辱。4月末到5月初，几位高官恰好身体有恙，要返回德国治疗，其中就有弗里德里克·韦伯和哈索·冯·曼陀菲尔两位师长。还有几位军官侥幸逃脱，但盟军最终还是擒获了十几位将军。四位陆军将军和两位空军将军向第2军投降。5月10日，他们饱餐了一顿C级口粮，才被引进布拉德利被称为"游乐场"的情报帐篷。在围着胶合板图架长谈期间，"修道士"迪克逊拼命地给他们递烟敬酒。据说，第15装甲师师长涕泗横流，说"美国人赢得光明磊落"。

盟军在南翼抓到了最大的一条鱼。5月12日上午11点15分，墨索里尼批准乔瓦尼·梅塞的意大利第一集团军投降。为表安慰，他提拔梅塞为陆军元帅，并在电报中说："阁下已执行了命令，大可体面地投降。"几经讨价还价，意大利人最后派出密使打着白旗去和提出"要么无条件投降、要么全部杀光"的英国人谈条件。在英国人给出的期限前10分钟，梅塞投降。被收押时，他还一个劲地说战俘营的帐篷太小。一位目击者说他"阴着脸"，坐在指挥车后座，"被俘的同胞列队走过时，他还从车中起身招呼，但没过多久，他就厌倦了，一屁股坐了回去，任由前不见头后不见尾的意大利兵从面前走过，头都不点一下"。

在海滩上找到一桶燃料后，阿尼姆和几个同党退到位于昂菲达维尔以北20英里的圣玛丽迪济特，和汉斯·克莱默将军非洲军团的残部驻扎在一起。希特勒"打光最后一颗子弹"这道命令引发了激烈的争论。"在现代战争中，最后一颗子弹到底意味着什么？"阿尼姆问道。5月12日，廓尔喀步枪兵翻过第二座山头，此时阿尼姆早就用完了最后一枚坦克炮弹。营盘中，一面面白旗如雨后春笋般冒出。克莱默发出了最后一封电报，告知柏林，非洲军团"已战到无法再战"。阿尼姆亲手烧了沙漠之狐4月送给他的拖车，派了个蠢头蠢脑的上校去找英国人的司令部。

他很快就把英国第5军军长奥尔弗里将军和第4印度师师长图克尔将军带了回来。数百名目光呆滞的德军官兵目送英国指挥官下了汽

第12章　最后的要塞：北非战场的终章

车，走进营房。在一道狭窄的山谷内，阿尼姆和克莱默笔直地站在非洲军团最后一辆完好无损、并用树枝精心伪装的汽车旁边。两位德国将军头戴高檐帽，上身穿着笔挺的制服，下身是绿马裤，脚蹬锃亮的马靴。相比穿着破作训裤和掉底沙漠靴、顽皮地自称"冯·塔赫尔将军"的图克尔，阿尼姆好像"要去波茨坦阅兵"，一位目击者说。

阿尼姆会讲一口流利的英语，却用法语告诉英国人，他"不能改变希特勒的命令"，交出北非残兵。奥尔弗里誓将"他们从地图上抹去"，给阿尼姆15分钟时间收拾行李。"他不能接受个人武器被收缴，"奥尔弗里事后回忆，"所以拔出手枪，愤愤地扔在地上。"图克尔笑嘻嘻地讨要他的小折刀，"满面通红的"阿尼姆将刀"当啷"一声扔到桌上。他手下的参谋在汽车外排好队，阿尼姆简短地说了几句，和他们依次握手，行纳粹礼。

"他随后上了自己的车，站在前座，临走时和部下一一打招呼，"奥尔弗里回忆说，"我不喜欢这个人……早走早好。"一支英国卫队护送阿尼姆出了山谷，开上去突尼斯的路，沿途不时可见曾经不可一世的大军被烧焦的残骸，和一队队高喊着"冯·阿尼姆！冯·阿尼姆！"并抬胳膊向他敬礼的俘虏。阿尼姆将被送往阿尔及尔一座建在足球场内的战俘营。艾森豪威尔故意怠慢他，不给他说话的机会，开了两年后不交出兰斯就不和德国将军说话的先例。一位英国中校征用了阿尼姆的轿车，据说这辆斯太尔－戴姆勒汽车的引擎有28个正向和反向齿轮。从大火中抢出来的拖车则被送往印度，作为募集慈善基金时展出的古董。

他负气不交出最后一支军队并不能阻止轴心国军队不攻自破。5月13日星期四下午1点16分，亚历山大给丘吉尔发了一封文绉绉的电报："阁下，属下谨向你报告，突尼斯战役结束。德军全线停止抵抗，我们已经成为北非海岸的主人。"

后 记

1943年5月20日星期四，突尼斯晨风送香，一轮红日爬上一碧如洗的天空，人行道上的影子渐渐躲进墙角。上午11点，树荫下的气温高达92华氏度，用一名士兵写在日记中的话说："热得要命。"但在棕榈遮阴的朱尔·费里大道上仍然人头攒动，这里即将举行结束北非战役的阅兵式。孩子们爬上树梢，或在人群中钻来钻去。小贩沿街兜售法国、英国和美国小国旗，"好似一群兴高采烈的球迷，"哈罗德·麦克米伦在日记中写道，"街道上、房屋里，甚至是屋顶上都挤满了人。"

临近正午，伴随着呼呼的风笛声和沙沙的格子呢摩擦声，苏格兰团的一队风笛手和鼓手走进了人们的视野。风笛手迈着整齐划一的碎步，走向空无一人的检阅台，旋即转身后退，沿着大道各就各位，卖力地演奏着风笛。接着，一支由高大的近卫步兵组成的仪仗队入场，鞋钉敲击着地面，发出咔咔的清脆声响，用一位美国军官的话说，"迈着无异于白金汉宫卫兵换防时准确的步伐"就位。因为痢疾和高温，近卫军方阵的大兵们渐渐支撑不住，有的晕倒有的退出，人数越来越少。

团军士长"使出浑身解数,乘人不注意轮流撤下病号"。

一队轿车停在检阅台前。艾森豪威尔穿着马裤和齐膝高的马靴,握着手杖,在前排目光呆滞的吉罗将军旁落座。坎宁安、亚历山大、特德和安德森这几位得力干将分列其后。一身薄西服的麦克米伦和罗伯特·墨菲在最后一排就座。其余人员依次按照军衔或身份的高低入席。布拉德利和巴顿被安排到了挤满末流贵族的看台边,布拉德利愠怒地说,自己被安排在一个"腰上系着一条紫色绶带的法国大牧师身旁。绶带挡住了他的便便大腹,将他扮成一支镶着紫水晶的大十字架"。

中午时分,隆隆的炮声响起,人们误以为是空袭,都被吓了一跳,但这不过是开始阅兵的信号。头戴白帽、肩镶红色肩章的外国军团乐队演奏着进行曲迈步经过时,人群欢声雷动,一支黑人卫队的出现引起观礼台上的人们阵阵欢呼。朱安将军带领一支法军分队紧随其后,故意在阿拉伯人和变节分子面前显威风。他们十人一排,列队行军一个多小时,平顶帽、贝雷帽、大檐帽、头巾、红马裤和束腰蓝制服,参差不齐的装扮令他们活像一支欢悦的喜歌剧团。身披红斗篷的阿尔及利亚骑兵跨着白马,高举军刀敬礼。光着脚的阿尔及利亚、摩洛哥和塞内加尔狙击兵迈着轻松的步子走过。紧随其后的是步履蹒跚、留着大胡子、一身条纹长袍的北非士兵小分队,他们背着皮囊,惹得大兵们都忍不住去按一按,看看里面装的到底是不是敌人的耳朵。而后还有踢着高步、一色金发的德国人和波兰人的法国外籍军团。

美国人紧随法国人之后。一支乐队演奏着"星条旗永不落",与第 34 师第 135 步兵团共同踏上人行道,一阵风似的走过(因为他们在 609 号高地上的英勇表现,被选为美国步兵的代表)。官兵一把火烧了满是虱子的作训服,换上崭新的橄榄绿毛裤,放下衣袖,扣子一直扣到领口,钢盔半掩着他们的脸。哈蒙将军说,这支军队走路像"没见过世面的阿肯色乡巴佬",巴顿则抱怨"我们的人在检阅中表现欠佳,我看我们还缺乏身为军人的自豪感,必须要培养这种感觉"。成千上万的观众却不这么看，人行道和露台上一片高呼："美国万岁！"年轻人则冲上大街，和解放者击掌。

接着又是风笛手。一曲绵绵的"森林中的花朵"送走了最后一队美军，英国人旋即进入视线，近1.4万名官兵分九列纵队，由伊夫利将军带队。每一名队员都接到了细致如作战方案般的指示，如"要擦亮乐器"。乐器闪闪发光，官兵们穿着短裤和齐膝的袜子，头戴贝雷帽或军便帽，敞开领口、将袖子卷到胳膊肘，露出健壮的四肢和黝黑的面孔。麦克米伦冲"迈着阔步走过的官兵"微笑，一位美军上校承认，"英国人是压轴戏。"他们九个九个一排，毛利兵、澳大利亚兵、锡克兵和冷溪兵，每个方队间隔20码。他们"啪啪"走过主观礼台时，随着指挥官一声清脆的"向右看"，齐刷刷地对贵宾行起注目礼。一队"喷火"战斗机和B-17"空中堡垒"轰炸机隆隆地从上空掠过，摆动机翼致敬。

★★★

阅兵队伍在一曲《胜利号》和尾随英国步兵的谢尔曼坦克发出的声响中散去。最后一门大炮和过了观礼台，喊哑了嗓子的观众爬下了树。被准予释放的几百名意大利俘虏一边冲着所有走过的方阵热情欢呼，一边抱怨卫兵将他们挡在铁丝网后面。艾森豪威尔爬上车，前往不远处的总督府，朱安将军宴请了70位客人，同时在一张长桌上就座。用哈利·布彻的话说，之后他们要在一个"金碧辉煌的王宫"内举行的仪式上与新大公交接，他是遭罢黜的通敌者的叔叔。还在为被赶出主观礼台而愤愤不平的巴顿与布拉德利返回阿尔及利亚，为登陆西西里做准备。巴顿大发牢骚，说阅兵"纯属浪费时间"。

即使在酷日下晒了两个小时，艾森豪威尔依然兴致不减。一名记者说他"清癯、黝黑、身手敏捷，开心得像个小学生……队伍经过时——还礼。阅兵结束，他抽着烟，与各领导人谈笑风生"。

"打赢对突尼斯战役并不能打动我，"他实话告诉马歇尔。突尼斯

后　记

阅兵式这个主意吓着了他，他想将其改为低调的纪念阵亡将士的活动，但没人愿意采纳他的建议。他依然失眠，兴高采烈只是这位总司令示人的假面。

因为这场战争，艾森豪威尔的变化非常大。他始终以一个堪萨斯小镇人自居，说自己"天真、头脑简单，做不了阴谋家"。他待人真诚、活力四射。肩负重任时，他表现出令人钦佩的风度和品格。但不能说他没有心机。天真往往是一个满腹心机的阴谋家的好幌子。达尔朗事件告诉他，某些事情即便是由他负责，也不能出风头。弗雷登多尔等指挥官的缺点让他学会严格、甚至不留情面地对待下属。他还懂得了一个残酷的法则：如果一支军队想打胜仗，必须有人阵亡。

"在这场战争中，美国人迅速培养出了属于他们自己的伟大军人，这是我们愿意见到的。"一位英国将军事后说。艾森豪威尔就是这样一位伟大的军人。这位将军还说，1942年秋天，艾森豪威尔还只是身经百战的英国同仁的"训练有素、忠心耿耿的部下"。如今，他已然成为了一位合格的司令。他的儿子约翰后来写道："1942年出征欧洲前，我知道他是一个锐意进取的聪明人。"北非战役使他"从一个简单的人变成一位重权在握、呼风唤雨的大人物"。

★★★

虽然庆祝了战争胜利，但还有些小问题需要处理。

一支小舰队从波尼出发，解放了地中海小岛拉格利特，一位英国海军军官说，在舰上与岛民的庆祝仪式一再被迫中断，"先是打捞代表团不时扔到空中、被风吹下海的帽子，再就是打捞落海的市长。"盟军搜救人员遍寻轴心国丢弃在突尼斯的物资，但据称"没发现多少有用的东西，武器多半被摧毁"。数千名工兵开始扫雷，但地雷仍危害着平民和士兵，6月6日，凯·萨默斯比的未婚夫理查德·R.阿诺德少校在塞杰南触雷身亡。60年后，突尼斯当局平均一个月仍要起出50枚未爆炸的炸弹、炮弹或地雷。据战略情报局秘密文件记载，法国最高统帅部不失时机地在突尼斯展开了"针对穆斯林、在一定程度上是针对意大利人的残酷战役"。在轴心国军队占领突尼斯的6个月间，凭借宣传、反闪族法令和一系列的经济举措，如分田地、以劫取的法币增加工资，在阿拉伯人中深得民心。战略情报局揭露，为报复占领期间阿拉伯人背信弃义，"法国人推行了恐怖统治，随意逮捕并拷打穆斯林"。据称杰尔巴岛集中营羁押了3 000名阿拉伯人，殴打和大屠杀时有发生。警察和恶吏"在这里胡作非为，羁押、拷打甚至杀害仇家"。法国官员向西吉·布·吉特村的阿拉伯人索取2 500万法郎，说是赔偿土地遭劫的法国农民。战略情报局称，此举有违盟国宗旨，"不仅给法国当局，而且给美国和英国抹了黑"。

  由于忙于登陆西西里，艾森豪威尔和手下的副官无暇顾及此事，但大多数盟军官兵无法坐视不管。官兵们个个都在为下一场战役做准备，一连数日蒙头大睡，用手榴弹在比塞大湖炸鱼，之后便是训练。不少人心头萌发了浓浓的乡愁。连斯帕茨和特德都将西北非看作一场漂亮仗：一帮勇敢的兄弟打的一场轻松、无牵无挂的仗。

  目光敏锐的军人却没这种幻觉，全军上下是冷言冷语。"我是耶稣的小羊羔，"大兵们相互说，"我发誓我是。"厄尼·派尔见过太多不幸，直言不讳地问："不知还有多少大兵将血洒疆场，可那又能怎样？"虽然都对战争有着清醒的认识，但官兵们仍然会想入非非，坚信自己已经尽了作为军人的职责，将要解甲归田。"在非洲，座座军营谣言四起，"一个大兵说。老兵见不少新兵员源源不断地抵达突尼斯。以为至少可以享受一次探亲假。卢西恩麾下的第3步兵师刚刚抵达突尼斯。该师有一个生着一张娃娃脸、只上过5年学的孩子。他来自得克萨斯乡下，嗜赌成瘾，想要参军，是因为"可以一觉睡到5点半"。还不到19岁，体重不足110磅的一等兵奥迪·L.墨菲将成为史上立功最多的美国战士，但就算他如此优秀，也不能使大多数官兵在这段期间免于服兵役。

后 记

手下官兵的自欺欺人引起了查尔斯·赖德的注意，5月中旬，他将全体军官和军士集中到位于马特尔附近的一座小山上，对他们说：

> 全师上下谣传第34师官兵已经尽了作为军人的职责，已经受够了罪，就要打道回国。不过，先生们，在下今天要告诉各位，这场战争一天不结束，第34师就一天不回国……随着这场战争的持续，局势愈发严峻，还有更加艰巨的目标等着我们攻克，随着德军战线收紧，我们还要遭受更大的伤亡。我们要到欧洲战斗，相比之下，突尼斯战役不过是场实弹演习。

这是实话，一个大兵说起了怪话："赖德将军他老人家以部队为家，他太太大概不在乎他回不回去。"

高层指挥官们多半都参加了意大利战役或法国北部战役，诸如艾森豪威尔、布拉德利、巴顿、克拉克、亚历山大和蒙哥马利，他们还要继续与凯塞林、隆美尔交锋。不过，对某些人来说，非洲成了他们舞台的终点。5月12日，安德森在给艾森豪威尔的信中写道："不论将来如何，与弟兄们一同出生入死将是我此生最骄傲的一段记忆。"安德森过得并不顺利，由于蒙哥马利等人将他说得一无是处，回国后他被封为骑士，直到诺曼底登陆才恢复军衔、重掌兵权，战后担任直布罗陀总督，直到退休。

罗伯特·穆尔回国了，自在丰杜克负伤后，他与当初的娃娃上尉判若两人。穆尔奉命到佐治亚训练新兵。两年前他带出的维利斯卡的F连"如今所剩无几"，5月12日，他在家信中写道，"只剩下七八个人。全家团聚是一个大喜的日子，不是么？"

1943年7月15日的确是一个大喜的日子。穆尔拿着手下送的告别礼物——一只骆驼皮制公文包，于上午9点30分走下伯灵顿6号。7岁的女儿南希跳进他的怀抱，一家报社的摄影记者捕捉了这个瞬间，为此还获得了普利策大奖。小镇鸣笛欢迎穆尔荣归故里，他家杂货店门前的第三大道两侧国旗招展。罗伯特·穆尔尽忠尽责地打完了这一战，回国后担任艾奥瓦州国民警卫队准将，于1964年退休，其时家中的杂货店已关了一年。他1991年去世时，送葬的队伍高唱《共和国战歌》，传颂青年罗伯特在凯塞林隘口一战中，带着手下一个营安然越过德军阵线。长老会教堂门口的留言板上只写了一句话："老兵不朽。"

★★★

在北非伤亡的新兵数以千计。在"火炬行动"和之后的突尼斯战役中，盟军伤亡7万余人，头脚相连可达80英里，从阿尔及利亚边界一直排到突尼斯。英方伤亡3.8万人，第一集团军占三分之二，第八集团军占三分之一，其中6 200人阵亡，1.06万人失踪或被俘。法军伤亡1.94万人，阵亡和失踪将近一半。5月中旬，法国阿尔及利亚各部回国时，官兵们排在大街上点名。点到阵亡的战友，记者约翰·达西·道森写道，只听一个深沉的声音答道："阵亡！"继而响起鼓声，观众脱帽，女人低头在胸口画着十字。

美军在"火炬行动"中伤亡1 000余人，11月中旬到次年5月中旬，伤亡18 221人，其中2 715阵亡，近9 000人受伤，6 500余人失踪，虽然在此战中，步兵只占海外兵力的14%，但伤亡却高达70%。仅第34师就伤亡、失踪4 000人，占赖德四分之一的兵力，与艾伦第1师的情况相当。有些单位简直就是遭受了灭顶之灾。第6装甲团1营有734人参加了"火炬行动"，6个月内就伤亡了455人，占总人数的62%。该营A连半年内损失4名指挥官，中下级军官的伤亡非常严重。英国各级军官的伤亡同样惨重：6名营长于11月参加了第一轮进攻突尼斯的作战行动，仅剩的一位在5月最后一轮炮战中阵亡。阿盖尔萨瑟兰高地团8营的情况也很糟糕，自登陆布日伊，共49名军官伤亡，是该营一般情况下配置军官数量的1.5倍。

后 记

　　轴心国军队的伤亡仍不确定。在最后一个月的混战中，对俘虏、坟墓和伤兵数量的统计前后不一。据估计，德军阵亡人数超过 8 500，意大利军阵亡 3 700 人。伤员数一般是阵亡人数的 3～4 倍，达 4～5 万。

　　德意两军的战俘人数一样存在争议。5 月末，盟军登记在册的伤俘人数为 238 243，其中德国人近 10.2 万。阿尼姆认为战俘总数将近 30 万，这其中当然包括他自己，而隆美尔的前任参谋长认为德军被俘人数将近 16.6 万，俘获敌军 25 万人是个合理的数字。戈培尔私下称北非失守是"第二个斯大林格勒"，他在日记中写道，"我方损失巨大。"此话不假，和斯大林格勒一样，德国师有一半被歼灭，突尼斯的战俘营因后方指挥部的"废物"而人满为患。

　　但此战以一方惨败、一方得意洋洋而结束。暂且不论轴心国军队伤亡人数统计是否准确，歼灭敌人两个集团军，而敌军在北非作战的士兵数量已变为零，这一点确凿无疑。

★★★

　　用丘吉尔的话说，以 7 万人伤亡的代价拯救了"一块大陆"。不过，盟军赢得的不仅仅是版图。与德军第一次对阵，美国人收获颇丰。美军 4 个师为远征、两栖战、山地战、沙漠战和巷战这 5 种战斗积累了宝贵的作战经验。官兵们懂得了地势、多军种配合、积极侦察、突袭和装甲部队的意义。他们也饱尝被轰炸、被炮击和被机枪扫射的滋味。用一位将军的话说，他们给艾森豪威尔提供了"十万精兵强将"。

　　但他们仍任重道远。特拉斯科特担心美军"小有成绩就沾沾自喜"，有些指挥官文过饰非。布拉德利认为此战"证明美国兵不愿与敌人短兵相接，这是他的一块心病"，特拉斯科特说，"我们何苦要自欺欺人？"坦克兵和步兵紧密配合的重要性很快就被抛诸脑后，再一次学会还需要付出血的代价。历史学家埃里克·拉拉比曾经指出，北非是一个"可以混迹于此，展示作战和指挥才能的地方"。

这里也产生了这场战争后期才出现的种种事物：有些动人心弦，如法国重归民主同盟；有些令人感到悲哀：如布拉德利、巴顿等人的仇英心理；亚历山大瞧不起美国人的军事才能；种种龃龉、口角和不和。其中意义最为深远的莫过于英美联盟势力的重新洗牌，美国凭借军事力量和综合实力占据了主导地位，其影响不仅延及战后，更延伸到了下一个世纪。

60年后，展现"作战和指挥才能"依然令军人们感到高兴。"军人为三件事而战，"赖德说，"一是荣耀，二是集体荣誉，三是憎恨。这三样被第34师占齐了。"当时，来到摩洛哥和阿尔及利亚的美国人多半认为自己是在为别人而战，但如今，他们已经全身心地投入战斗。德鲁·米德尔顿指出，自突尼斯战役后，"'二战'变成了盟国间的竞争"。

不少人对战争有了属于自己的新理解。"这里是非分明，"一个来自艾奥瓦州的大兵在给父母的信中写道。第13装甲团一名下士告诉自己的女友："等这一切统统变成遥远的记忆，我可以在别人面前高高地昂起头颅。"他们个个都抱着固执的乐观。"我们不懂什么叫失败，"一名大兵写道。"我们还没想过要吃败仗。"自登陆摩洛哥起一路陪着美国人的一位英国少校总结，美国人"实属另类，除非对他们下达命令或进行说服，他们才能做好"。

非洲战役鉴证了责任、友谊和生存的意义，哪怕是大兵们戏谑的话。"我不能死，"一名中士写信给姐姐，"如果死了，我就不能为政府效力了。"但撇开玩世不恭，却发现他们战斗的真正目的：回家。一个大兵写道："我们都有一个为之战斗和活下去的目标，我们每天都希望并祈祷能够早日踏上归程。"

然而非洲只是漫漫征程的第一步。"首次参战委实鼓舞了士气，"丘吉尔事后写道。不到一年前，轴心国军队还在各前线所向披靡。隆美尔猛攻埃及期间，难民涌向开罗火车站，吓坏了的英国外交官在花园中焚烧文件。如今轴心国只能派出潜艇四处攻击，一日不如一日：

后　记

自 1941 年以来，盟军的第一支舰队纵跨地中海，于 9 天后平安抵达亚历山大。

希特勒完全丧失了战略主动，连凯塞林都看出同盟国阵营的军队势不可挡。他事后评论："你们在突尼斯首次展露了空军的优势。"一家瑞士报纸报道，柏林人"抱头鼠窜"，而失去了殖民地的意大利更惨。盟军的频频轰炸令法西斯分子显得愈发无能。5 月，一位身在罗马的德国将军汇报："欧洲目前只有一个意大利装甲营在西西里准备迎战，装备是清一色过时的法国坦克，如果敌人初战告捷，目前普遍为人们相信的宿命论势必扰乱人心。"据说墨索里尼心力交瘁，只能靠牛奶和米饭度日。

和斯大林格勒、阿拉曼、中途岛、瓜达尔卡纳尔岛一样，突尼斯处于轴心帝国的外围。1942 ~ 1943 年冬，德国将 17 个师从西欧调往东线，这表明北非战役对俄国人展开的伟大抗战的影响微乎其微，尽管地中海战争消耗了相当一部分德国空军。7 月初，希特勒说突尼斯一战"拖了盟军长达 6 个月之久"，同时将意大利留在轴心国阵营，阻止盟国经勃伦纳隘口突袭阿尔卑斯山。

史学家迈克尔·霍华德指出，元首高估了盟军的能力：连巴顿也没想过长驱直入意大利，直捣慕尼黑。但往大了说，此战为轴心国争取了时间，将封锁地中海的时间延长了半年，消耗了盟国的运输力量、制约了其战略计划，使盟国不得不把用于横渡英吉利海峡战争的兵力和物资投入地中海。往小了说，为凯塞林争取了几个月的时间来巩固帝国南翼的防御。

从"爱斯基摩人行动"开始，突尼斯的持久战就耽误了欧洲其他行动。但现在别无选择，盟军只能迎难而上。"打仗就好似在崎岖的路上挑担，"马歇尔说，"有勇气和决心才能坚持到底。"

★★★

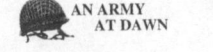

  如果在 11 月，突尼斯首战告捷，盟军说不定能提前几个月登陆西西里和意大利本土，或许于 1943 年就能攻克罗马。但盟军的海空实力有限，只好将 D 日定于 1944 年 6 月 6 日，这样才有胜算。

  现在还看不出速战速决是出于谨慎考虑。说到"火炬行动"的好处，就是令盟军免受因过早登陆北欧而造成的损失。如果德军数十个师在大西洋壁垒后守株待兔，法国将变成一座炼狱。"火炬行动"是拼死一搏，美国空军一份官方史料总结，"是美英在此战中下的一大注，"至于横渡英吉利海峡这一大注，必须留到稳操胜券时再下。

  眼下，胜利者正在欢庆胜利。丘吉尔致信艾森豪威尔，对英国和美国人来说，胜利是"一个好兆头，令人对将来充满信心。我们可以并肩携手，打倒压迫人类的暴君"。对此，许多人都感同身受。"我们出生入死，结下了深厚的友谊，"第 78 师一位英国上尉写道，"我们都到鬼门关走了一遭。"美军年轻的担架员凯莱布·米尔恩却再也没回来，5 月 11 日，他在救治一名伤员时被迫击炮击中，当场阵亡。在给母亲的最后一封信中，米尔恩将突尼斯描写成一个生动、精彩的世界：

> 这里四季分明、天气多变，我在冒险和苦难中体会人生的乐趣，这令我感到满足。每当炊烟袅袅升起，每当第一朵郁金香绽放，每当黑云漫天、暴风雨来临之时，我都陪伴你身边……想想眼下和未来，就想到了你，我仿佛不再只身在外，孤单和痛苦都离我而去，我变成了你脚下的一抔土、你呼吸间的空气、一缕不再孤单的灵魂。

  基尔罗伊来过这里，他现在准备继续前进。在突尼斯港外辽远的天空之下，还有一片大陆等着他。